高等学校新经济系列教材

合肥工业大学图书出版专项基金资助项目

数字贸易

张先锋　等 编著

合肥工业大学出版社

前　言

当前，以人工智能、云计算、大数据、5G 等数字技术为主导的新一轮科技革命和产业变革深入推进，数字经济蓬勃发展。在此背景下，数字贸易应运而生。数字技术降低了国际贸易的信息与交易成本、运输和物流成本，减少了信息不对称，有助于拓展市场，为更多的人和企业提供了参与全球市场的机会。数字贸易时代，国际贸易的比较优势从传统资本、技术、劳动力等要素转向数据、数字技术、数字化基础设施等要素。数字贸易给发达国家和发展中国家既带来了机遇，又带来了挑战，并将对全球贸易格局产生深远影响。数字贸易的产生，对国际贸易学科的发展也提出了新的挑战。如何回答国际贸易中的基本问题（“与谁贸易”“贸易什么”“怎么贸易”等）？数字贸易的模式是什么？数字贸易的理论基础是否发生变化？与数字贸易相关的贸易政策和规则如何制定？截至目前，学术界尚未对数字贸易的相关问题进行系统性的论述。

本书共分为 8 章，致力于阐述数字贸易的内涵特征、发展概况、理论基础、经济影响以及数字贸易规则与政策体系。

第 1 章介绍数字贸易的产生背景及数字贸易的内涵。该章从技术背景、经济背景和市场背景三个方面阐述数字贸易的产生背景，并对数字贸易的内涵进行了界定，是后文内容的基础。

第 2 章介绍数字贸易的发展概况。数字贸易作为一种新型的贸易方式，其贸易规模如何？该章在介绍数字贸易统计分类的基础上，分析数字贸易在相关国家的发展概况。

第 3 章介绍数字贸易与国际贸易理论。数字贸易既有传统的国际理论基础，又有现代的国际贸易理论基础，同时，也对现有的贸易理论产生了冲击，包括市场结构、交易成本、规模经济、要素流动性、范围经济等方面。

第 4 章介绍数字贸易生态链。不同于传统的国际贸易，数字贸易的参与主体、生态链结构和生态链演变方式均发生了变化。该章在介绍传统国际贸易生态链的基础上，详细阐述了数字贸易生态链。

第 5 章介绍数字贸易的经济影响。以数字技术为基础的数字贸易对全球经济产生了深远的影响，该章从全球生产体系、产业结构和全球贸易三个方面阐述了数字贸易的经济影响。

第 6 章介绍数字贸易国际规则。该章分别介绍了 WTO 框架下的数字贸易规则、区域贸易协定中的数字贸易规则以及中国在贸易协定中的数字贸易规则。

第 7 章介绍数字贸易的政策体系。该章详细介绍了美国、欧盟、日本和中国的数字贸易政策体系。

第 8 章介绍数字贸易的未来与展望。该章介绍了数字贸易的发展趋势、中国面临的机遇与挑战以及中国的应对措施。

本书第 1 章由朱晨编写，第 2 章和第 4 章由吴飞飞编写，第 3 章由刘晴编写，第 5 章由葛阳琴编写，第 6 章由张燕编写，第 7 章和第 8 章由张先锋编写，全书由张先锋统稿。由于编者水平有限，不当之处在所难免，恳请广大教师和学生提出宝贵意见，我们将在后期做进一步改进。

张先锋

2020 年 10 月 16 日

目　录

第 1 章　数字贸易概述

敦煌网的胜利：王树彤，电商界一位与马云齐名的女商人，其创办了 B2B 跨境电子商务网站——敦煌网。敦煌网一直致力于中小企业通过电子商务的形式进入全球采购系统。敦煌网采用的是佣金制度，不但在买卖达成后收取双方一笔费用，而且在新会员注册的时候也收取一笔入会费。成立初期，因为缺少美国消费者的信任，敦煌网将经销产品限定为电脑包等标准化的产品。并且，敦煌网通过与 eBay 联合，拓展了其海外经营渠道。可见，敦煌网利用数字贸易，可以使得全球采购商直接下单、直接收钱、直接将货运过去，完成线上的闭环交易。

那么，什么是数字贸易？本章将为读者展示数字贸易的“前世今生”。

1.1　数字贸易的产生背景

互联网功能的不断扩展正在改变全球经济的走势，截至 2017 年底，全球约有一半的人口（约 38 亿人）是互联网用户，终端设备的增加以及 3G 网络的广泛安装已经成为消费者和企业浏览互联网的主要工具。在此背景下，数字贸易蓬勃发展，本节首先从技术背景、经济背景以及市场背景三个方面讨论数字贸易产生的时代特征与现实意义。

1.1.1　数字贸易的技术背景

1. “互联网＋”技术的普及

21 世纪初，我国处于高速发展的阶段，各行各业想要跟上时代的步伐，就必须了解与运用新的技术。而就现今社会经济的发展来看，运用“互联网＋”的理念开展创新改革可能是推动社会持续发展的必由之路。所谓“互联网＋”，即采用互联网的思维，将互联网的先进技术与传统制造业的产品生产相结合，开发新的生产模式，从而达到改变商业模式的目的。它可以为企业创造价值，为行业提供平台。“互联网＋”模式的兴起，不仅为传统的劳动密集型产业创造了新的商机，还为知识型产业提供了发展的沃土。我国加入世贸组织之后，现代科学信息技术有了长足的发展和进步，社会的经济结构发生了一系列根本性的创新和转变，由原先的工业时代的经济逐步向现代知识经济迈进，而现代互联网和信息科技的普及和发展，加速经济转变，给各自的行业领域和国家都带来了新的发展契机。但是经济危机的爆发，让世界各国都加强了各自的新兴产业技术创新。因此，各级政府和行业需要充分结合“互联网＋”的产业发展思路和理念，有效促进我国装备制造行业的健康发展，提升我国装备制造行业在世界上的影响。

第一，5G 技术的诞生与发展。5G 技术作为信息通信工程的未来，将引领我国开启一个万物互联的信息数字化经济时代，对于建设新一代制造工业强国和新一代网络通信强国、打造新一代智慧城市型社会、发展新一代数字服务型经济具有重要的战略意义。根据中国信息通信研究院测算，到 2025 年 5G 将拉动中国数字经济增长 15.2 万亿元。一方面，

5G的商用化将推动数字产业化发展。据预测，中国5G投资总额将达1.2万亿元，从5G基础设施建设到设备终端的研发以及相关服务，5G将开辟数字产业化的新蓝海。2019年上半年，运营商和通信设备制造企业纷纷推出5G终端上市计划。另一方面，5G将加速产业数字化的步伐。新一代信息技术让无人驾驶、远程医疗、智慧农业等变为现实，5G与AI、AR、大数据、区块链等技术结合，将为产业数字化助力。如今，5G医疗急救车已经在自然灾害救援中投入使用，实现院前诊断提前救治；5G智能巡检机器人已经活跃在大型工厂的车间里，实现自动巡航精准监测。估计到2025年，5G将拉动其他产业增长11.9万亿元。世界主要国家拥有手机人口所占的比重，见表1-1所列。

表1-1 世界主要国家拥有手机人口所占的比重 （单位：%）

国家	2013年	2014年	2015年	2016年
中国	37	58	66	78
巴西	15	41	46	50
印度	12	16	23	30
印度尼西亚	11	21	—	—
美国	56	72	—	—

数据来源：Poushter，“Smartphone Ownership and Internet Usage,” February 22，2016；Smith，“Smartphone Ownership 2013,” June 5，2015（https：//www.pewresearch.org/global/2016/02/22/smartphone－ownership－and－internet－usage－continues－to－climb－in－emerging－economies/）

第二，智能终端的诞生。过去十年中，全球智能手机持有量极速上升，其通用连接性使得商品消费、信息获取和沟通的方式彻底变革。主要新兴市场中，其持有量呈指数级增长，且增长空间巨大，体现在全球仍有38.5亿人尚未能联网。智能终端的应用十分广泛，例如，新一代可大批量生产的低成本卫星连接技术［近地轨道（LEO）卫星］可在全球范围内提供互联网传输。人工智能（AI）近年来也取得了重大进展，这一重要基础技术将推动自动驾驶汽车（AV）、智能工厂、机器人、自动化医疗诊断等多方面发展，也必将对整体经济产生重大影响。虚拟现实（VR）和增强现实（AR）技术可能在企业和社交/娱乐领域呈现很高的实用性，更真实的远程会议将减少个体的旅途劳顿，工人可接受虚拟情境培训并确保其人身安全。自动驾驶汽车现处于测试阶段，但已应用于其他领域，如地形侦察、站点视察甚至电子商务的零售交付，自动驾驶可能改变居民的出行方式，人们通勤将更加便利。面向消费者和企业的物联网（IoT）（所有设备通过互联网相互通信）使得设备可协同工作，提高效率。在消费领域，物联网可以是任何东西，如就变质农产品发送数据的冰箱以及连接到车辆的交通信号灯等。

据估计，到2025年，基于物联网的软件和服务可以带来高达11.1万亿美元的收益。移动支付一直处于上升趋势，应用程序（App）和各种平台，如中国的支付宝、美国的Venmo和肯尼亚的MPesa，在移动支付方面处于领先地位。区块链（分布式电子分类总账技术）的应用已有多项试验。除加密货币外，该技术还在航运等多个领域试图消除纸质踪迹，有效降低高达20%的成本。3D打印可能彻底改变全球贸易前景，推动制造业外包、服务贸易比重上升。3D打印技术可实现定制产品的现代化制造，可应用于航空部门、金融地产部门以及医疗器械等部门。

那么互联网的作用有哪些呢？第一，“互联网＋”技术可以有效减少交易成本的支出。利用互联网进行商品交易，所有的交易行为都通过互联网实现，不用支付交易场所费用，也能避免商品的额外损失。交易双方只要支付必要的通信费与管理费，不需要支付额外的费用，便可以通过互联网进行商品交易，这也使得企业的运营成本大大降低。不仅如此，互联网中的共享资源，可以降低企业资料的存储与搜集成本，提高交易的成功率。此外，无纸化的交易方式，提高了企业资金的周转率，降低了企业贷款的利息支出。第二，“互联网＋”技术提升员工的工作效率。通过互联网平台进行的产业内贸易以及产业间贸易，可以不受时空的限制，并且减少了交易程序。通过互联网可以及时传输交易文本，减少了交易等待时间，从而提高了工作效率。第三，“互联网＋”技术增强企业的核心竞争力。互联网技术的普及，使得每一家企业都可以拥有自己的企业网站，可以向消费者或者潜在合作者展示自己的产品信息，包括价格、功能等，在一定程度上有利于提升自己的品牌形象，提升消费者的信任。

2. “互联网＋”技术在国际贸易中的应用

一方面，“互联网＋”技术给国际贸易的发展带来了机遇。首先，“互联网＋”技术有利于企业创新营销方式，开展电子贸易业务。从事国际贸易的企业，可以利用互联网技术实现网上交易，这种网上交易称之为跨境电子商务。所谓跨境电子商务，是指通过互联网电商平台，完成产品的出售、交付、送达等流程的交易模式。它区别于传统贸易方式的最大特点，就是其不受时间、空间的限制，只要有网络的地方，就可以完成交易。客户想要的商品即使远在另一个国家，都能通过互联网电商平台在短时间内完成交易。其次，“互联网＋”技术有利于构建完整的产业链，推动区域性产业园发展。区域性产业园的功能不仅是多样化的，还应该是电子化的，即其不但要涵盖集装箱场站与保税仓库等传统功能，而且要包括跨境电子商务直购窗口等一体化功能。产业园将与国际贸易有关的报关与金融服务领域统一规划，利用互联网优势，实现园区内的产品出口一体化服务。此外，结合国家“一带一路”倡议，尽快实现跨境电子商务在园区进行进出口交易的规模化与可持续化。通过产业园建设，加快搭建区域性的综合电子商务平台与进口集散中心，为仓储等综合一体化的跨境电子商务生态圈奠定良好基础。最后，“互联网＋”技术有利于贸易企业建立具有联盟经营性质的跨境贸易物流战略联盟体系。单个企业独立组建物流体系的难度较大，而且大大增加了企业的物流成本。但是，多家贸易企业便可以在物流方面进行合作。例如，建立国内、国外两个仓储中心，任何一家企业接到了海外的订单，都可以将货物从国内的仓储中心运送到国外的基地。这样的物流体系能为企业降低物流成本。

另一方面，“互联网＋”技术给国际贸易的发展带来了挑战。首先，“互联网＋”技术加剧了全球的产业竞争。互联网使得各国的竞争加剧了，因为相对于本国市场来说，外来产品在价格上与多样性上更具优势。例如，中国的信息化刚刚起步，发达国家的信息化程度较高，正是这种信息化发展程度上的差异，导致了发达国家对电子商务领域的垄断，造成了其在电子商务领域利益分配中的主导地位，这也使得发达国家在进行电子化的国际贸易时更有话语权。反观中国，因为缺乏信息技术中的核心竞争力，大大增加了其参与国际贸易的门槛。如果要摆脱这一困境，就必须鼓励中国企业创新发展，掌握电子商务下的国际贸易发展动态，提升外贸企业的核心竞争力。其次，“互联网＋”技术的网络设备有待完善。我国的网络设备不仅缺少网络交易制度，还存在网络安全的隐患，这大大增加了跨境交易的成本。在跨境交易中，消费者的电话、地址等私人信息会形成数据库，但是这种由公司建立起来的数据库可能会被不法分子截获，或者交易的内容被他人获取。全世界约有 6 万种病毒，电子商务的全球连接性造成了病毒更容易在节点处攻击计算机，从而破坏电子商务。最后，“互联网＋”技术相关法律法规尚待完善。国际上现行法律都是建立在传统的国际贸易模式之上，但是对于电子商务这一新兴贸易方式，尚没有法律条文。传统的国际贸易又称为“纸上贸易”，其单据都是以纸质的形式保存，但是互联网模式的引入，由纸上贸易向数据贸易转变，由数据取代了原先纸质的形式。这种以数据形式存在的商务合同是否具有法律效力？现有法律体系还没有涉及这一内容。

3. “互联网＋”技术与数字贸易

数字贸易中的许多创新是基于互联网，互联网信息技术扩大了数字贸易范围，提高了贸易效率和贸易收益，有效实现了数字贸易利益的最大化。

第一，贸易场地的延伸和运营方式的拓展。传统贸易需要经过多轮磋商与谈判，但是交易双方地区的分离性，使得这一过程通常采用电话与视频通讯的方式得以实现。然而，无论采用哪种方式，都会存在一定程度上的信息缺失，从而造成交易时间的延长等意外。当“互联网＋”时代来临，大部分的数字交易通过网络完成，一笔业务的完成甚至不需要交易双方面对面的交流与沟通，仅仅通过互联网就可以完成从商品的邀约到收货确认的整个流程。这不仅减少了交易时间，还能够增强信息传递的准确性。跨境电子商务具有个性化、全球化的特点，能够实现全球产品的高效率交易，是自由贸易方式在全球的实践。从 2011 年起，跨境电子商务平稳增长，全球购的新模式成为外贸新潮流，阿里巴巴旗下的全球速卖通便是一个成功的案例，它集合了订单、支付与物流，通过支付宝国际账户实现电子商务的交易活动。不可否认的是，商品的物美价廉使得中国已经成为世界上第一出口大国，而中国商品的出口基本通过跨境电子商务的形式实现，这归功于互联网在外贸中的应用，使人们在自己国家就可以获得境外商品的信息，同时能够买到境外商品。这在很大程度上促进了国际上买卖双方交易的达成率。近几年跨境交易平台陆续出现，从最开始的亚马逊到之后的全球购，都为卖家提供了更为便捷的国际贸易渠道。

第二，资源分享和运作模式的革新。通过互联网的引入，买方如果想获得产品信息，不再需要通过纸质媒介接收信息。资源分享从单一传递变为了信息公开，大大提升了信息传递的效率。卖方也不需要一对一地与买方进行交流，只需要将资源共享，并且注重消费者的个性化要求，便可将产品信息全面完整地展现给买方。这不仅降低了买方获取产品信息的成本，还使得信息传递更加及时。许多关于国际贸易的信息是可以共享的，这不仅有助于公司了解市场的行情，做出正确的判断，还可以减少因信息缺失导致的不必要损失。信息的可得性推动了市场主体间的竞争，进而刺激行业整体服务质量的提高。外贸出口企业在“互联网＋”的赋能下，靠先进的技术、周到的服务、客户的切实体验去真正发展企业。

第三，信息获取与处理的便利性增强。卖家借助互联网可以尽快匹配自己的贸易伙伴，因为互联网解决了贸易伙伴选择中的信息不对称问题，交易双方能够同时获取市场最新动态，获得货物配置、物流等方面的准确消息，能够最大程度地实现信息同步更新。互联网可以帮助中小型企业便捷办理通关手续，节省企业的时间成本。互联网为企业提供报关报检与跨境电子商务等10多类服务，使企业可以快速通关。目前，各城市已建立“贸速通出口综合服务平台”，不仅可以为企业的境外销售提供运输协助服务，还可以缩减报关流程。

第四，支付方式更加便利与多样化。汇付、托收和信用证是运用最为广泛的交付方式，但随着互联网的应用，电子支付逐渐成为主流。电子支付因其更加方便、快捷，降低了财务成本。但是由于电子交易环境的不完善，其安全性远不如传统支付。对电子商务来说，交易的远程化使得电子支付利大于弊，因为它省去了烦琐的流程，并且支付、到账都很及时。越来越多的国际支付平台在市场上出现，几乎每个国家都有自己的支付平台，比如美国的Paypal、欧洲的Moneybooker等。

第五，扩展了传统的贸易标的。互联网技术改变了商品的交易结构，更加注重交易中的知识产权。其中对于服务行业的影响更加明显，例如远程机器人可能开辟了服务贸易的新方式。互联网技术让定制产品与个性化产品需求成为可能。互联网技术的发展可能从根本上改变知识产权的地位，因为互联网技术降低了产品的制作与复制成本。书籍的交易不再是物理性的转移，而是通过知识产权交易获得阅读该书的权利，并且知识产权增强了国际贸易的多样性。值得一提的是，互联网技术可能强化了拥有技能和资本的重要性。

第六，更加细化了国际分工。互联网技术对全球价值链贸易有着深远的影响。一方面，互联网技术降低了通信、交通与物流成本；另一方面，互联网技术增强了中间环节的易得性。互联网技术加速了全球价值链的升级，并且智能自动化扩大了市场范围，使得本国的消费市场更具潜力。

1.1.2　数字贸易的经济背景

1. 数字经济的产生

数字经济是信息革命的产物，并逐步成为全球经济的重要内容。我国数字经济规模已达到31.3万亿元，占GDP的比例为34.8%，数字经济领域提供的就业岗位为1.91亿个。第二届数字中国建设峰会上发布的《数字中国建设发展报告（2018年）》透露出我国数字经济发展的强劲势头：2018年上半年，我国数字经济中的电子商务、网络视频等信息消费领域不断释放发展活力，工业互联网、远程医疗等产业的融合拓宽了数字经济发展新空间，5G等新一代信息技术为数字经济发展增添了新动力。据上海社会科学院预计，2019年我国数字经济增速仍将保持在15%左右，增速是美国的两倍多①。

第一，信息消费解放了数字经济的生产力。据商务部统计数据显示，2019年上半年，我国网上零售额为3.7万亿元，同比增长17.6%。与此同时，电商巨头加速下沉，三、四线城市及农村成为信息消费新蓝海，以拼多多为代表的聚焦下沉市场的电商平台在短期内逆袭增长。农村电商潜力不断释放，2019年第一季度，我国农村网络零售额达3573亿元，

---

① http://sh.people.com.cn/n2/2019/0308/c134768—32719067.html

同比增长 19.6%，高于全国增速。《2019 中国网络视听发展研究报告》显示，网络视频已成为第二大互联网应用类型，其中，短视频成为网络视频消费新形态。2019 年第一季度，我国短视频月活跃用户规模突破 8 亿户。随着信息消费水平的不断升级，网络视频付费用户比例不断上升，会员付费成为视频行业主流的盈利模式，付费用户在总体网络视频用户中所占的比重过半。在信息消费规模不断扩大的同时，信息消费场景也在不断丰富。网络外卖平台的业务加速拓展，外卖服务从餐饮向专送等领域拓展，激发用户潜在的消费需求。在线教育形态日益丰富，截至 2019 年 3 月底，我国在线教育活跃用户数量已经突破 35000 万户。此外，可穿戴设备的消费需求加速释放，在 2019 年第一季度全球可穿戴设备出货量排名中，小米和华为分居第二位与第三位。

第二，产业融合拓宽数字经济发展新空间。信息技术与传统行业的碰撞融合，加快各行业数字化转型的步伐。截至 2019 年 3 月底，我国工业互联网 App 的数量已经超过 7 万个。随着工业互联网应用的不断深入，工业企业转型升级的效果显著。2019 年 5 月，《数字乡村发展战略纲要》印发，提出推动农业数字化转型。当前，大数据、人工智能等信息技术逐渐在农业种植和农产品加工等领域得到应用，无人驾驶插秧机、无人驾驶授粉机、无人驾驶喷雾机等出现在农田里。“数字农场”“农业大脑”等应用也在促进农业生产转型升级中大显身手。服务业数字化建设不断深入。2019 年上半年，基于 5G 技术的远程医疗在各地先后开展，加速推进医疗数字化的进程；无人机、无人车、机器人等新技术大大提升了物流配送的效率，开启了智慧物流新市场[①]。2019 年 7 月，国务院常务会议提出加快支持平台经济健康发展的措施，提出发展“互联网＋服务业”。可以预见，服务业数字化转型的步伐将继续加快，为数字经济发展提供更广阔的空间。

第三，要素组合推动数字经济发展新模式。与农业经济、工业经济一样，数字经济也需要生产要素的投入。但是与以往不同的是，这些要素是以数字化的形式呈现。首先，数据成为经济增长的新要素。数据是“未来的新石油”，甚至被认为已经超过石油的价值，成为数字经济中的“通货”。数据如同资本一样，已成为数字时代的生产要素。数据正在驱动社会经济与科技研发等领域的创新发展。其次，以数字化为蓝本的基础设施建设成为社会发展的新基础。工业时代的“铁公机”（铁路、公路和机场）正在逐渐被云计算替代，而后者将以信息基础设施的形式构成社会发展的必要基础设施。值得一提的是，数字基础设施既包括以传递信息为蓝本的基础设施建设，又包括对物理基础设施的数字化改造。依据数字基础设施的用途来区分，数字基础设施可以分为混合型和专用型。前者是指交通系统等数字化的过程；后者是指诸如宽带和无线网络等数字基础设施。最后，对数字技能的掌握成为消费者的新要求。传统经济时代对消费者的技能并没有过多的要求，但是在数字化时代，数字素养成为劳动者必备的技能。数字技能人才的短缺成为制约企业发展的瓶颈，具有高数字素养的人才成为企业追捧的对象。数字素养被看作是劳动者从事生产的基本能力，所以，提高数字素养有利于社会进行数字化的生产。

2. 跨境电子商务的产生

跨境电子商务是指不同国籍的交易双方，通过电子商务的形式进行商品交付的国际性

① finance.sina.com.cn/roll/2019－03－07/doc－ihsxncvh0472186.shtml

商业活动。跨境电子商务所独有的数字支付和交易服务拓展了传统电子商务的应用范围。不可否认的是，跨境电子商务是基于网络发展起来的，具有全球性、无形性、匿名性、即时性、无纸化与快速演进的特点。值得一提的是，欧美国家依然是跨境消费目的地热门地区。

第一，全球跨境电子商务发展迅速。在欧洲国家中，排行第二的跨境在线消费热门目的地是德国，全球约10%的海淘者购买过德国的商品。美国是英国电子商务业务的最大市场。2017年，来自美国的海淘者从英国购买了价值约125亿英镑的商品，与上年同期相比有所增长。全球投资数据反映了近期电子商务大幅增长的态势。2010—2015年，对电子商务平台（B2B和B2C）的投资集中在中国、美国和印度，这三者合计占全球超过362亿美元投资总额的三分之二。在其他大型市场中，德国（28亿美元）和英国（12亿美元）也获得了大量的电子商务投资。全球电子商务平台投资包括已建立平台的后期支出，例如印度尼西亚的Tokopedia以及印度的Flipkart、Quickr和Snapdeal。

第二，B2B和B2C是跨境电子商务的主要形式。在线网络被广泛用于制作和接收订单与付款。对于某些服务，交付也可以在线进行，或者就商品而言，也可以通过物流网络进行实物处理。基于平台的跨境电子商务交易模型取决于五个关键要素：可以在线访问的消费者信息和网站；包含有效搜索功能的电子商务平台；能够可靠地访问客户和市场的商业企业；可用于验证和执行交易的财务/支付服务；可以将商品从卖方转移到客户的快递和物流服务提供商。随着企业和个人消费者越来越多地使用B2B、B2C和C2C，每个电子商务领域的交易量都在迅速增长。许多市场的消费者已经通过智能手机完成了大部分产品搜索，因此越来越多地使用移动技术来完成交易。在所有的电子商务类别中，越来越多的移动终端设备正在推动行业发展。B2B电子商务已经从相对昂贵且效率低下的商业模式升级到了由数字支付服务推动的基于云的现代平台。同时，随着消费者越来越多地在线购物，B2C电子商务正在改变全球零售业的销售模式。企业和消费者都更多地使用数字支付进行日常交易，从而在全球市场上实现了跨境电子商务的巨大发展。此外，数字支付使无银行账户的个体可以参与电子商务，并有助于刺激发展中市场的经济增长。使用诸如区块链和数字签名之类的技术正在促进世界范围内的数字支付，从而促进了电子商务的进一步发展。快递和物流服务也是跨境电子商务的行业，它们使电子商务的领域得以扩展，尤其是B2C和C2C电子商务，因为它们响应了对小包装交付日益增长的需求。虽然B2B电子商务的规模远远大于B2C，但新技术尚未在此领域取得进展。许多公司继续使用较旧的技术，例如电子数据交换，而不是B2C电子商务中使用的基于Web或基于云平台的技术。在数字支付服务领域，区块链技术的应用以及数字签名的引入也取得了长足的发展。物流和快递公司提供的服务对于跨境电子商务的成功至关重要，该行业本身也在采用数字技术。

第三，从事跨境贸易的电子商务公司面临许多挑战。在某些方面，对于B2C公司而言，这些挑战更为突出，因为该细分市场中的供应商主要是个人运营商或中小型企业(SME)，它们可能没有能力处理与国际贸易有关的许多问题，包括外币支付、海关程序和物流。尽管如此，基于平台的跨境贸易可帮助中小型企业扩大其市场范围，并因其经济发展潜力而备受关注，通过平台进行基于网络的电子商务可降低中小型企业出口的壁垒，从而帮助他们解决缺乏专用的信息和通信技术（ICT）基础设施以及对市场或国际贸易规则和流程了解不足的问题。一些世界上规模较大、发展速度较快的电子商务公司，包括 B2B 和 B2C 平台亚马逊、阿里巴巴、eBay 和 Etsy 都在刺激中小企业的跨境贸易增长。他们通过减少与卖方和消费者之间的相关成本，强化信息共享，促进电子商务发展。这些公司及其他在线电子商务平台的出现，降低了各种规模的公司投资于自己的电子商务硬件和软件的要求。随着电子商务降低了进入壁垒，国际市场变得更具竞争力，消费者享有更多的选择权。

1.1.3　数字贸易的市场背景

1. 数字贸易的制度背景

市场制度是影响贸易模式的重要因素。一方面，数字化会增强制度优势，因为法律制度的有效实施对数据隐私和知识产权监管都起到重要的作用；另一方面，对数字基础设施的建设离不开金融制度的支持。但是，数字化也有可能会稀释制度，比如区块链会降低对执行制度的需求。数字贸易因其特殊性，对知识产权、数据流和隐私的监管政策可能变得格外重要。因为很多数字化的产品可以被复制，所以知识产权保护可以增强国家的吸引力。

数字贸易的规则源于 WTO 组织对当前数字贸易规则的缺失。包括尚未达成电子传输关税协议、尚未对电子数字产品贸易形态定性、尚未明晰数字贸易服务模式及分类等。产生问题的原因：一方面是电子商务本身的贸易规则与 WTO 现有规则有冲突；另一方面是发达国家与发展中国家对待数字贸易的立场不一。毫无疑问，WTO 规则下的数字贸易规则缺失对全球数字贸易发展是十分不利的，促使各国开始积极寻求非 WTO 规则外的数字贸易规则的制定。从当前情况来看，开展数字贸易的多个国家和地区都在通过双边或多边谈判制定数字贸易相关规则。基于发展中国家与发达国家分歧较大，发展中国家不愿意像农业谈判那样做出让步，而发达国家也有意绕开 WTO 规则约束，在 WTO 规则下的数字贸易规则制定很有可能直接宣告流产。这种带有全球性、普惠性的数字贸易规则缺失，将会是全球数字贸易发展面临的最大挑战。

TPP 数字贸易规则是过去十多年来全球数字贸易大发展和贸易规则不断完善的一个缩影，其对数字贸易的定义逐渐得到各国的认可。TPP 制定的数字贸易规则主要是提出了数字产品和贸易自由与开放的核心理念，具体包括对数字贸易持鼓励态度、加强对消费者隐私保护、加强对数字贸易及数据领域保护主义限制以及对外开放互联网的支持等。总的来说，TPP 有关数字贸易的规则是目前最为齐全、规范的，内容与措施都比较具体。虽然美国政府宣布退出 TPP，其规则依然表现出较为明显的美国特色。如对数字贸易自由的支持，明显具有贸易权大于主权的倾向，这样的规则不仅中国难以接受，欧盟国家也提出了异议（徐苑琳和孟繁芸，2018）。

2. 数字贸易的环境背景

数字贸易的环境背景是指孕育数字贸易的城市环境与公共服务设施。得益于新兴经济体的持续城市化及城市化在就业、服务获取和更多创新方面创造的机遇，城市将在未来十年内贡献全球经济增长的80%以上。但城市也面临许多挑战：拥堵、污染和住房短缺对社会平等的损害等。技术进步有助于城市克服这些挑战。但许多地方政府资金紧张且难以获取资金，政府应推动 PPP（public—private partnerships）发展，绿色债券市场也将发挥作用。自动驾驶汽车可能改变人们在城市中移动的方式及城市的布局。WEF 的交通仿真模型表明，共享的自动驾驶汽车能够减少道路交通流量，将居民直接带到工作地点而防止堵塞。但重要的是，其实现可能需耗时多年，在此期间，若市中心以自动驾驶汽车取代公共交通工具，拥堵情况可能会变得更糟。城市的大部分废气排放来自交通和建筑物，新技术有助于减少废气排放而改善城市空气质量，如通过提高效率，创造更好更快的公共交通方案或通过开发清洁能源供应等，其影响在全球污染最严重的城市（主要位于印度和中国，尤其是其大城市）可能最为显著。全球许多城市在努力解决住房短缺问题。3D 打印技术可以在削减建造房屋所需的成本和时间方面发挥重要作用。美国 ICON 等公司现在可以在 24 小时内“打印”房屋，建筑总成本将降至 4000 美元左右。这意味着公司可与非营利组织一道建立整个社区，为那些没有住房的人提供住房。据估计，再过十年，住房建设成本可能下降 40%。许多政府工作已经成熟，可以实现自动化。如果通过传感器和技术的开发可以使最简单的服务提供（如垃圾收集或废物管理）更有效率，政府将能够在相同的支出水平上实现更多目标。这将推动政府架构精简，财政可转向医疗保健和教育等一线服务；自动化还可以在推动财务整合、加强政府债务存量管理方面发挥关键作用。

当前，通胀的驱动因素正在发生变化，通胀的主要影响因素不再是需求因素，而是转变为供给侧因素。商品通胀率占总体 CPI 的 40%～60%，随着技术带来供给侧改善进而压低核心商品通胀率至近于零，要维持近 2%的总体 CPI，服务业通胀率需达到 4%左右；服务业通胀率主要受工资影响，但技术发展意味着工资增长高于近年水平似乎不太可能。因此，需调整对通胀的考量方式。就特定的经济增长率来说，技术革新可能使通胀率较以前更低。那么，通胀目标制是否依然有效？或许如 BIS 的克劳迪奥·博里奥所倡议的那样，未来通胀目标制或将进一步放松，央行将不得不开始考虑替代目标。

技术对就业的威胁可能意味着低技能和中等技能工种的工人工资增长率下降，但某些行业和工种的工人生产力可能提高，因此可能会出现更广泛的收入不平等。虽然劳动力供给紧张，但全球工资增长仍相对缓慢。自动化威胁着中低技术工种劳动力的议价能力，而工人技能无法与工作相匹配也意味着潜在生产率提高并未带来工资增长。同时，工资增长在各部门间的分化更加严重，那些生产率提高不足的部门工资增长往往最快。技术对生产率的影响是其影响劳动力市场的一个重要方面。一些核心行业凸显了人工智能等技术应用如何使工人远离琐碎工作而专注于更高价值的工作。此时，劳动生产率将提高，工资也将相应提高。如医药行业，深度学习技术正被用于改善诊断，因其可获得更多的患者数据。使用人工智能可将医生解放出来，免于因疲劳、注意力分散或沟通不清楚而造成约 2%的错误率，转而去完成机器无法完成的重要工作，做出治疗决定并就报告结果同患者进行沟通；教育部门也可从自动化中受益匪浅，让教师专注于其工作中的人文因素；一些律师事务所也在使用大数据和机器学习技术来对低阶的工作进行自动化并提高准确性。但整体上，全球生产率增长仍然低迷，2012 年以来主要发达经济体年化生产率的增长低于 1%，这可能是由于新技术投资不足及未能正确地使用新技术。部分学者认为可能是因如今各项创新不如先前技术进步那样深刻，然而，充分利用新技术确实可以更显著地推动生产率的提高。技术发展要产生一定的经济影响是需要时间的。自动化的潜力受到了技能不匹配的限制，到2020年，所有员工中54%的人需要接受一定程度的重新培训，19%的员工需要接受6个月或更长时间的培训。现在我们正处于可以充分利用新技术的有利时机，自动化在未来可能真正提高生产率水平。

1.2 数字贸易的内涵

1.2.1 数字贸易的定义

虽然当下全球已经逐渐进入了数字贸易时代，但截至目前仍然没有一个针对“数字贸易”的统一定义。总体而言，不同的国家或国际组织对数字贸易的定义和范围均各不相同。最狭隘的定义是将数字贸易定义为数字化产品的贸易，而更广泛的数字贸易定义是利用数字技术（ICT）进行的商业活动。其中，数字技术是指“互联网、手机以及所有其他用数字方式处理信息工具的有机组合”。一方面，数字技术促进了区块链技术的运用，推动了交易便利化；另一方面，数字技术通过改变数据处理方式，促进了贸易新形态的诞生。

值得一提的是，国际性的组织也不尽然都使用数字贸易这一新词汇，取而代之的是电子商务这一概念，下面列举了一些国家和组织对数字贸易的定义。

1. 世界组织的定义

（1）世界贸易组织（WTO）

WTO并没有采用“数字贸易”这种表述，而是采用“电子商务”这个概念，并将其定义为“通过电子方式生产与销售或交付货物和服务”。这一定义早在1998年第二次部长会议设立的“电子商务工作计划”中就被提出了，但随后近20年时间里该议题未充分得到重视。目前WTO中的各类文件都开始使用数字贸易的概念。但是WTO对数字贸易的理解较为宽泛，只强调了其电子化的交付方式，并没有关注贸易的内容，并且规定跨境购买是数字贸易的主要方式。

（2）联合国贸易和发展会议

联合国贸易和发展会议认为，数字贸易涉及搭配实物商品以及以数字方式提供的无形（数字）产品和服务。联合国贸易和发展会议的定义有以下两个方面的特点：第一，对使用技术的界定。世界银行和世界贸易组织虽然提及了数字贸易是“数字化的贸易”，但没有指出该数字化技术的具体表现形式，这使得世贸组织的定义在实际运用时缺乏明确的技术指导。而联合国贸易和发展会议的定义明确了这种“数字化技术”实际上是对计算机技术的拓展运用，通过计算机的端口链接各个交易主体。第二，对贸易货品的界定。世界银行和世界贸易组织认为数字贸易的标的物是传统货物与服务，但是对传统货物的界定比较模糊。联合国贸易和发展会议明确了传统货物为实物货物与非实物货物，这使得诸如知识产权等无形资产也可以被纳入数字贸易的范畴。

2. 美国的定义

（1）美国国际贸易委员会（USITC）

2013年美国国际贸易委员会在《美国和全球经济中的数字贸易》第一次报告中指出数字贸易是指能够采用在线支付的方式获得的服务与产品，包括音乐、书籍等数字化内容、社交媒体、搜索引擎与移动 App 等数字化服务产品。在第二次报告中，USITC 将数字贸易界定为“互联网以及基于互联网的技术在产品和服务的订购、生产或交付中扮演重要角色的国内和国际贸易”，同时界定了美国的七大类数字化密集型行业：内容行业、数字通信行业、金融和保险行业、制造业、零售交易、批发交易以及部分其他服务业。报告的第二部分认为数字传输内容、通过云端传输数据服务也是数字贸易，并且将物联网和 3D 打印作为数字贸易的形式。

（2）美国贸易代表办公室

2017 年，美国贸易代表办公室发布的《数字贸易的主要障碍》报告认为“数字贸易”包括实现制造业升级所必需的平台以及通过互联网进行的商业活动。

3. 中国的定义

（1）中国商务部的定义

中国商务部认为，数字贸易是采用网络技术，通过数据交换实现电子交易的商业模式。数字贸易因其专业化程度高，客观上造成了不同人群、不同国家、不同地域发展的不平衡；同时又因为数字贸易实时的跨境交易特征，更涉及跨国安全新问题，给国际合作、多边贸易体系带来了新问题，知识产权保护也变得更为复杂，各国保护主义将更严重。

（2）部分学者的定义

夏杰长（2019）认为，数字贸易的核心技术是互联网，目的是提供数字化信息，标的是信息化产品。马述忠（2018）认为，数字贸易的载体是网络技术，贸易标的是数字化的产品与服务，目的是实现互联网的升级转型最终实现智能制造的商业活动。相比前者，后者的定义更加具体、客观，能够较为全面地阐释数字贸易的理论内涵与范围。

可以看出，美国对数字贸易的理解虽然较为全面，但是不同组织之间差异较大，并且没有建立数字贸易的统计体系。同时，美国对数字贸易的定义符合其国内对新贸易模式的探求，但是这一定义并非适合所有国家。对数字贸易进行定义，就必须明确数字产品，基于交付方式的不同，我们可以将数字产品分为内容类、工具类和在线服务类。这使得数字产品包括了计算机程序与数码产品以及可被编码的其他产品。美国与韩国签订的自贸区协定中将数字产品划分为两类：一是原产货物，即储存在载体中的数字产品；二是被有形产品所承载的经电子传输的数字产品。这里的有形产品使得数字产品可以被复制以及传达。但数字产品并不是金融产品，两者在交付时存在显著的差异。

综上所述，数字贸易可以分为狭义的数字贸易与广义的数字贸易。狭义的数字贸易是指，采用电子信息技术与数据交换技术，为交易方提供数字化产品以及服务的新型贸易模式。广义的数字贸易是指，运用互联网技术实现贸易标的在生产、销售、运输、交易过程数字化的商业模式。相对于狭义的定义而言，广义的定义扩大了数字贸易的范围。本章主要从广义的角度来介绍数字贸易的发展以及相关问题。

1.2.2　数字贸易的范围

根据数字贸易的定义，数字贸易的范围包括传统的以货物贸易为标的的电子商务以及以服务贸易为标的的电子商务。通过互联网提供的数字产品货物和电子商务服务是全球经济不断增长的源泉。此类产品和服务正在改变企业信息交互的方式。数字产品和服务是一对互补的数字生态系统，依靠并推动了互联网访问和启用终端智能设备的需求。拥有大量数字贸易的集团公司正扩大其在数字贸易中的业务。本书侧重介绍狭义的数字贸易，包括通信服务、娱乐、社交网络、信息搜索以及电子商务。

该部分沿用美国国际贸易委员会在《美国和全球经济中的数字贸易》第一次报告中对数字贸易的分类，之所以不使用美国国际贸易委员会在《美国和全球经济中的数字贸易》第二次报告中对数字贸易的分类，主要出于以下三点原因：首先，第二次报告中对数字贸易标的范围的界定是对第一次报告的具体化，其实质性内容并没有发生根本性变化；其次，第二次报告中并没有专门针对搜索引擎的分类，但是该部分构成了数字贸易中的重要组成部分；最后，第二次报告为了使研究更加聚焦，排除了一些劳动密集型产业，在一定程度上缩小了数字贸易的范围。数字贸易的分类，见表 1－2 所列。

表 1－2 数字贸易的分类

数字贸易的类别	数字贸易包含的产品与服务
跨境电子商务	媒介对消费者的购物模式（M2C）
	面向消费者销售产品和服务商业零售模式（B2C）
	消费者对消费者的零售模式（C2C）
	供应商和消费者之间实现交易的平台（B2C）
数字传送的内容	音乐
	游戏（包括完整格式和手机游戏，社交网络游戏和在线多人游戏）
	视频（包括互联网电视、电影和其他视频）
	书籍（包括电子书籍、数字课程资料和有声书籍）
社交媒体	社交网站
	用户评论网站
搜索引擎	通用的搜索引擎
	专门的搜索引擎
其他数字产品和服务	软件服务，包括移动应用程序和通过互联网的交付软件
	通过云交付的数据服务，包括数据处理和数据存储
	通过 Internet 提供的通信服务，包括电子邮件，即时消息传递和 Internet 协议语音（VoIP）
	通过云交付的计算平台服务

资料来源：Irving A. W.，Daniel，R.，Pearson，Shara，L，. Aranoff，D. A.，Pinkert，D. S.，Johanson，M. & M. Broadbent（2013）. Digital Trade in the U. S. and Global Economies，Part 1，Investigation No. 332－531，USITC Publication 4415

1. *以数字化交付的产品*

以数字化交付的产品本质上是指传统内容商品的在线版本，包括互联网传送的音乐、游戏、电影、电视、广播和书籍等。向消费者提供此类内容商品的公司既可以选择在互联网上实现线上销售，又可以改变其物理承载介质，实现线下销售。但是，只有在互联网上实现线上交易的部分属于数字贸易的范围。虽然越来越多的数字化产品通过互联网实现买卖，但需要看到的是，数字化交付的产品在销售绩效以及市场占有率上与传统内容市场相比还存在显著的差异。全球数字内容的市场份额，如图 1－1 所示。

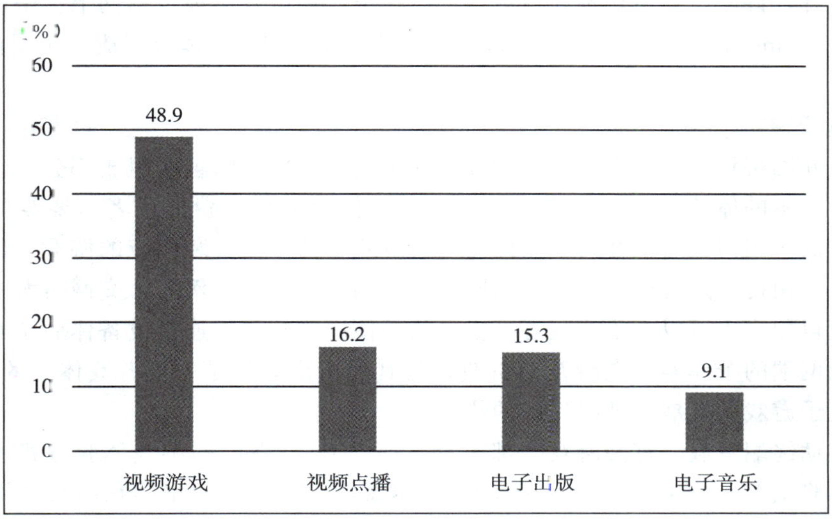

图 1－1　全球数字内容的市场份额

数据来源："数字媒体"，2016 年：https：//www. statista. com/statistics/226530/mobile－payment－transaction－volume－forecast/；IFPI，全球音乐报告，2016 年，8－13：http：//www. ifpi. no/flere－nyheter/item/110－ifpi－global－music－report－2016

（1）在线音乐

在线音乐是数字化交付产品中最为重要的一类数字化产业。与线下音乐不同，在线音乐比较容易受到互联网技术变革的冲击，但是这依然不妨碍其成为数字贸易中交易额最大的数字化产品。以美国为例，美国音乐唱片行业的交易额在 20 世纪末虽有所下降，但是依然维持在 70 亿美元左右。中国的在线音乐起步较晚，且明显分为两个时期：第一个时期为 20 世纪 90 年代至 2003 年前后，在线音乐刚刚兴起，用户可以免费下载并使用音乐文件；第二个时期以 2005 年为界，下载使用歌曲需要付费，但是同时期中国在线音乐交易数量上升，相关产业的收入也不断增长。这种销售收入的变化，可能因为中国知识产权保护意识的加强，一方面提高了在线盗版在技术上的壁垒；另一方面在法律上也禁止相关“搭便车”的行为。《知识产权法》的确立，使得以数字化呈现的在线音乐产品不再享有点对点数据传输的便利，自此大规模的音乐文件共享被视为侵犯作者版权的违法行为。

互联网技术的运用推动了在线音乐服务的产生，例如 Apple 的 iTunes，采用有偿服务的方式提供在线音乐的下载。在线音乐的收入主要来源于两个方面：一是下载；二是流媒体服务。其中下载音乐文件带来的收入是在线音乐的主要收入来源，占在线音乐收入的四分之三左右，而音乐流媒体服务的总收入约占四分之一。所谓音乐流媒体服务是指包括付费订阅服务（如 Spotify）、非互动服务（如 Pandora One）和非订阅服务（例如 YouTube）

在内的在线服务模式。值得一提的是，音乐流媒体服务正在逐步取代下载，成为在线音乐的主要收入来源。例如，Pandora 和 Spotify 是美国音乐流媒体市场的代表，他们共同开发了 iHeartRadio、Rhapsody、Rdio 和 Grooveshark 等服务。近些年，虽然许多音乐流媒体公司是初创型互联网公司，但大型科技公司（如苹果、亚马逊）也正在开发自己的流媒体服务。此外，许多广播电台现在也可以提供在线广播以及实现数据网上传输的功能。例如，Clear Channel 拥有 840 家国内广播电台，已经成为传统媒体公司成功实现在线交易的经典案例。

（2）电子游戏

基于互联网编程系统开发的电子竞技游戏也是数字贸易的重要组成部分。传统的电子游戏有两种基本的体验方式：一方面，用户可以体验下载免费的或者需要收费的在线游戏；另一方面，用户也可以在线下实体店购买游戏软件以便安装相应的游戏。数字化交付方式的引入，使得用户可以直接在互联网上体验网页版游戏，例如社交网络游戏。移动终端的引入使得用户也可以在手机或者平板电脑等便携式互联网连接设备体验游戏，以及与在同一局域网端的个体实现在线互动游戏，与其他用户对战是电子游戏体验的核心功能。近些年，电子游戏的发展呈现出良好的势头。

通过移动终端下载、订阅游戏全部内容，独立 DLC 在内的游戏体验方式占整个在线社交游戏体验量的 40%，并且每年以 20% 的速度增长。最常使用的在线社交游戏是休闲类游戏，包括谜题解答、棋盘游戏、化妆游戏以及纸牌游戏。其次是角色扮演、即时战略以及体育类游戏。最不受欢迎的是迷宫类游戏。互联网游戏的多样性大大增强了消费者对游戏的选择性，消费者可以通过多种渠道下载游戏。这些渠道包括分布式网络、游戏开发网络以及控制台网络，这些下载渠道也使得消费者更容易通过移动终端的应用商店和运营商服务体验不同的游戏。

就休闲游戏而言，其特点是控制简单，受众群体较为广泛，游戏的体验性较好，游戏不收取费用以及微盈利的商业模式（通常通过游戏中购买额外的游戏功能，或访问其他游戏以获取收益）。这些游戏常常由较为专业的跨国软件出版商发布，如 Activision 和 Electronic Arts，但是也会由小型和初创软件开发商和游戏发行商提供。就角色扮演游戏而言，其身临其境的代入感是该类游戏吸引广大用户的重要原因。相比大型游戏，其具有占用内存较小、下载方便的特点。角色扮演游戏在全球拥有数千名用户，例如魔兽争霸，虽然游戏本身可以下载，但是如果要在线使用，就需要额外支付一笔费用。此外，这类游戏还具有用户体验良好、及时交流便捷的特点。对于在线游戏而言，一个重要的获利渠道是拥有独立的游戏开发团队，运用自己的服务器开发相应的游戏，可以使得游戏开发商获利更多。

（3）视频

数字化的视频分为广播电视、有线电视、电影院等，这使得视频的表现形式较为多样，视频的传播介质也较为多样。就视频的观看方式而言，消费者既可以观看广播电视频道上的电影，又可以通过购买使用 DVR 技术的 DVD 或租借的 DVD 录制内容，以便今后点播观看。因为视频内容、视频播放以及视频传播介质具有不可分割性，这使得每一个试图观看视频内容的个体都需要部分有偿地使用上述功能。一方面，部分视频制作方可以提供有偿的视频服务；另一方面，视频播放平台可以通过将广告收入货币化，补偿其运营成本。但是无论采用哪一种方式，最后都希望可以提高视频的收看率。

不可否认的是，互联网技术的运用推动了新形式的视频消费。与 Netflix 和 Hulu 上的长版电视剧集和电影不同，短视频与传统的离线式视频观看方式形成竞争，而短视频在很大程度上是互联网独有的。基于互联网交付技术的新视频体验模式正在改变家庭视频娱乐的方式。根据数字娱乐集团的数据，2012 年，在线播放的视频总量占美国家庭视频娱乐市场的 30%，其中包括传统的长版电影销售或家庭租赁影碟。2012 年美国家庭视频娱乐销售总额小幅增长至 180 亿美元，虽然市场仍然比 2004 年的峰值下降了 20%，但是在线视频收入增长抵消了部分购买实物视频软盘的下降。

(4) 书籍

数字化交付的电子图书也是数字贸易的重要组成部分。对于图书的商业出版而言，因为图书的出版行业在线交付的速度比其他内容性行业要慢，所以印刷出来的纸质版图书依旧是图书市场的主力军。就美国而言，2012 年的电子书下载收入约为 30.4 亿美元，高于其他形式的数字化交付产品。值得一提的是，2002 年之前对于数字化图书的贸易量统计并没有纳入三流的统计指标核算体系，即基于数字化内容的图书出版贸易统计中，其贸易收入微不足道，这一数值到 2006 年也是不到 1%。然而在 2012 年，电子书的收入就已经占图书出版行业收入的 20%，比上年增长了 44%。

美国整个商业图书出版行业，包括电子书和实物图书的出版消费在近些年也呈现增长的态势。当然，这种增长主要归因于电子书收入的增长，抵消了大众市场中平装书销售收入的下降。电子书比大众市场平装书更具有优势，因为它们在首次推出电子版本时就以精装版的形式展现给大众，即图书可以在首次推出时就获得相应的精装电子版本，而平装书的精装版则会在后期发布。80%的美国出版商出版图书的电子书，并且超过三分之一的出版商的电子书收入占其出版图书年收入的 10%以上，对于大型出版商来说，这个数字可能更高。

电子书市场中一个独特的现象就是，整个市场处于高度的垄断。例如，亚马逊、苹果两家公司通过建立多种分销渠道的模式，将其他竞争者挤出市场。亚马逊的收入中有近 68%的比重来源于电子书销售，并且占据了美国 65%的电子书销售市场。其次是苹果公司，占据了 25%的电子书销售市场。值得一提的是，亚马逊的电子书采用与其 kindle 平板捆绑销售的模式，使得其平板的销售量也以每年 10%的速度增长，这也与其纸质版平装书每年 5%的增长速度形成鲜明的对比。

2. 社交媒体

该部分阐述了两种社交媒体：社交网站以及用户评论网站。社交媒体与数字化交付产品之间并非泾渭分明。例如，很多大型游戏具有自己独立的社交组件，即允许用户创建在线身份，并通过文本聊天或者麦克风实现现场直播。在线报纸也允许用户对文章进行实时评价，或者组织交互式讨论并允许将讨论的内容重新上传到社交网站上。许多网站本身也提供用户评论区的链接。正如前文所述，社交媒体正在与数字化交付产品实现多角度融合，成为发现和共享视频、音乐以及联网游戏的场所。例如，Twitter 于近期推出的移动音乐应用程序，允许其用户播放 iTunes、Rdio 和 Spotify 等平台开发的音乐。

（1）社交网站

近期，社交网站越来越受到关注，因为它从传统的社交功能转变为支持和诱发商业活动的功能。2012 年，按照访客数量排名的美国五大社交网站分别是 Facebook、Blogger、Twitter、WordPress 和 LinkedIn。各个社交网站都有自己的特点，例如 Facebook 偏向于休闲通讯；LinkedIn 偏向于专业性通讯；Blogger 和 WordPress 偏向于传统的博客网络；Twitter 偏向于微博网络。社交网络已经融入数百万用户的生活中，并且越来越多的用户是通过移动应用程序而不是电脑来访问社交网站。人们花在社交网站上的时间比其他类型的网站多，其中有五分之一的时间是用在电脑端口访问的社交网站，有三分之一的时间是用在移动设备访问的社交网站。社交网站允许用户彼此连接以共享信息，同时用户可以发布图片、文字、视频，分享实际位置等信息，并直接通过分享链接，发布其希望分享的内容，方便与其他用户联系。社交网站通过将网站上的文章、电影以及收听的音乐等链接到用户的社交网站配置文件中，使用户能够较为便捷地跟踪和分享他们的互联网体验。

首先，社交网站通常以租售广告时间或者广告空间来获得收入。消费者在社交网站所花费的时间，为社交网站平台投放广告提供了较好的时间条件，并且社交网站平台所接触的群体范围扩大，有利于发现潜在的顾客群体。网站的广告收入占所有广告收入的份额较大，并且该收入大多来源于零售行业的广告投入。其次，社交网站通过提供品牌服务向消费者收费。社交网站允许消费者在其平台上发布"喜欢"或者"关注"某一产品或者品牌的信息。这实质上为产品或者品牌提供了免费的口碑广告，而社交网站也会通过有偿订阅相关内容的方式向消费者收费。最后，社交网站也会通过开发专业应用而向特定群体的消费者收费。

社交网站被看作是商业活动中的营销工具，可以帮助企业宣传自己的产品与服务。一是促进了业务推广。企业可以在社交网站上购买或者租赁广告席位，开发新的客户或者维持老客户，发布相关产品与销售信息以及通过与用户互动的方式获得市场认可。二是客户服务。企业的社交网站也是客户服务的平台，客户可以通过网页版的交互式谈话，评论或者询问产品和服务的相关问题。三是内容传播。社交网站还能提供诸如发布新闻、下载音乐和视频的服务，相关内容可以通过超链接的方式直接与原网页相联系。

（2）用户评论网站

用户评论网站作为社交媒体的重要表现形式，也是数字贸易的重要组成部分，其通过降低交易成本与信息成本的方式获益。用户评论网站汇总了用户生成的主要信息，使获取这些信息变得简单，用户可以便捷地通过这些信息评估各种商品和服务的价值。比较有名的用户评论网站有 Angie 的名单（家庭服务）、TripAdvisor（酒店）、Urbanspoon（餐厅）、G2 Crowd（软件平台）和 WebMD（医疗服务提供者）。用户评论网站在许多线上零售网站中很常见，例如，亚马逊和 eBay 上的卖家就必须接受买方的评价，消费者也可以在零售商的官方网站上查看其他用户对该种商品的评价，较为著名的零售商有 BestBuy、Gap、Lowes、Macy's 和 Sears。

Yelp 是全球最大的用户评论网站之一，其可以为用户提供餐厅的相关信息以及评价，并且有专门的人员对所关注餐厅的各种服务进行专业的点评，截至 2013 年，全球有 1 亿用户使用 Yelp。TripAdvisor 是另外一家比较有名的点评网站，作为上市公司，其注册资金仅为 200 万美元，却提供了 6000 万条评论，是 Yelp 的三倍。用户评论网站的盈利模式有些许不同。一般情况下，企业所有者可以通过付费的方式在用户评论网站的页面以超链接的形式链接与其业务相关联的页面，该页面包含了更详细的公司信息以及赞助商信息。Angie's List 的不寻常之处在于，消费者必须支付会员费才能使用该网站，除非向会员提供折扣，否则企业不能在网站上做广告。在线评论网站数量的增加也推动了“声誉管理”行业的发展，公司或者企业通过支付一笔费用雇佣顾问来管理他们的在线声誉。中小企业每年花费在声誉管理方面的费用约为 16 亿美元，一家做“声誉管理”的企业汇总了十家餐馆的所有评价，并对评价进行审核后向餐厅老板发出警报。

（3）搜索引擎

互联网搜索引擎在数字贸易中有着重要的作用。一方面，搜索引擎可以引导用户访问相应的互联网内容；另一方面，搜索引擎又可以在用户对互联网内容的需求中获益。搜索引擎的用户能够通过搜索相关内容（例如网页、图像或其他数字文件）来浏览互联网，而所浏览的内容通常根据复杂的算法自动编入索引程序。一般而言，搜索引擎只是起到中介的作用，它们只是将用户与第三方提供的网络内容联系起来，而不是展示搜索引擎的内容或者决定哪些内容是可以被传播的。搜索引擎通常并不是通过向用户收取服务费用获取收入，而是通过租赁在线广告的形式获取收入。例如，Bing 和雅虎都是基于拍卖机制的广告租赁模式，旨在提供与查询相关的广告并以此获利。这种基于广告商收费但是用户免费使用的运营模式在观众流量非常大或者观众较为专业时能为搜索引擎公司带来不菲的收益。虽然广告的收入相对来说较小，但是网络庞大的数据流量使得该商业模式依然有利可图。通用搜索与专业（“垂直”）搜索引擎之间存在竞争，专业搜索引擎是指以特定主题为可搜索信息边界的搜索引擎。专业搜索引擎包括 Kayak（旅行搜索）、Monster. com（求职）和 WebMD（健康搜索）。

移动设备的发展正在改变现有的搜索趋势。用户不再是通过电脑终端的方式访问互联网，而是越来越多地通过移动设备访问互联网。因此，他们较多地使用应用程序访问互联网内容，而较少使用浏览器浏览网页。2012 年，通用搜索引擎的搜索数量下降了 3%，主要因为用户更多地使用移动搜索平台并通过其他互联网站点转向更专业的特定主题搜索。当用户直接导航到专业搜索站点时，通用搜索引擎的搜索量就会下降。同时，通用搜索引擎也面临来自电子商务网站和社交网站的竞争，因为用户更想有个性化的网络内容推介。美国较为著名的搜索引擎便是雅虎，占 5%（第三名），微软的 Bing 占 3%（第五名）。中国的百度和俄罗斯的 Yandex 则分别排名第二和第四。

3. 其他数字化产品和服务

（1）通过云交付的软件服务

美国在软件产品和服务方面的支出占其总支出的 32%，其中企业的 IT 投资占 60%。美国软件产业的利润率常年保持在 4.3%左右，美国的软件市场占 G8 国家市场的 53%，软件产品的全球市场占有率约为 38%。数字化技术的运用改变了以往软件公司的生产方式。传统的软件生产需要借助物理介质，例如 VCD 和 CD。而通过云交付的软件服务正在逐步强化软件存储与计算功能，使得在移动设备上运用软件服务成为可能。

美国软件服务的销售额年均增长17.9%，2012年达到144亿美元，2012—2016年，使用云交付的软件服务增长近五倍，其购买量占所有软件市场的25%。可以预见，通过云交付的软件服务将大大超过以传统方式交付的软件。美国依旧是最大的云交付软件服务市场，其市场总额超过91亿美元，其次是欧洲的32亿美元以及亚太地区的9.34亿美元。近些年，亚太地区的云交付软件服务增长较快，这可能与其移动设备用户的增长有关。新兴经济体在云交付软件服务中所占份额预计将在未来五年内增加一倍，其市场占有率将突破30%。

值得一提的是，对政府而言，软件服务技术具有成本低、收益快的特点，可以更有效率并且更透明地为公众提供公共服务。这类服务包括在线报税、更新驾驶执照与营业执照、提供安全信息等。对程序开发商而言，较高的软件服务采用率预示着相应移动设备应用程序的更新，越来越多的用户可以通过无线传输的方式享有软件服务。

（2）通过云交付的数据服务

数据服务涉及数据的处理与数据的储存。中小企业是使用云技术处理数据的重要客户，它们往往通过外包的方式，雇佣第三方帮助其处理和储存数据。中小企业受益于最新的IT技术，不需要自行建造大型数据存储的基础设施，例如数据服务器以及数据存储系统，也不需要单独雇佣处理数据的IT技术专家。中小企业可以根据自身的需要购买相应的云服务，这使得那些存在资金约束的中小型企业可以节约其生产活动中用于投资IT基础设施的成本。此外，云服务具有易于拓展的优点，这意味着中小型企业可以及时调整所使用的云服务来实现存储数据的灵活化，减少购买IT硬件所带来的调整成本。

就数据处理而言，云计算技术使得数据中心更加灵活，功能更加强大，效率更高。现代意义上的数据中心始于20世纪90年代，通常是指公司内部的数据服务器库或者是主机托管设备。现代的数据中心是提供数据托管服务的专用网络站点，是网络云服务技术与托管的组合。将近六成的数据流量是经过云设施处理的，有不到三成的数据流量是由传统的企业内部数据中心设施所处理的。2016年，经过云设施处理的数据流量已经增长了近一倍，互联网链接设备所产生的大量数据以及云计算提供的数据处理服务是诱发许多行业使用云工具处理数据的关键因素，而使用云服务计算数据通常被称为大数据分析。这一新兴的数据分析领域正在被众多的公司、事业单位以及金融机构等经济活动参与者所接受，并用来处理非常大的数据集。其中，社交媒体的交互式数据分析，销售终端的商业交易以及智能通话设备的即时通话与地理位置分享都是大数据分析的具体应用。

就数据存储而言，为了满足数据存储容量不断增长的需求，苹果、Dropbox、Evernote等公司都在为企业和消费者提供基于云技术的数据存储服务，使客户能够将不同的终端存储设备上的文件移动到云端，或者将这些资料在云服务集中，以便各个文件都可以作为单个的实体而被用户使用。客户以较低的成本购买云服务的基础框架，并在此基础上使用电脑运行相应的镜像程序，调用数据。同时，使用云技术的数据存储程序可以保护公司的数据安全，也使得调用数据更加简单。

（3）通过互联网提供的通信服务

这类服务包括电子邮件、即时消息以及互联网协议语音。企业通常也会把通信服务外包给第三方，例如，企业并不是自行采购和管理自己的通信服务器，而是使用“虚拟服务器”（通过互联网访问的服务器）来提供电子邮件或者基于互联网的其他通信服务。就电子邮件而言，基于云技术的电子邮件，用户可以通过移动设备终端访问其电子邮件，并且用户可以与电子邮件的服务器保持长期链接。作为一种商业服务，消费者可以通过其手机终端以及平板电脑终端等互联网连接设备，免费享有电子邮件的服务。用户可以通过任意连接互联网的电脑与设备访问其电子邮件。作为基于云的应用程序，当收到新电子邮件或者用户删除电子邮件时，所有互联网电子邮件用户的设备上都会出现相应的更改信息。就即时通讯而言，即时通讯与电子邮件本质的不同在于参与交流双方对通讯的同步感知性。即时通讯应用显著的特点便是支持云功能，可以随时随地与对方交流，这也使得即时通讯越来越受到欢迎。移动技术的发展，使用户可以借助标准的移动电话、智能手机以及平板电脑等便携式设备享受即时通信服务。不仅如此，很多企业也将即时通讯用于其商业交流。就互联网协议语音而言，其是指由因特网提供的通讯和多媒体。作为传统陆线通讯的替代方案，企业和政府越来越多地在工作场所使用互联网协议语音作为主要的通讯方式，这可能因为互联网协议语音相比较传统的电话通讯，其成本更低。Skype 最先推出了面向消费者的电视电话通信服务，对大众用户而言，其可以免费提供即时语音和视频通话服务，但是对企业用户而言，其更多地提供面向业务拓展的收费项目。如今，针对企业的互联网协议语音服务已经演变为可以为企业提供通讯的“一条龙”服务，即可以作为独立的单元，通过移动设备，同时处理语音邮件、电子邮件、web 会议等所有的通讯需求。美国社会保障局正在将其 63000 名工作者的现场办公室从传统电话设施转变为互联网协议语音设施。可见，互联网协议语音服务已经成为许多发达国家主流的通讯手段。

（4）通过云交付的计算机平台服务

将数据存储服务器以及即时通信服务器外包给第三方公司实现云交付，需要搭建一个可以彼此信赖的平台。该平台，一方面可以保障服务器的正常运行以及数据存储、使用的安全；另一方面数据的使用方也需要通过平台创立相应的账户，用来链接服务器端口。而计算机平台服务为数据的存储使用、应用程序的开发和管理提供了服务器运行的外部环境。一般情况下，用户需要使用云交付计算机平台服务供应商提供的网络、服务以及存储功能，以付费的方式在互联网上创建和运行相关程序。云交付的计算机平台服务可以为用户节约成本并提高效率，同时在不购买基础框架的情况下实现信息功能的现代化和应用拓展。对小企业来说，通过每小时支付一笔资源费用，就能够访问一些原本存在禁止准入的网站或者享有原本成本过高的服务，这也使得云交付计算机平台服务在中小企业之间倍受欢迎。许多企业采用了微软 Windows Azure 对于云交付计算机平台服务的解决方案，因为其具有可拓展性和易用性。自 2012 年开始，云交付的计算机平台服务就以每年 30% 的速度增长，从 2012 年的 12 亿美元增长到 2016 年的 29 亿美元。

1.2.3 数字贸易的特征

1. 内在属性

（1）交易过程的虚拟化

数字贸易交易过程的虚拟化表现在三个方面：首先，交易介质的非实物性，表现在无论是生产过程还是交易过程中，都使用数字化知识与信息作为传输介质，实现无纸化以及交易承载物的非实物化，即介质要素的非实物化；其次，交易平台的非实物化，相对于传统贸易的面对面交易，数字交易是在虚拟化的互联网平台上进行，该平台负责交易的运作以及保障交易的安全，即交易平台的非实物化；最后，交易方式的非实物化，不同于传统贸易中的纸币交易，数字贸易的交易通常使用电子支付的方式，即交易方式的非实物化。

（2）交易资源的集中化

其一，交易资源的组织化。在数字贸易中，交易资源通过交易平台形成集聚，降低了信息的找寻成本。互联网企业常常采用平台化的运行模式，其中以淘宝为典型。不仅如此，传统企业也会借助平台吸收外部资源，提高自己的创新能力。其二，交易资源的集约化。数字贸易的便利性，使得生产要素比较容易集聚，从而实现要素节约型技术进步，带动要素的集约型投入。互联网平台有效地减少了交易中的信息不对称，使得交易效率不断提升。

（3）交易个体的广泛化

其一，市场进入门槛降低。数字贸易使得传统贸易中的空间限制，准入门槛等不再成为阻碍贸易的因素。数字贸易可以转变贸易弱势群体的地位，使其广泛地参与贸易活动中，并且从中获利。其二，市场标准化程度降低。数字贸易拉近了消费者与生产者之间的距离，使得个性化的需求得以在贸易中获得满足。单一标准的产品很难在市场中获利，而定制化产品与服务可能是新一轮数字贸易竞争的决定因素。之前的长尾产品（原来不受重视的销量小但种类多的产品或服务）可能成为数字贸易的重要标的。

（4）交易参与者的体系化

在传统贸易的背景下，只有生产者与消费者之间才需要订立合同，完成契约。但是在数字贸易的背景下，因为中介方的加入，使得平台、交易双方都需要遵守一定的规章。在这一体系下，彼此之间的联系加强了，形成一个互利共赢的生态体系。例如，将产品链与资金链进行整合，为产品生产、融资与销售提供一站式服务，使得贸易能够融入电子商务数据服务合作体系。

2. 外部属性

（1）交易技术的前瞻化

数字贸易以信息通信技术、数字交换技术以及互联网技术作为技术支撑。大数据、云技术与移动互联网不但扩大了数字贸易的范围，而且降低了成本。交易技术的进步，使得数字贸易得以产生，也使得数字化的传统贸易变得更加便捷。例如，交易技术的演进拓展了传统贸易的采购方式，使得原先的面对面采购逐渐被网上的企业采购所取代。原先需要手工操作的工序通过制造智能化实现劳动力的解放。同时，交易技术使得过往的交易数据得以保存，有利于企业依据过往的数据进行交易判断，大大降低了交易过程中的道德风险与逆向选择。随着数据基础设施的不断完善，数字服务提供商为数字贸易的诞生奠定了现实基础，无论是电子捕获还是形成传送数据的中心，交易技术都使得消费者可以直接接触这些数据，并通过一定的数据分析比较不同产品之间的差异。此外，个人终端与数据基础设施的对接也大大降低了商业使用成本，扩大了贸易的范围。

（2）交易运用的普适化

其一，数字贸易可以运用到传统制造行业。制造行业的智能化是数字贸易带来的重要历史变革。制造行业的智能化不仅是指诸如汽车行业、高端设备制造业等资本密集型行业从生产到销售的智能化，还应该包括诸如纺织行业等劳动密集型行业的智能化。在传统产业数字化转型的背景下，数字贸易不再是实现商品的交换，而更应该承担起智能制造的重任。数字的传递可以为产品的研发提供更多的外部智力支持，为产品的销售提供多样化的渠道，对生产工艺进行柔性化改造，最终实现全社会生产的智能化升级。其二，数字贸易拓展了供应链。今天的供应链是通过市场营销、产品开发、制造和分销，并最终落到客户手中的一系列离散的、孤立的步骤。数字化打通了这些“墙壁”，形成一根链条，变成一个完全集成的生态系统，所有参与者，包括原材料零部件供应商、供应品和成品的运输商以及最终的客户都得到满足。这个网络将取决于一些关键技术：综合规划和执行系统，物流可视性，自主物流，智能采购和仓储，备件管理和高级分析。结果将使公司能够对供应链中断做出反应，甚至可以预测它们，通过对网络进行全面建模，创建“假设”情景，并随着条件变化实时调整供应链。

3. 数字贸易与传统贸易的比较

（1）相同之处

第一，需求本质相同。贸易的本质是货物交易，在古代自给自足的社会中，随着生产技术的提高，开始有了生产盈余，人们在满足了自身的生活需要后，会通过货货交换的方式满足其对另一货品的需求，以达到分工的专业化和商品的多样化。即使在今天，贸易的物物交换本质仍然没有发生变化，对数字贸易而言，也存在数字化产品、数字化服务与数字化生产要素的时空转移。因而这并没有改变贸易作为交换活动的本质。

第二，理论基础相同。比较优势理论是贸易的理论基础。比较优势理论诠释了在“没有优势的”情况下，通过专业性分工，每个地区也能获利的经济现象。这一理论总结了贸易发生的动因，并将这一动因归结于各个地区的成本优势。因而，专业化的生产可以使得每个地区的社会福利水平提高，这也是数字贸易产生的动因。

第三，对资源的要求相同。一是促进资源流通。贸易通过价格机制，有效地配置了流动性的资源，并通过资源的流动平衡各个地区的供求关系。二是促进信息共享。确保信息获取与传递的过程中不存在不对称的现象，进而实现信息的有效传播与利用，并保证了信息的即时性与准确性。三是推动产业发展。一方面有利于产业的技术进步，使得交易群体较为便利地获取技术；另一方面，促进资源合理利用。产业的发展需要高密度的资源流，通过资源流动，产业可以及时获取外部知识，推动产业创新。

（2）不同之处

第一，产生背景不同。重商主义的发展以及工业革命的前期孕育了传统贸易。交通运输方式的改变以及新的生产方式的出现大大促进了劳动分工，正是在这种情况下，传统贸易得以诞生。但是只有当信息技术普遍运用于我们的生活之中，数字技术将引导第四次工业革命，并带来生产方式的进一步变革以及生产资料的进一步丰富，才会诞生数字贸易。

第二，经济影响不同。传统贸易促进了各国利用比较优势进行生产分工，同时利用规模效应与范围经济扩大生产规模，在一定程度上通过降低成本的方式推动了经济的发展。但是传统贸易容易产生价值链锁定效应，导致贸易主体地位的禁锢。而数字贸易将改变目前的全球分工体系。一方面，数字贸易中的劳动分工会打破原有的价值体系，使得各地区在新的贸易浪潮下重新定位，从而再次构建全球范围的贸易结构；另一方面，数字贸易要求更有效率的政府治理体系与法律体系，从而对数字贸易这一新兴领域进行监管。值得一提的是，数字贸易还会改变原先的供应链，提升供应效率。

第三，交易过程不同。其一，交易周期不同。传统贸易受价格的影响较为强烈，本身抵御汇率风险的能力有限，因而经济波动对其影响更大。但是数字贸易的不确定性被数字技术所吸收，使得原先的地理距离等空间限制不再成为制约贸易的重要因素。其二，行为主体不同。生产者与消费者构成了传统贸易的主要参与者，但是缺少面对面直接交易。数字贸易却融合了第三方交易平台，使得交易主体可以进行即时通话，保证了信息传递的有效性，并且数字贸易更加注重消费者的多样化需求。其三，交易标的不同。生产要素与实物商品是传统贸易的主要标的，而数字贸易不仅包含了数字化的传统贸易商品，还包含了通过互联网等数字化手段传输的数字产品与服务。其四，交易方式不同。传统贸易需要场所以及纸质凭证，但是数字贸易实现无纸化交易。传统贸易需要进行实物运输，例如海运等，但是数字贸易主要通过投递的方式寄送，部分跨境电子商务企业采取海外仓、保税仓模式；数字产品与服务的贸易则采取数字化的递送方式。

本章思考题

1. 试比较美国、欧盟与中国对数字贸易的定义有何异同?
2. 为何称“数字技术革命”为“第四次工业技术革命”?
3. 全球范围内数字贸易的兴起会给中国带来哪些机遇与挑战?
4. 中国参与数字贸易的方式有哪些?

第 2 章　数字贸易的发展概况

数字贸易是当今数字化时代国际贸易演变的主要趋势之一。数字贸易主要以现代信息网络为载体，以数字技术创新为驱动力，以互联网为媒介来实现产品和服务的跨国传输与贸易，这体现了互联网技术、知识经济与现代贸易的深度融合（陈超凡和刘浩，2018）。一方面，相比于传统贸易，数字贸易在提高交易效率、降低交易成本、创新贸易模式、降低国际贸易的准入门槛等方面具有显著优势；另一方面，数字贸易正在重塑全球贸易和竞争格局，发达经济体正在领跑全球数字贸易，而发展中国家和新兴经济体在数字贸易方面的发展潜力巨大。可以说，数字贸易已成为当前推动全球经济持续增长的新动力和新引擎。然而，现阶段，数字贸易统计体系和规则体系尚未确立，全球主要国家正在激烈争夺数字贸易国际规则的制定权。如何科学统计数字贸易以及如何认清主要国家数字贸易发展态势，对于认清全球数字贸易的发展概况、把握数字化时代国际贸易的发展方向以及挖掘数字贸易的增长潜力而言，具有重要的现实意义。

2.1　数字贸易统计

数字贸易主要以数据资源的跨国交换为核心特征，所涉及的领域突破行业限制和地域限制，其统计测度与传统贸易统计测度具有一定的交叉性，但又存在显著的差异性。至今，人类对于数字贸易的科学统计仍处于不断探索和完善的阶段。

2.1.1　数字贸易统计的基本框架

国际经济合作与发展组织（Organization for Economic Cooperation and Development，OECD，2017）提供了数字贸易统计测度的基本框架（表 2－1）。根据国际经济合作与发展组织的统计说明，数字贸易可以细分为三个维度：数字贸易的实质；数字贸易的产品；数字贸易的参与主体。首先，数字贸易的实质主要界定数字贸易的范畴，即数字订购的跨国交易、平台促成的跨国交易或数字支付的跨国交易，这些均可称为数字贸易。其次，数字贸易的产品主要说明数字贸易的产品类型，即不同于传统的产品贸易和服务贸易，数字贸易还将信息或数据作为单独的交易产品，扩大了贸易统计测度的范围。最后，数字贸易的参与主体为数字贸易的主要参与者，包括企业、消费者、政府、非营利组织等。

表 2－1　数字贸易的三个维度

数字贸易的实质（Nature of Digital Trade）	数字订购（Digitally Ordered）；平台促成（Platform Enabled）；数字交付（Digitally Delivered）
数字贸易的产品（Product of Digital Trade）	商品（Goods）；服务（Services）；信息/数据（Information）

（续表）

数字贸易的参与主体（Actors of Digital Trade）	企业（Business）；消费者（Consumer）；政府（Government）；服务家庭的非营利机构（Non－profit Institutions Serving Households）

来 源：OECD. Measuring Digital Trade：Towards A Conceptual Framework ［R］. Paris：OECD，2017.

1. *数字贸易的实质*

科学合理地对数字贸易进行统计测度，首先需要明晰数字贸易的实质内容。根据OECD（2017）的研究分析，数字贸易主要包括数字订购的跨境交易、平台促成的跨境交易和数字交付的跨境交易。

第一，数字订购。数字订购是指可以纳入跨境电子商务范畴的商品贸易和服务贸易。具体而言，数字订购是指通过专门设计的电脑网络（即在该网络上接单或下单）而跨境从事商品或服务交易。数字采购必须是通过网络、外联网或电子数据交换网完成订单，不包括通过电话、传真或电子邮件完成订单。然而，这些商品和服务的最终支付和配送可以不通过线上操作。数字采购可以在企业、家庭或个人、政府和其他公共组织或私人组织之间进行。

第二，平台促成。跨境交易平台（如亚马逊、阿里巴巴）的快速发展加速了国际贸易数字化进程。虽然并不是所有的数字贸易都使用跨境交易平台，但是跨境交易平台的广泛参与为数字贸易统计带来了诸多的挑战。例如，很难规范统计跨境交易平台的具体类型；很难准确界定潜在的交易应记为跨境贸易还是收入流，这其中包括从国外在线平台购买的国内商品或服务，从国内在线中介平台购买的国外商品或服务，从国外在线中介平台购买的国外商品和服务，从国外拥有的国内在线平台购买的国内商品和服务；而且，即使能确定在线平台是国内的还是国外的，也很难明确跨境交易应记为总额（包括消费者之间提供的潜在服务的价值），还是净额（仅包括跨境平台服务费用）。

第三，数字交付。数字交付主要包含交付服务或商品的数据流，以及交付可下载的产品（如软件、电子书、数据、数据库服务）。在商品贸易领域，数字贸易的概念通常指商品的数字化订购过程，如数字传输交易。在服务贸易领域，很大一部分数字传输交易可以通过电子订购过程完成，特别是完全电子化的产品或可下载的产品（如软件、电子书、数据库服务）。服务贸易可划分为“可以数字交付的”（如手机应用、游戏、音乐、咨询服务）和“不可以数字交付的”（如建筑、交通）。数字交付的服务贸易，尤其是向家庭交付的服务贸易，给数字贸易统计测度带来了严峻挑战，这一般会导致大多数国家的数字贸易数额被低估。另外，涉及家庭的交易需要家庭调查数据作为支撑，但大部分国家并没有进行这方面的统计。

2. *数字贸易的产品*

不同于传统的产品贸易和服务贸易，数字贸易还将信息或数据作为单独的交易产品，这扩大了贸易统计测度的商品类型及商品范围。

一方面，从数字贸易交易标的角度来看，数字贸易包括的产品类型十分广泛。根据马述忠等（2018）学者的研究梳理：2013 年 7 月，美国国际贸易委员会所发布的《美国与全球经济中的数字贸易Ⅰ》对“数字贸易”的概念进行了界定，即通过互联网传输产品或服务的国内商务及国际贸易活动；数字贸易交易标的为：音乐、游戏、视频、书籍等数字内容，社交媒体、用户评论网站等数字媒介，搜索引擎，以及其他数字化的产品和服务。2014 年 8 月，美国国际贸易委员会在其发布的《美国与全球经济中的数字贸易Ⅱ》中对“数字贸易”上述概念进行了修正，将“数字贸易”界定为，互联网和互联网技术在其订购、生产以及递送产品或服务中发挥关键作用的国内商务及国际贸易活动；而且，数字贸易的标的具体包括：使用数字技术订购的产品与服务（如电子商务平台上购买的实体货物），利用数字技术生产的产品与服务（如存储软件、音乐、电影的 CD 和 DVD），基于数字技术递送的产品与服务。2017 年，美国贸易代表办公室所发布的《数字贸易的主要障碍》认为“数字贸易”应当是一个内涵广泛的概念，不仅包括个人消费品在互联网上的销售以及在线服务的提供，还包括实现全球生产链衔接的数据流、实现智能制造的服务以及其他相关平台和应用。

另一方面，从数字贸易产品提供者角度来看，互联网企业提供的数字产品及服务已经涵盖云计算、数字内容（游戏、视频、数字音乐、电子出版物等）、数字搜索、社交媒体、电子商务、通信服务、数字技术等数字贸易的所有产品领域。例如，Google 作为搜索引擎服务领域的巨头企业，自其创立伊始就逐步向搜索引擎服务之外的领域扩展，其通过视频网站 YouTube 提供数字视频服务，通过邮件平台 Gmail 提供电子通信服务，通过 Google 购物提供电子商务服务（陈超凡和刘浩，2018）。

3. 数字贸易的参与主体

在传统贸易的框架中，国际贸易主要发生在企业和企业之间（B2B 模式），而较少发生在企业和个人之间（B2C 模式）。传统贸易的参与主体包括三类：出口方（生产企业、出口代理商）、进口方（进口代理商、零售商、最终消费者）以及连接出口方和进口方的其他中间组织。在传统贸易模式中，虽然最终消费者也会参与国际贸易，但是参与程度相对较低，消费者主要还是从进口商或零售商处购买国外的产品。

不同于传统贸易的框架，在数字贸易的框架中，大量的最终消费者会直接参与国际贸易，B2C 模式的跨境电子商务业务迅速发展，在消费者之间开展的跨境交易业务（C2C 模式）也逐步兴起。一方面，数字贸易的 B2C 模式主要涉及不同国家的企业和最终消费者，企业绕过中间商而直接向消费者销售产品或服务，最终消费者是大量直接参与国际贸易的主体。互联网及科学技术的快速发展使得个人消费者能够从国外供应商手中直接购买商品或服务（B2C 模式），电子商务或在线销售显著降低了出口壁垒，使小企业也能够较为便捷地向海外市场销售它们的产品或服务。另一方面，数字贸易的 C2C 模式主要指不同国家的两个消费者（家庭）之间发生交易，如支持房屋租赁的“爱彼迎”（Airbnb）。随着信息通信技术的快速发展，数字贸易的 C2C 模式日益流行。由此可见，与传统贸易相比，数字贸易的参与主体更为庞杂、零碎，这为数字贸易的科学统计带来了巨大挑战（陈超凡和刘浩，2018）。

2.1.2　数字贸易统计的主要挑战

目前，数字贸易统计测度处于不断探索和完善的阶段，这其中存在许多挑战。由于数字贸易的兴起时间较短、发展速度较快、发展模式多样，现阶段各国对数字贸易的定义和统计尚未达成共识。根据 OECD（2016）、IMF（2017）所发布的研究报告，数据测度面临的挑战见表 2-2 所列。

表 2-2 数据测度面临的挑战

测度问题	描述	案例	影响
低估（Underestimation）	传统简化的统计方法不再适用	“最低免税额”制度意味着小额交易可能没有被记录	贸易统计值可能被低估
活动分类（Classification of activity）	数字贸易可以被归类为不同部门	拼车交易可以是交通服务或中介服务	产品和活动的分类界限模糊造成贸易统计困难
非金钱交易（Non-monetary）	没有金钱交易的活动	社交网络的潜在信息流动支撑起了其他经济活动	以数据为基础的广告服务或销售收入都应该记录在统计系统中，但是当消费者剩余出现时，就会出现统计困难
数字促成的交易的识别（Identification of Digitally Enabled Transaction）	数字服务信息的使用促成了贸易交易	中小企业利用数字媒介的出口额未知	识别通过使用数字工具促成的销售的会计框架未建立

来源：OECD. Towards a G20 Initiative on Measuring Digital Trade：Mapping Challenges and Framing the Way Forward［R］. Paris：OECD，2016.

第一，数字贸易规模被低估的问题日益凸显。近些年，跨境 B2C 模式的贸易、数字促成的贸易逐年增加，但是，在贸易统计时，通常假定这些交易的规模较小，一般不纳入统计范畴。同时，“最低免税额”制度也使得小额交易很难被有效记录。这种简化的统计方法已不能反映真实的数字贸易规模。另外，许多公司内部的数据流也可能并未记录在常规的贸易统计中。

第二，数字贸易活动分类无明确标准，且不同种类服务提供者的分类在各个国家可能会有所不同，这导致了统计口径偏差问题。数字贸易可以被归类为不同的部门，但是这些不同部门的分类可能并没有统一标准，如拼车交易可以划分为交通服务或者中介服务。当分类界限模糊时，如何准确统计就面临很大困难。而且，由于不同种类服务提供者的分类在各个国家可能会有所不同，这会造成数字贸易统计在不同国家之间并无可比性。

第三，在数字贸易中，对非金钱的经济活动进行统计十分困难。许多互联网企业为消费者提供免费服务的活动，其主要通过广告模式来获得收益，或者通过向第三方售卖消费者信息的方式获取收入。虽然数据流并不直接产生金钱交易，但数据流构成了收入的基础，这增加了数字贸易统计测度的难度。在理论上，所有以数据为基础的广告服务或销售收入都应该记录在统计系统中，然而，当消费者剩余出现时，就出现了统计上的困难。例如，社交网络“推特”（Twitter）或搜索引擎“谷歌”（Google）为用户提供免费的相关服务，但是在这个过程中，用户需要提供自身的数据。“推特”和“谷歌”与其用户之间并没有直接的金钱交易（以现存的国际标准来评判，其中不存在贸易）；然而，“推特”和“谷歌”可以依靠其用户的数据获得广告收入。虽然广告收入统计在贸易数据中，但是数据流没有统计到贸易数据中，这为科学合理地统计测度数字贸易带来了严峻挑战。

第四，数字促成的交易存在识别困难，这会造成数字贸易统计数据不精确。很难识别企业（尤其是中小企业）在多大程度上使用数字渠道来销售其产品和服务。传统的跨国公司和数字平台实际操作层面也存在很多灰色地带，其记录服务收入或主要销售收入的能力取决于其如何交付服务给第三方或公司内部。而识别通过使用数字工具促成的销售的会计框架并没有建立起来，导致这些数据难以被统计者所知晓，进而会造成统计数据和统计结果的不精确。

第五，数字贸易统计中，跨境数据流测度面临两个难题。一是如何将这些数据纳入总的会计框架中；二是国际上没有公认的数据价值评估和数据分类的方法。美国商务部给出了测度跨境数据流价值的建议，具体可归纳为：①对服务部门的官方统计，要扩大覆盖面，提高质量；②对与跨境数据流相关的概念建立起一个标准属性或标准定义，区分数字经济、数字密集型、数字促成的经济和信息与通信技术等名词的内涵；③更好地理解公司如何利用跨境数据流，数据流能提供什么经济价值；④开发更先进、更连续的宏观经济统计体系，以测度跨境数据流的价值和数字经济，如测度数据流和数字经济对 GDP 的贡献；⑤继续和私营行业对接，以促进数据共享，将公共数据和私人数据连接，使之在法律上和逻辑上可行，同时要保护公司的隐私；⑥继续与国际组织合作，确保跨境数据流和数字经济测度可以为世界各国所用。

2.1.3 数字贸易统计的现有做法

1. 国际组织所开展的数字贸易统计的尝试

（1）在统计数字贸易之前，国际组织首先尝试统计与测度跨境电子商务交易。2016 年，万国邮政联盟、联合国贸易与发展会议、经济合作与发展组织和世界贸易组织联合开展了一个合作项目，对跨境电子商务交易进行测度；联合国贸易和发展会议与信息和通信技术部门合作，希望找出 ICT 服务和 ICT 促成的服务之间的区别；世界海关组织通过商务合作小组，开始开发工具和系统来识别商品贸易中的电子商务交易。

（2）2017 年，国际组织在数字贸易统计架构设计上取得突破性进展。2017 年 3 月，OECD 发布研究报告《测度数字贸易：走向概念性架构》，并在该报告中指出，测度数字贸易首先需要建立一个概念架构。2017 年 10 月，国际货币基金组织（International Monetary Fund，IMF）国际收支委员会发布研究报告——《测度数字贸易：OECD/IMF 调查结果》。

（3）国际组织在全球数字贸易规模统计上取得较大成果。2019 年，欧洲国际政治经济中心发布了“全球数字贸易限制指数（Digital Trade Restriction Index，DTRI）”。该指数侧重于衡量各国关于数字贸易的限制政策和监管环境，相关结果显示，中国、俄罗斯、印度、巴西、越南等新兴经济体的限制指数是最高的。事实上，鉴于国家所处经济发展阶段的差异，发展中经济体关于数字贸易的监管往往会远高于发达经济体。对于数字贸易这种新型贸易业态的发展而言，更为务实的是如何创造有利于数字贸易发展的综合环境（包括基础设施、商业环境等），在发展过程中促使政策制定当局意识到监管上存在的不足，并不断优化综合政策环境，这对发展中经济体而言尤其重要。

2. 国内学者所开展的数字贸易统计的尝试

（1）国家统计局进行数字经济统计的尝试和探索。目前，传统生产及消费方式发生了深刻的变化，新的经济统计监测体系亟待建立。2017 年 7 月，国家统计局印发了《中国国民经济核算体系（2016）》，该核算体系已涉及关于数字经济统计的部分说明（张美慧，2017）。2018 年 11 月，我国国家统计局研究人员徐清源等（2018）通过回顾数字经济的理论体系和测度方法的相关研究，对比评述了国际和国内 12 个数字经济相关指标体系的优缺点和参考价值，并给出了中国用对比法测度数字经济发展水平指标体系的构建思路：第一，强化数字经济测度和评估的理论研究，提出建立在坚实的统计理论基础之上、契合中国实际发展情境的测度框架；第二，建立跨部门、跨层级的数据调查、指数研究及评估工作机制，系统构建关键指标统计调查框架，保障一手数据、核心数据的长期采集；第三，创新性地探寻数据来源，加强具有国际可比性的指标体系构建。

（2）国内学者在全球数字贸易规模统计上取得较大的研究进展。2018 年 11 月，上海社会科学院发布研究成果——《全球数字贸易促进指数报告（2018）》。与欧洲国际政治经济中心（ECIPE）发布的“全球数字贸易限制指数（DTRI）”将重心集中于数字贸易的限制相比，上海社会科学院所发布的数字贸易促进指数则侧重于分析各经济体在发展数字贸易方面的基础水平、综合环境和发展潜力，主要测度全球主要经济体在市场准入、基础设施、法律政策环境和商业环境等四个层面的数字产品（服务和货物）在跨国界流动和到达最终目的地过程中的自由化程度和便利化程度（成本和效率）。该报告在数字贸易促进指数指标框架的基础上，结合国际组织发布的权威数据，采用标准统计分析方法，对全球 74 个主要经济体的数字贸易总指数和分项指数的得分和排名进行分析。首先，从数字贸易促进指数排名来看，芬兰、卢森堡和瑞士的得分位列全球前三位；总体来看，发达国家数字贸易促进指数明显高于发展中国家；主要新兴经济体中，俄罗斯的表现相对较好，位列全球第 39 位，随后为南非和中国，并列全球第 51 位，印度表现相对较差，位列全球第 64 位。其次，进一步采用聚类分析方法进行分析，结果表明：全球 74 个主要经济体中，有 12 个国家处于数字贸易发展的领先阶段，这其中包括 8 个欧洲国家，1 个大洋洲国家（新西兰），其余 3 个国家为美国、日本和韩国。同时，也有 12 个国家处于数字贸易发展的成熟阶段，其中 10 个为欧洲国家，其余 2 个国家为澳大利亚和新加坡。处于数字贸易发展阶段的国家最多，共有 39 个国家，中国、俄罗斯、南非等新兴经济体也处于这个阶段。此外，有 11 个国家尚处于数字贸易发展的起步阶段，这些国家以非洲、美洲和南亚国家为主。

（3）国内其他学者对数字贸易发展评估分析。浙江大学中国跨境电子商务研究院马述忠等（2019）在 China & World Economy 期刊上发表论文“Policy Analysis and Development Evaluation of Digital Trade: An International Comparison”。该文通过构建数字贸易发展水平的评价指标体系，从发展环境、市场潜力两个方面对其他国家与中国各省份的数字贸易发展现状进行客观评估。该研究表明：第一，以美国、德国、英国为代表的发达国家是数字贸易的领跑者，而且，中国数字贸易的综合发展水平也处于世界前列，这主要是源于中国数字贸易的巨大市场潜力，但是中国在数字贸易发展环境方面与发达国家相比存在一定差距；第二，从中国各省份来看，中国数字贸易发展存在区域不平衡现象，表现为东部较强、西部较弱，南方较强、北方较弱的态势，东南沿海地区的数字贸易发展较为良好，中西部地区则较为滞后。

2.2　全球数字贸易的发展概况

2.2.1　美国数字贸易的发展概况

1. 数字贸易的美国界定

20 世纪 90 年代，美国就开始关注数字经济的发展，还发布了相应的制度文件对刚刚萌芽的经济网络化进行分析与预测。1998 年，美国发布全新的《数字经济报告》，对工业经济转向数字化经济进行充分说明，这当时在世界上引起了巨大的反响。1998 年 5 月，美国与 132 个 WTO 成员国签订只针对电子传输产品的 WTO 免税决定，而之后的《信息技术协议》则对数字产品的关税进行了详细说明。

2013 年 7 月，美国国际贸易委员会在《美国与全球经济中的数字贸易 I》中正式界定“数字贸易”的概念，即通过互联网传输产品和服务的国内商务及国际贸易活动。其具体包括四个方面的内容：数字化交付内容（如音乐、游戏），社交媒体（如社交网络、用户评价网站），搜索引擎，其他数字化产品和服务（如软件服务、在云端交付的数据服务）（马述忠等，2018）。可见，最初，美国国际贸易委员会仅采用相对狭窄的“数字贸易”的概念，它排除了大部分的实体商品贸易，比如在线订购的商品和需要数字副本对应的实体商品（如电子书、软件、音乐、电影等通过 CD 或 DVD 的方式售卖的商品）。

2014 年 8 月，美国国际贸易委员会对“数字贸易”的概念进行修订，将“数字贸易”定义为，互联网和互联网技术起关键作用的商业贸易活动，即只要在其订购、生产以及递送等一个或多个环节中互联网或互联网技术起到关键性的作用，即可将其视为数字贸易。在上述框架下，数字贸易的交易标的范围被大大拓宽，在其订购、生产等环节运用数字技术的产品也被纳入数字贸易的交易标的，而非仅仅包括数字化的产品与服务。其具体包括：使用数字技术订购的产品与服务（如电子商务平台上购买的实体货物），利用数字技术生产的产品与服务（如存储软件、音乐），基于数字技术递送的产品与服务（即该机构发布的前一版定义中所包含的内容）（马述忠等，2018）。

2017 年，美国贸易代表办公室对“数字贸易”的概念作了进一步扩展。其指出，数字贸易不仅包括个人消费品在互联网上的销售和在线服务的提供，而且还包括实现全球价值链的数据流、实现智能制造的服务以及其他的相关平台和应用。这一界定主要是基于经济社会中数字技术和传统产业融合发展的客观现实，即企业普遍地运用数字技术参与国际竞争与合作，更多的商业活动采取数字化的形式（蓝庆新和窦凯，2019）。其列举许多事实，包括：已经有超过 50 亿台设备被物联网连接起来；冰箱、飞机甚至是建筑物都在不断地生成数据并将其内容发送到国内外的处理中心；制造业产生的大量数据已被广泛应用于研发、生产、运营和服务等价值链的各个环节。由此可见，美国对于“数字贸易”的内涵和外延的界定不断拓宽，其现在的内涵更加广义化。

2. 美国数字贸易的发展方略

自 2013 年以来，美国数字经济发展的战略重点开始聚焦于数字贸易。2013 年，美国国际贸易委员会发布研究报告《美国和全球经济中的数字贸易Ⅰ》，正式提出“数字贸易”的概念，并指出美国数字贸易的未来发展方向；2014 年和 2018 年先后发布两份研究报告《数字经济与跨境贸易：数字化交付服务的价值》和《北美数字贸易》，这有力地助推了美国数字贸易的发展，目前美国已成为全球数字贸易发展的引领者（蓝庆新和窦凯，2019）。

目前，美国拥有多家在全球数字经济领域长期占据主导和领先地位的数字公司巨头，这为美国从国外带来规模庞大的跨境数据流，使得美国在数字贸易规则的制定和推广上具有领先优势，而这也是美国数字贸易发展方略的实施效果（蓝庆新和窦凯，2019）。长期以来，在数字贸易发展方面，美国试图打造数字贸易国际规则的“美式模板”，并以与对方签署自由贸易协定的方式进行推广。根据蓝庆新和窦凯（2019）的研究，数字贸易国际规则的“美式模板”的重心是保持全球数字市场的开放，从而使得美国能够在全球数字贸易中获益。具体表现为：第一，在《美韩自由贸易协定》中，美国提出“美式模板 1.0”，首次明确跨境数据自由流动的原则；在美国已经退出的 TPP 谈判中，美国提出“美式模板 2.0”，强调要促进数字贸易、信息自由流动以及开放互联网。由于美国是全球互联网和数字技术最发达的国家，因此，美国所倡导的“数据自由流动”及互联网开放政策对美国经济具有极大的促进作用，有利于美国经济保持全球领导地位。第二，2018 年，美国提出“美式模板 3.0”，强调取消跨境数据收费和数据本土化限制，开放政府公共数据但禁止要求企业披露源代码和算法。由于美国数字技术极其发达，相关技术多数处于垄断地位，拥有诸多相关技术的知识产权，因此美国对数字知识产权的保护也十分重视，其要求禁止其他国家的政府获取源代码，防止源代码泄露，从而有效保护企业和个人的知识产权。第三，从美国向 WTO 总理事会提交的联合声明的新议案中可以明确看到，信息自由流动、保护机密信息及数字安全是美国一直贯彻的原则。此外，推动数字产品的公平待遇、促进互联网服务及贸易自由化等战略都是美国推进其数字贸易发展的有力手段，这有利于数字贸易为美国经济发展做出更大的贡献。

此外，美国与欧洲以及中国在全球数字贸易发展方略上存在较大的分歧，这为全球数字贸易统一市场建设带来巨大的挑战。根据蓝庆新和窦凯（2019）的研究，美欧均主张开放全球市场、推行跨境数据自由流动以及反对强制技术转让；而中国作为以跨境电子商务发展为主的新兴数字贸易大国，在数字贸易方略上侧重于跨境电子商务发展，主要强调在促进跨境电子商务发展的同时，注重对国家安全以及消费者权利的保护，加强在跨境数据流动方面的严格限制，并提出数据本土化的基本要求。

3. 美国对数字贸易国际规则制定的行动

美国是网络信息技术的发源地、产业生态的主导者，数字贸易和数字经济日益成为美国经济增长的关键引擎。从网络基础设施来看，2017 年底，美国与各国联网带宽合计 72.8Tbps，占全球四分之一。从产业发展来看，美国拥有苹果、英特尔、高通、英伟达、IBM、谷歌、亚马逊、微软、脸谱等一流软硬件巨头企业，这些企业共同定义和主导全球网络信息产业的发展方向。由于支撑全球数字贸易发展的互联网和跨境数据流动具有明显的全球属性，为了巩固和扩大美国数字贸易发展的优势，近些年美国在全球范围内正在加大数字贸易国际规则的塑造力度（马骏和马源，2018）。基于马骏和马源（2018）的研究，相关行动主要包括：

第一，在战略目标上，明确国际谈判目标是保护开放、自由的互联网。美国国际贸易委员会（USITC）研究指出，其他国家对互联网采取管控措施很可能会阻碍美国数字贸易和数字经济发展，而取消国外数字贸易壁垒将会使美国实际 GDP 增长 0.1%～0.3%，并在数字密集型产业领域新增 40 万个就业岗位（马骏和马源，2018）。

第二，在组织推动上，近些年美国政府及其各个部门已经采取诸多措施来推动美国数字贸易的快速发展。首先，作为美国数字贸易的重要推动者，美国商务部先后发布了《数字经济与跨境贸易：数字化交付服务的价值》（2014 年）和《北美数字贸易》（2018 年）等报告。美国商务部把维护美国数字商业利益作为最优先考虑的一项议题。为此，2016 年，美国商务部国际贸易局牵头启动“数字专员”项目，向其他国家派驻数字贸易参赞。该计划首批包括巴西、中国、印度、日本、东盟和欧盟 6 个市场，2017 年 12 月该计划扩展到韩国、印度尼西亚、墨西哥、南非、德国和法国 6 个新市场。其次，2016 年 7 月，美国贸易代表办公室成立数字贸易工作组（DTWG），以快速识别数字贸易壁垒、及时制定相应的政策和规则，而且从 2016 年开始，美国贸易代表办公室把数字贸易的主要障碍作为《国家贸易评估报告》的重要内容。根据 2018 年的《国家贸易评估报告》，2018 年美国数字贸易的主要障碍来自中国、欧盟、印度尼西亚、韩国、尼日利亚、俄罗斯、泰国、土耳其、越南 9 个国家和地区，共有 15 项障碍。再次，2017 年，美国国际贸易委员会发布调查报告——《全球数字贸易：市场机会和主要的国外贸易限制措施》，并指出，将在 2018 年和 2019 年调查美国企业与海外企业（B2B 市场）和国外消费者（B2C 市场）开展数字贸易所面临的壁垒（马骏和马源，2018）。此外，美国国会研究局 2017 年和 2018 年连续发布研究报告《数字贸易之于美国贸易政策》，全面分析美国数字贸易面临的各类问题；2018 年 6 月，美国国会联合经济委员会还召开了“确保美国在数字贸易领域领导力”主题听证会（马骏和马源，2018）。

第三，在规则的设立与落实上，美国利用双边或多边机制推广其主导的数字贸易规则。首先，在 WTO 体系下，2017 年 2 月，在美国的主导下，世界贸易组织的 70 个成员国共同发布《关于电子商务的联合声明》；2018 年 4 月，美国向 WTO 总理事会提交了关于电子商务谈判的文件，提出数据自由流动、数字产品的公平待遇、保护机密信息、数字安全、促进互联网服务、竞争性电信市场和贸易便利化等七项议题。其次，在北美自贸区（NAFTA）的谈判中，美国的目标包括禁止对跨境数据流动的限制、对服务器实行本地化要求、禁止披露源代码或算法等。此外，在 G20、OECD 等组织会议上，美国还倡议开放互联网、允许数据流动、加强知识产权保护、重视网络安全和消费者保护等（马骏和马源，2018）。

2.2.2　欧洲数字贸易的发展概况

在数字贸易发展方面，欧盟提出建立“单一数字市场”的发展目标，其定义为“无论其国籍或所在地，个人和企业可以在公平竞争的条件下自由访问或开展在线活动的区域”。同时，欧盟还明确强调，任何协定都不能影响“对个人数据传播和处理过程中的隐私保护，以及对个人记录和账户的机密性保护”。2018 年 5 月，欧盟出台《通用数据保护条例》，这一新条例被认为是“世界史上最严格的个人数据保护条例”。《通用数据保护条例》以欧盟法规的形式确定个人数据保护原则和监管方式，以取代原有的欧盟《个人数据保护指令》，其具有更强的法律效力（张茉楠和周念利，2019）。

根据夏长杰（2018）的研究，2015 年，作为欧洲主要国家之一的英国发布《数字经济战略（2015－2018）》，将数字经济发展纳入国家战略。2017 年 3 月，英国又发布《数字英国战略 2017》，提出以下发展战略：基础设施连接，技术培训产业发展，不同产业融合，网络空间安全，数字政府和开放数据。具体目标包括：建立世界一流的数字连接基础设施，让每个英国人都能获得所需要的数字技能，让英国成为启动和发展数字经济的最佳场所，帮助每一个英国企业开展数字经济相关业务，营造世界上最安全的在线生活和工作网络空间，维持英国政府的世界领导地位和促进在英国经济中释放数据的力量。为了促进数字贸易发展，英国政府还从两个方面采取了务实的措施：第一，建立出口支持体系，即采用数字技术建立一个智能数据库，将其与中国的阿里巴巴和美国的亚马逊连接起来，大力推广在线销售；第二，优化海关服务，即根据数字技术的发展状况，建立更灵活高效的新海关报关系统，以取代旧的报关服务系统，使之适应贸易方式转变的需要（夏长杰，2018）。

虽然目前世界各国对于数字贸易还未形成统一的认识，也很少有专门针对数字贸易发展的战略发布，但各国已经发布的数字战略中都已经关注数字技术对传统贸易发展与转型的重要影响。在主要经济体中，法国于 2008 年率先发布与数字经济相关的战略，随后日本、英国、澳大利亚等国家的数字经济战略规划相继出台，2015 年以后出台数字战略的国家明显增多（表 2-3）。

表 2-3　世界主要国家数字贸易的相关战略

		战略名称	出台时间（年）
欧洲国家	法国	数字法国 2012（Digital France 2012）；数字法国 2020（Digital France 2020）；国际数字战略（International Digital Strategy）	2008；2011；2017
	德国	数字议程 2014－2017（Digital Agenda 2014－2017）；数字战略 2025（Digital Strategy 2025）	2014；2016
	丹麦	数字增长战略（Digital Growth Strategy）	2018
	挪威	挪威数字议程（Digital Agenda for Norway）	2015
	意大利	意大利数字议程（Italian Digital Agenda ）	2012
	葡萄牙	葡萄牙数字议程（Digital Agenda for Portugal）	2012
	捷克	数字捷克 2.0；走向数字经济（Digital Czech v 2.0－The Way to the Digital Economy）	2013
	比利时	数字比利时行动计划（Digital Belgium Action Plan）	2015
	爱尔兰	国家数字战略（National Digital Strategy）	2013

（续表）

		战略名称	出台时间（年）
非欧洲国家	加拿大	数字加拿大 150（Digital Canada 150）	2014
	美国	数字经济议程（Digital Economy Agenda）	2015
	印度	数字印度（Digital India）	2015
	韩国	利用信息通信技术开辟韩国未来（Opening up the Future of the Republic of Korea with ICT）	2016
	中国	国家信息化发展战略纲要；“十三五”国家信息化规划	2016；2016
	俄罗斯	俄罗斯数字经济（Digital Economy of the Russian Federation）	2017
	日本	I—日本战略 2015（I—Japan Strategy 2015）	2009
	澳大利亚	国家数字经济战略（National Digital Economy Strategy）；数字经济战略（咨询文件）（Digital Economy Strategy consultation paper）	2011；2017
	巴西	巴西数字转型战略（Brazilian Strategy for Digital Transformation）	2018
	墨西哥	国家数字战略（National Digital Strategy）	2013

来源：马述忠，房超，郭继文．世界与中国数字贸易发展蓝皮书（2018）［R］．杭州：浙江大学，2018.

基于《世界与中国数字贸易发展蓝皮书（2018）》以及蓝庆新和窦凯（2019）的研究分析，纵观欧洲各国数字贸易的相关战略，其主要目标集中体现在以下几个方面：

第一，推动贸易与技术融合，转变传统贸易模式。欧盟在 2015 年 6 月发布的《数字单一市场战略》提出，要通过发展数字技术为消费者和生产者进行数字货物与服务的交易提供更好的交易手段。该战略的重点开始向数字贸易聚焦，其目的主要是期望通过消除成员国之间的法律和监管障碍，实现数据资源自由流动，进而为个人和企业提供优良的数字产品和服务；2017 年欧洲议会国际贸易委员会通过《数字贸易战略》，以期通过制定相关政策，保障跨境数据自由流动，进而促进欧盟数字贸易发展（蓝庆新和窦凯，2019）。

第二，加快规则与标准制定，规范数字贸易活动。数字贸易的发展将对原有的贸易规则体系造成一定冲击，新的贸易业态也倒逼着国际贸易规制进行改变以适应新时代发展要求。欧盟所签署的数十个自由贸易协定，包括一系列有关数字贸易的章节（如“电信章”“金融章”“投资章”“知识产权章”），形成了体现欧盟政治体制和文化价值观的数字贸易规则的“欧式模板”，其主要聚焦于促进跨境数据流动、完善知识产权保护以及促进视听合作三大领域。例如，欧盟所发布的《迈向数字贸易战略》提到，要完善线上销售减免税、退还未使用商品等方面规定；英国所发布的《数字经济战略 2015—2018》指出，要加紧完善相关的规定以促进市场开放与自由贸易（蓝庆新和窦凯，2019）。

第三，注重隐私与产权保护，净化数字贸易环境。几乎所有国家的数字经济战略都提出数字时代下保护消费者隐私与企业产权的重要性，强调要通过完善相关的法律法规来保护交易双方的权利。一方面，随着数字贸易发展，消费者的线上消费活动为需求端大数据提供了广泛来源，与此同时，消费者也面临着隐私泄露的风险，因此，需要针对如何使用消费数据，制定明确的规则；另一方面，数字时代下的信息流动更为快捷、隐秘和频繁，数字化的产品与服务（如电影、音乐等）更容易出现盗版侵权的情况，欧盟在数字贸易规则谈判上始终坚守“隐私保护”及“视听例外”两大准则（蓝庆新和窦凯，2019）。

第四，扩大双边与多边协作，共享数字贸易福利。在数字经济时代，双边与多边的沟通与协作仍然是各个国家从数字贸易中获利的重要因素。例如，《OECD 数字经济展望2017》报告显示，世界上不少国家都参与了全球隐私执法网络或者欧盟第 29 条协议工作组（Article 29 Working Party）、亚太经合组织跨境隐私执法安排等区域性组织，以加强隐私保护合作。

2.2.3 日本数字贸易的发展概况

在“数字贸易”的概念尚未被明确提出之前，日本等发达国家乃至全球一般采用“电子商务”这一概念来进行相关表述（蓝庆新和窦凯，2019）。在电子商务发展初期，日本电子商务发展主要是模仿美国企业间电子商务市场的运营模式，而且主要由日本大型企业领头开展（代承霞，2017）。例如，日本汽车交易网络平台“JNX”就是模仿美国汽车交易网络平台“ANX”的运营模式，其服务的对象为某一行业中的众多卖家和买家；此外，松下电器、东芝等大型制造商率先开始利用互联网进行采购和分销，在互联网上收集潜在的供应商（卖方）并进行交涉（丁岚，2017）。

进入 21 世纪后，借助互联网技术，日本电子商务的发展开始向海外市场迅速扩张。日本经济产业省的《电子商务市场调查报告》所公布的 2014 年中国、美国和日本三国间的跨境电子商务规模及流向显示：日本跨境电子商务的输入额为三国中最小，仅 2086 亿日元，约为中国的 1/6、美国的 1/4；而输出额是三国中最大的，为 10932 亿日元，约为中国的 3 倍、美国的 1.5 倍。这其中的原因有两个方面：一是中国和美国的国内市场规模较大；二是日本商品较高的性价比以及日本电子商务企业积极进行海外市场扩张。例如，日本最大的电子商务企业“乐天集团（Rakuten）”十分注重国内外市场的不断开拓。一方面，乐天集团在日本国内建立在线平台“Rakuten Global Market”，以向日本消费者提供海外商品；另一方面，乐天集团积极地向南美洲、北美洲、亚洲和欧洲国家拓展其电商业务（丁岚，2017）。

随着数字经济时代的来临，日本十分重视数字经济发展，相继出台涉及数字贸易发展的一系列战略。根据蓝庆新和窦凯（2018）的研究，这主要表现为：

一方面，加快数字经济战略部署，聚焦数字贸易快速发展。日本产业发展以科技创新为重点，注重在智能制造及数字化人才等领域推动数字经济和数字贸易发展。早在 2001 年和 2009 年，日本先后出台《e-Japan》战略及《I-Japan 2015》战略并提出，要强化信息化知识的普及教育及加大信息教育和数字技术设施的投入力度，为数字经济发展培养高端数字技术人才；自 2013 年起每年定期制定《科学技术创新战略》，重点推动数字技术创新发展；2018 年日本经济产业省出台《通商白皮书》，呼吁政府要应对“数字贸易时代”，并强调数字贸易是当下日本企业发展的良机（蓝庆新和窦凯，2018）。

另一方面，携手美欧国家共同主导制定国际规则，力争引领全球数字贸易规则的制定。目前日本主要采用借势推广的策略和逐步引领的方针来向全球推广其数字贸易规则。首先，借助 TPP 之势谋取“跨太平洋伙伴关系全面进步协议”（CPTPP）的数字贸易主导权。美国退出 TPP 后，日本依靠自身的经济优势与其余 11 国较为顺利地签署了 CPTPP 协议，并保留 TPP 协议中日本关于数字贸易规则的诉求。其次，借欧盟“数据贸易圈”之势谋取数据保护的主导权。日本与欧盟签署“日欧经济伙伴关系协定”（EPA），日欧双方在电子商务领域做出了相应承诺，日本自此加入欧盟“数据贸易圈”，从而力争在与“圈外”国家谈判时获取数字贸易规则制定的主动权。最后，借多边会议之势推广数字贸易规则理念。2019 年 1 月，在达沃斯世界经济论坛上，日本政府呼吁，要促进跨境数据的自由流通；日本作为 2019 年 G20 峰会的主办国，拟通过讨论全球数据治理来推广其构建的基于信任的数据自由流通体制（蓝庆新和窦凯，2018）。

2.3　中国数字贸易的发展概况

2.3.1　中国数字贸易发展的总体概况

1. 中国数字贸易的总体规模

随着经济全球化和贸易往来的快速发展，跨境电子商务和数字贸易已然成为全球经济发展的主要趋势。现阶段，跨境电子商务的 B2C 模式和 C2C 模式发展迅速，消费者足不出户，即可实现“全球购”，享受来自世界各地的各种类型优质产品。目前，我国跨境电子商务平台众多，市场竞争日趋激烈。从目前跨境电子商务的市场规模来看，网易考拉、海囤全球、天猫国际位列跨境电子商务的第一梯队；洋码头、唯品会、小红书等跨境电子商务则位居第二梯队。自 2013 年，进口跨境电子商务平台逐渐出现，我国跨境网购用户数量逐年增加，我国进口跨境电子商务市场规模快速扩大，进口跨境电子商务呈现爆发式的增长态势。据海关总署数据显示：2018 年全国海关通过系统验放的进出口商品总额为 1347 亿元，同比增长 50%；其中，出口商品额为 561.2 亿元，增长 67%；进口商品额为 785.8 亿元，增长 39.8%，进出口商品均保持高速增长。可见，我国跨境电子商务行业的发展速度和发展潜力十分巨大，市场前景十分广阔。

2018 年 9 月，中国商务部研究院国际服务贸易研究所发布研究报告——《全球服务贸易发展指数报告（2018）：数字贸易兴起的机遇与挑战》。该报告从贸易内容上将数字贸易划分为数字货物贸易、数字服务贸易和数据贸易三大类（表 2－4）。其中，数字货物贸易包括交易对象为数字货物的贸易和以数字方式交易的货物贸易；数字服务贸易包括数字内容服务贸易和以数字方式提供的服务贸易；数据贸易就是通过跨境数据流动的贸易。

表 2－4　商务部研究院国际服务贸易研究所发布的数字贸易分类

类型	内容
数字货物贸易	跨境电子商务；交易对象为数字货物的贸易
数字服务贸易	数字内容服务贸易（数字旅游、数字教育、数字医疗、数字金融等）；数字媒体贸易（数字音乐、数字电影、数字动漫影视、电子出版等）；软件贸易
数据贸易	搜索引擎；通过云提供的数据服务；数据的跨境流动

来源：商务部研究院．全球服务贸易发展指数报告 2018［R］．北京：商务部研究院，2018.

目前，中国在跨境电子商务、数字产品与服务以及数字化知识与信息的贸易等方面的数字贸易规模正在快速扩大。中国商务部研究院国际服务贸易研究所发布的《全球服务贸易发展指数报告 2018》显示，由数字化技术推动的数字贸易已成为中国服务贸易发展的新趋势，中国数字技术产业化发展速度加快，这极大地丰富了中国服务贸易细分领域，并不断涌现数字游戏、数字音乐、数字电影等数字服务新形态。中国商务部发布的数据显示，2017 年中国新兴服务进口额为 7271.7 亿元，增长 10.6％，新兴服务出口额为 7328.4 亿元，增长 11.5％；其中，计算机和信息服务、知识产权使用费和个人文化娱乐进口同比分别增长 54.9％、21.0％和 30.6％，而知识产权使用费、金融服务出口分别增长 316.6％和 30.0％（严先溥，2018）。

2. 中国数字贸易发展现状的国际比较

2018 年，浙江大学区域开放与发展研究中心与浙江大学中国跨境电子商务研究院联合发布研究报告——《世界与中国数字贸易发展蓝皮书（2018）》，该报告从互联网水平、支付方式、物流绩效、电子商务、法律监管和贸易潜力六个方面选取 13 个指标构建测度各国数字贸易发展水平的指标体系，进而全面评估世界各国的数字贸易发展情况（表 2－5）。

表 2－5 世界各国数字贸易发展水平的比较

序号	发展环境		市场潜力		综合表现	
	国家	得分	国家	得分	国家	得分
1	瑞士	1.894	美国	7.960	美国	2.694
2	卢森堡	1.892	中国	5.054	德国	1.567
3	瑞典	1.777	德国	1.940	英国	1.432
4	挪威	1.775	日本	1.904	日本	1.378
5	荷兰	1.720	英国	1.012	中国	1.293
6	英国	1.664	法国	0.975	荷兰	1.224
7	芬兰	1.648	印度	0.918	瑞士	1.212
8	丹麦	1.626	加拿大	0.592	加拿大	1.197
9	新加坡	1.557	意大利	0.580	瑞典	1.081
10	加拿大	1.531	巴西	0.519	韩国	1.070
11	以色列	1.501	墨西哥	0.446	法国	1.066
12	比利时	1.481	韩国	0.441	卢森堡	1.051
13	新西兰	1.441	荷兰	0.330	挪威	1.048
14	韩国	1.418	西班牙	0.307	比利时	0.995
15	德国	1.360	乍得	0.204	新加坡	0.961
16	爱沙尼亚	1.347	沙特阿拉伯	0.192	丹麦	0.935

（续表）

序号	发展环境		市场潜力		综合表现	
	国家	得分	国家	得分	国家	得分
17	澳大利亚	1.343	澳大利亚	0.172	澳大利亚	0.926
18	爱尔兰	1.235	俄罗斯	0.164	芬兰	0.924
19	立陶宛	1.181	巴基斯坦	0.142	以色列	0.848
20	法国	1.116	土耳其	0.120	新西兰	0.777

来源：马述忠，房超，郭继文．世界与中国数字贸易发展蓝皮书（2018）［R］．杭州：浙江大学，2018.

当前世界各国数字贸易发展呈现如下特征：第一，从发展环境的角度来看，发达国家的表现优于发展中国家。发展环境较为良好的地区主要集中在欧洲国家，这些国家信息技术较为先进，制度环境较为完善，电子商务发展水平较高；而中国发展环境指标上的得分较低，位于榜单第 87 位。第二，从市场潜力的角度来看，发展中国家数字贸易的成长前景十分广阔。在市场潜力得分排行前 20 名的国家中，发展中国家的数量相较于发展环境得分排行中的数量有很大提升，这些发展中国家主要位于亚洲和非洲。总体来看，这些发展中国家的经济体量较大，国内贸易和国际贸易较为发达，这使得数字贸易的发展拥有强大的市场基础，未来的成长空间较为广阔。第三，从综合表现的角度来看，发达国家仍然是数字贸易的领跑者。综合表现排行前 20 名的国家，依然以北美洲和欧洲的发达国家为主，美国、德国和英国为数字贸易发展综合表现的前三名，前十名中唯一的发展中国家是中国（排名第 5 位）。

2.3.2　中国数字贸易的区域分布

2018 年，浙江大学区域开放与发展研究中心与浙江大学中国跨境电子商务研究院联合发布的《世界与中国数字贸易发展蓝皮书（2018）》，还从互联网环境、物流环境、政策环境和贸易潜力四个方面选取共计 14 个指标构建我国省（自治区、直辖市）数字贸易发展水平的指标体系，全面评估和详细比较省（自治区、直辖市）的数字贸易发展水平（表 2－6）。

表 2－6　省（自治区、直辖市）的数字贸易发展水平

省（自治区、直辖市）	发展环境得分	发展环境排名	市场潜力得分	市场潜力排名	综合得分	综合排名
广东	1.062	4	3.315	1	2.323	1
浙江	1.949	3	1.157	4	1.506	2
江苏	0.447	6	1.807	2	1.209	3
北京	3.203	1	−0.913	27	0.898	4
上海	2.379	2	−0.472	20	0.782	5

（续表）

省（自治区、直辖市）	发展环境得分	发展环境排名	市场潜力得分	市场潜力排名	综合得分	综合排名
山东	－0.575	21	1.731	3	0.716	6
福建	0.963	5	－0.218	15	0.302	7
辽宁	0.223	8	0.087	11	0.147	8
河北	－0.372	18	0.471	9	0.100	9
河南	－0.936	30	0.904	5	0.095	10
湖北	－0.751	27	0.516	7	－0.041	11
四川	－0.934	29	0.618	6	－0.065	12
天津	0.401	7	－0.511	22	－0.110	13
安徽	－0.706	26	0.302	10	－0.141	14
湖南	－1.030	31	0.480	8	－0.184	15
重庆	－0.112	14	－0.361	17	－0.252	16
山西	－0.031	11	－0.493	21	－0.289	17
陕西	－0.139	15	－0.420	19	－0.296	18
黑龙江	－0.474	19	－0.207	14	－0.325	19
江西	－0.695	25	－0.047	12	－0.332	20
广西	－0.667	24	－0.144	13	－0.374	21
吉林	－0.353	17	－0.416	18	－0.388	22
云南	－0.846	28	－0.259	16	－0.517	23
贵州	－0.540	20	－0.519	23	－0.528	24
新疆	－0.085	13	－0.894	26	－0.538	25
海南	0.092	9	－1.050	29	－0.547	26
内蒙古	－0.581	23	－0.522	24	－0.548	27
甘肃	－0.577	22	－0.605	25	－0.593	28
宁夏	0.062	10	－1.160	31	－0.622	29
青海	－0.057	12	－1.152	30	－0.670	30
西藏	－0.322	16	－1.025	28	－0.716	31

来源：马述忠，房超，郭继文．世界与中国数字贸易发展蓝皮书（2018）［R］．杭州：浙江大学，2018.

根据《世界与中国数字贸易发展蓝皮书（2018）》的研究分析，可以看出：第一，北京（3.203）、上海（2.379）、浙江（1.949）、广东（1.062）、福建（0.963）的数字贸易发展环境得分较高，主要是由于这些地区拥有更好的互联网基础设施、物流服务设施、政策支持等数字贸易配套服务。第二，广东（3.315）、江苏（1.807）、山东（1.731）、浙江（1.157）、河南（0.904）的数字贸易市场潜力得分较高，主要是由于这些省份在国内商务、国际贸易等方面具有更大的市场规模，在传统贸易向数字贸易转型的过程中，具有巨大的发展潜力。第三，综合来看，广东（2.323）、浙江（1.506）、江苏（1.209）、北京（0.898）、上海（0.782）、山东（0.716）等省（市）分列中国数字贸易发展综合得分的前六位，主要是由于这些省（市）在发展环境方面和市场潜力方面表现优异，是中国数字贸易发展的重点区域。西藏自治区（－0.716）、青海（－0.670）、宁夏回族自治区（－0.622）、甘肃（－0.593）、内蒙古自治区（－0.548）数字贸易发展的综合得分较低，数字贸易发展相对滞后。由此可见，中国数字贸易发展水平呈现东部强、西部弱，南方强、北方弱的态势，即中国数字贸易发展程度比较高的是东南沿海地区，而中西部地区的数字贸易发展水平则相对滞后。

其内在原因在于：第一，数字贸易发展水平与地区经济发展水平密切相关，数字贸易发展需要良好的互联网、物流等基础设施作为支撑；第二，东南沿海省市的区域贸易和国际贸易规模更大，由传统贸易向数字贸易转型的潜力也更大；第三，广东、浙江等东南沿海省份在发展环境、市场潜力两个方面具有天然的优势，而且国家政策试点也往往向这些基础良好的省份倾斜，这可为其数字贸易的发展提供良好的政策土壤。

此外，《世界与中国数字贸易发展蓝皮书（2018）》还基于数字贸易发展的聚类分析结果，将省（自治区、直辖市）划分为四类（表 2－7）。具体如下：

第一类包括广东、江苏和山东三个省份，这些省份的市场潜力得分相对较高，但发展环境得分相对较低。这些省份的典型特征是拥有庞大的区域贸易与国际贸易规模，具有较大的市场潜力，广东、江苏和山东分列市场潜力得分的前三位。若这些省份能够加强互联网、物流等基础设施建设，将会释放出巨大的数字贸易发展潜力，成为中国数字贸易发展的重点地区。

第二类包括浙江、北京和上海，其发展环境得分较高，市场潜力得分相对较低。浙江、北京和上海拥有良好的互联网环境、物流环境和政策环境，能够为数字贸易发展提供良好的软、硬件支撑，其发展环境得分位列前三位。若能够着力推动传统贸易向数字贸易转型，大力发展数字产品与服务、数字化知识与信息的贸易，其数字贸易发展将具有十分广阔的前景。

表 2－7　省（自治区、直辖市）的数字贸易发展水平聚类结果

类别	省（自治区、直辖市）名称	得分情况
第一类	广东、江苏、山东	平均综合得分：1.416 平均综合排名：3.333
第二类	浙江、北京、上海	平均综合得分：1.062 平均综合排名：3.667
第三类	河北、河南、湖北、四川、安徽、湖南、江西、广西、云南	平均综合得分：－0.612 平均综合排名：15.000

（续表）

类别	省（自治区、直辖市）名称	得分情况
第四类	福建、辽宁、天津、重庆、山西、陕西、黑龙江、吉林、贵州、新疆、海南、内蒙古、甘肃、宁夏、青海、西藏	平均综合得分：－0.373 平均综合排名：21.250

来源：马述忠，房超，郭继文．世界与中国数字贸易发展蓝皮书（2018）［R］．杭州：浙江大学，2018.

第三类包括河北、河南、湖北、四川、安徽等九个省份，这些省份的市场潜力得分中等，发展环境得分较低。这些省份的数字贸易发展环境有待进一步优化，数字贸易发展受互联网、物流等基础设施制约较为严重。但是，这些省份数字贸易发展具有一定的市场潜力，若能够营造良好的数字贸易发展环境，同样可以兑现数字贸易的潜在发展红利。

第四类包括福建、辽宁、天津、重庆、山西等十六个省（自治区、直辖市），这些省（自治区、直辖市）的市场潜力得分和发展环境得分均较低。与第三类别的地区相比，处在该类别的地区发展环境得分相对较高，尤其是福建、天津、辽宁等省（自治区、直辖市），拥有较好的互联网、物流等基础设施。这一类别的省（自治区、直辖市）若能培育自身的数字贸易优势产业，发展以数字产品与服务、数字化知识与信息贸易为特色的产业集群，仍可为其经济发展提供巨大的动力。

本章思考题

1. “数字贸易正在重塑全球贸易和竞争格局，发达经济体正在领跑全球数字贸易，而发展中国家和新兴经济体在数字贸易方面的发展潜力巨大。”请谈谈你对这句话的理解。

2. 请结合本章内容，谈谈数字贸易可以划分为哪些维度。

3. 请结合“逆全球化”浪潮，谈谈你对中国数字贸易发展前景的看法。

第 3 章　数字贸易与国际贸易理论

2019 年发布的《数字革命：中国如何在国内外吸引数字贸易机会》指出，在当今中国经济格局中，数字贸易产生的价值约为 3.2 万亿元，至 2030 年，这一数字可能会增长超过 11 倍，达到 37 万亿元。那么，如何解释中国数字贸易的增长呢？经典国际贸易理论是否适用于分析数字贸易时代的贸易原因、贸易模式和贸易利得？适用于数字经济特征的贸易理论需要调整经典贸易理论的哪些假设？本章将重温经典理论如何解释国际贸易的原因、贸易模式和贸易利得，并探索数字贸易的特征事实对经典贸易理论提出的挑战。

3.1　数字贸易的传统国际贸易理论基础

3.1.1　李嘉图的比较优势理论

如 1.2.1 节所述，广义的数字贸易既包括基于数字交换技术的实体贸易，又包括数字化产品本身的国际交付。对于前者，经典的比较优势理论思想完全适用；对于后者，比较优势理论部分适用，本章将在第三节进行进一步讨论。本节主要讨论数字贸易的比较优势理论基础。

1. 代表人物和主要思想

比较优势理论的代表人物是大卫·李嘉图（David Ricardo）。大卫·李嘉图和亚当·斯密同为古典经济学家，但他与亚当·斯密在解释国际贸易产生的原因方面存在不同的见解。亚当·斯密认为国际贸易产生的原因是国家间生产技术（生产效率）的绝对差异，因此国家间贸易存在的前提是两个国家各自存在优势产业。与亚当·斯密相反，大卫·李嘉图认为国际贸易产生的基础是生产技术的相对差异，因此即使一国在所有产业上的生产技术都落后他国，两国也可以进行国际贸易。比较优势的核心思想是在 1817 年大卫·李嘉图发表的《政治经济学及赋税原理》一书中被提出，并进行了数例推理和阐释。

在主张自由贸易还是政府干预方面，大卫·李嘉图反对国家对经济生活进行任何形式的干预，这一观点与亚当·斯密较为一致。大卫·李嘉图认为，任何人都有追求个人利益的动机，但追求个人利益的行为会自然而然地有利于整个社会，同时也为生产力的发展创造了可能性①。

在国际贸易产生的原因方面，大卫·李嘉图用“比较成本”的概念来分析国际贸易产生的基础，建立了“比较优势贸易理论”（Comparative Advantage Trade Theory）。在亚当·斯密关于鞋匠和裁缝的论述中，鞋匠在制鞋方面具有绝对优势，裁缝在制衣方面具有绝对优势，因此二者可以分别从事自己具有绝对优势的职业，两者的分工明确。但假如鞋

① 大卫·李嘉图：《政治经济学及赋税原理》，商务印书馆 1976 年中译本，第 131 页。原文如下：“为了普遍的繁荣，对于各种财产的转移和交换所给予的便利是不会嫌多的，因为通过这种方法，各种资本可以流入最善于利用它来增进国家生产的人们的手里。”

匠和裁缝都可以从事制鞋和制衣职业，而其中一个人在两种职业上的优势都比另一个人大，亚当·斯密的绝对优势理论在解释其分工和贸易模式方面便会失效，这时国际贸易产生的原因需要新的理论来解释。大卫·李嘉图指出此时的劳动分工模式取决于两人在两种职业上生产效率的相异程度。如果一个人比另一个人在制鞋方面的优势高三分之一，而在做衣服方面的优势只高五分之一，那么这个人应该制鞋而另一个人应该做衣服，这样的分工对双方都有利，同时也会实现资源的最佳配置。比较优势理论的提出弥补了绝对优势理论不能解释所有产业都处于劣势地位的国家同样可以参与国际贸易的不足，指出了各国参与国际贸易的原因是生产技术方面的相对差异。因此，大卫·李嘉图的比较优势贸易理论的核心思想是"两优相权取其重，两劣相衡取其轻"，参与国际贸易的国家应遵循各自产业的比较优势，集中生产并出口其具有"比较优势"的产品，进口其具有"比较劣势"的产品，可以看出，"比较优势"本质上是经济学中的机会成本。

大卫·李嘉图用葡萄牙与英国进行葡萄酒和布匹贸易的例子，说明"比较优势"的国际贸易理论，这个例子后来成为对"比较优势"原理最为经典的阐述：

葡萄牙交换英国布匹所用的葡萄酒数量不是由各国生产时所投入的劳动量决定的。这与两种商品都同在英国或葡萄牙生产时的情况完全不同。英国的情形可能是生产布匹需要100个人一年的劳动，而如果酿制葡萄酒则可能需要120个人同样长时间的劳动。因此，英国看到了进口葡萄酒的利益并通过出口布匹来购买葡萄酒。葡萄牙生产葡萄酒可能只需要80人一年的劳动，而生产布匹则需要90个人一年的劳动。因此，对葡萄牙来说，出口葡萄酒换取布匹是有利可图的。即使葡萄牙进口的商品在本国制造时所需要的劳动少于英国，这种交易也可能会发生。虽然葡萄牙能够以90个人的劳动生产布匹，但它仍会从一个需要100个人的劳动生产布匹的国家进口布匹。对葡萄牙来说，与其挪用种植葡萄的一部分资本去织造布匹，还不如用资本来生产葡萄酒，因为由此可以从英国换得更多的布匹。因此，英国将以100个人的劳动产品交换80个人的劳动产品，按照劳动价值论，这种交易不会发生在同一国家的个人之间，100个英国人的劳动不能与80个英国人的劳动进行交换，但是100个英国人的劳动产品却能与80个葡萄牙人、60个俄国人或120个东印度人的劳动产品进行交换，因此，大卫·李嘉图认为"支配一个国家中商品相对价值的法则不能支配两个或更多国家间相互交换的商品的相对价值"①。

在国际贸易的福利来源方面，与重商主义②强调的观点不同，大卫·李嘉图认为国际

① 大卫·李嘉图．政治经济学及赋税原理［M］．北京：商务印书馆，1976：532－533.

② 重商主义主要研究对外贸易怎样能够为一国带来财富，而所谓财富，则完全由金银货币来衡量。在他们看来，国内市场上的贸易是有一部分人支付货币给另一部分人，从而使一部分人获利，另一部分人受损。国内贸易的结果只是社会财富在国内不同集团之间的再分配，整个社会财富的总量并没有增加。而对外贸易可以使一国从国外获得金银货币从而使国家致富。因此，重商主义对贸易的研究主要集中在如何进行贸易，具体来说，怎样通过鼓励商品输出、限制商品进口以增加货币的流入从而增加社会财富。对怎样能够做到多输出少进口，晚期重商主义与早期重商主义的观点有所不同。早期重商主义强调绝对的贸易出超，主张控制商品进口和货币外流。晚期重商主义（16世纪末到17世纪末）则从长远的观点来看，认为在一定时期内的外贸入超是允许的，只要最终的贸易结果能保证出超，保证货币最终流回国内就可以。但无论早期还是晚期，重商主义都主张限制进口，对贸易的研究是很有局限的。（海闻，P·林德特，王新奎．国际贸易［M］．上海：上海人民出版社，2012：23－24.）

贸易给社会带来利益并非因为一国的商品价值总额增加，而是因为一国的商品总量增长。国际贸易之所以产生福利来源，是因为通过专业化分工，提高了社会总产出，消费者在贸易中购买的商品价格下降，促进了资本的积累。另外，大卫·李嘉图虽然同样强调了进口带来的福利收益，但与亚当·斯密不同，大卫·李嘉图是从资源最有效配置的角度来论证自由贸易与专业分工的必要性，提出了更加系统的自由贸易理论。

大卫·李嘉图比较优势理论是国际贸易的经典理论，但“比较优势”思想是始于罗勃特·托伦斯（Robert Torrens）。从年份来看，大卫·李嘉图阐述其比较优势思想的论著《政治经济学及赋税原理》于 1817 年首次出版，而早在两年前的 1815 年，托伦斯便在他《关于玉米对外贸易的论文》中使用“Comparative Cost”一词，并提出了比较成本的概念。大卫·李嘉图是第一个用具体数字来论证比较成本在国际贸易中的重要意义的经济学家，使得比较优势理论更加易于理解，导致人们在谈及比较优势理论时只记住了大卫·李嘉图而忘记了托伦斯。

人物介绍：大卫·李嘉图（David Ricardo，1772—1823）

大卫·李嘉图（图 3－1）于 1772 年 4 月 18 日出生于英国伦敦一个富有的犹太移民家庭，其父亲亚伯拉罕是交易所经纪人，共有 17 个孩子，李嘉图排行第三。

图 3－1　大卫·李嘉图

大卫·李嘉图接受的学校教育不多，但是由于富裕的家庭条件，他可以选择“私教”为他单独授课。他 11 岁便单独前往荷兰留学，3 年后留学归来，14 岁就开始步入商界，跟随父亲在交易所做事。两年后，大卫·李嘉图成为其父亲最得力的助手、英国金融界的少年明星。然而，在宗教信仰上，大卫·李嘉图与其父亲亚伯拉罕存在分歧，他与基督徒女子相爱、结婚。1793 年，父子反目，他断绝与父亲的一切联系。从此，大卫·李嘉图从事股票经纪人的活动，干得非常成功，在他去世时，他的资产值 675000 镑到 775000 镑。此外，他还有大约每年 28000 镑的收入。功成名就后的 25 岁左右，他利用空闲时间学习了数学、化学、矿物学、地质学等学科；1799 年 27 岁的时候，他在巴思陪夫人游玩时偶然借到一本《国富论》，成为这本书的一个“真正的赞赏者”。当时英国的特定环境使他对政治经济学产生了很大的兴趣。最终，他在分析、批判前人经济理论的基础上，结合时代提出的问题，将经济理论上升至一个新的高度。

大卫·李嘉图对国际贸易理论具有开创性的贡献，其最突出的贡献在于提出了比较优势学说。他是自由贸易的坚定支持者。在他的主要著作《政治经济学及赋税原理》中，他以一个有关国际贸易的一般理论支持了自己的观点。该理论包括了比较优势学说——该学说或许可以看作是政治经济学中最广泛地为人所接受的“真理”（马歇尔，1887）。在《政治经济学及赋税原理》的《论对外贸易》一章中，他对英国和葡萄牙的外贸进行了研究并用精彩的例子“葡萄酒”和“布匹”说明了比较成本，并得出贸易的结果使贸易参与国更加富裕的结论，即后来所谓的比较优势理论。这个基本思想在后来被无数经济学者引用并发展。

终其一生，他都以严谨的思维、数学逻辑性和精确性著称。他是古典政治经济学的集大成者。他发展了亚当·斯密的工资、利润和地租的观点，即社会三个主要阶层最初收入的观点。他认为，地租只是从利润中扣除的部分，从而利润被说成是收入最初的基本形式，而资本是收入的基础，即利润实质上就是剩余价值。这又是他在科学上取得的光辉成就之一。1817 年 4 月，他的名著《政治经济学及赋税原理》出版，该书包含了他丰富的经济思想，在经济史上有着很重要的地位。

1819 年，大卫·李嘉图进入政界，用两万英镑的无息贷款成了一名下议院议员（这在当时司空见惯），虽然他没有去过所代表的选区、没见过所代表的选民，但他作为议员，积极参与讨论自由贸易、银行改革、税收提议等问题，并成为伦敦政治经济俱乐部的奠基人。

1823 年 9 月 11 日，大卫·李嘉图因耳疾死于格洛斯特郡盖特孔公园的乡村别墅，享年 51 岁。

资料来源：

约翰·伊特韦尔．新帕尔格雷夫经济学大辞典（第四卷）[M]．北京：经济科学出版社，1996：196-214.

海闻，P. 林德特，王新奎．国际贸易 [M]．上海：上海人民出版社，2012：46-47.

赵福帅．李嘉图：叛教者、暴发户、经济学家 [J]．英才，2013（8）：128-130.

2. 理论模型

(1) 基本假设与贸易原因

大卫·李嘉图比较优势贸易模型的基本假设如下：

A. 存在两个国家和两种可贸易商品。本节假设两个国家分别为本国和外国。为了刻画数字贸易现象，假定两种可贸易商品为“数字音乐”和“搜索引擎”。

数字音乐，是用数字格式存储的，可以通过网络来传输的音乐。搜索引擎，就是根据用户需求与一定算法，运用特定策略从互联网检索出制定信息反馈给用户的一门检索技术。搜索引擎依托于多种技术，如网络爬虫技术、检索排序技术、网页处理技术、大数据处理技术、自然语言处理技术等，为信息检索用户提供快速、高相关性的信息服务。搜索引擎技术的核心模块一般包括爬虫、索引、检索和排序等，同时可添加其他一系列辅助模块，以为用户创造更好的网络使用环境①。

B. 两国在生产中使用差异化技术。技术的差异导致劳动生产率的差异，进而导致成本的差异。

C. 两种商品的生产都只需要劳动一种要素投入，且劳动在一国内可以自由流动，在国际间不能流动。

① 搜索引擎定义详见龙佳（2019）。

D. 规模报酬不变。假定 n 单位劳动可以生产 m 单位数字音乐，那么等倍增加劳动可以生产的数字音乐只能以相同的倍数增加。

E. 完全竞争市场。在两个国家中，商品市场与要素市场都是完全竞争的，各国的产品价格都等于产品的平均生产成本，因此没有利润产生。

F. 分工前后生产成本不变。

G. 不考虑国际贸易的交易费用和运输费用，也没有关税或影响国际贸易自由进行的其他壁垒。但是，在贸易存在的条件下，只有两国的相对商品价格完全相等时，两国的生产分工才会停止。

H. 两国资源都得到了充分利用，均不存在未被利用的资源和要素。

I. 两国的贸易是平衡的，即总的进口额等于总的出口额。

根据比较优势贸易理论，生产和贸易的模式是由生产技术的相对差别（即生产效率的相对差别）以及由此产生的相对成本差别决定的，每个国家都应集中生产并出口具有比较优势的产品，进口具有比较劣势的产品（即“两优相权取其重，两劣相衡取其轻”），双方均可节省劳动力，提高生产效率，获得专业化分工的好处。

(2) 贸易模式与贸易利得

产品的比较优势可以用相对劳动生产率、相对生产成本，或者机会成本的概念来确定。本节以产品相对劳动生产率为例来解释贸易模式与贸易利得。相对生产率即不同产品劳动生产率的比率，或两种不同产品的人均产量之比。用公式可以表示为：

$$\text{产品 A 的相对劳动生产率(相对于产品 B)} = \frac{\text{产品 A 的劳动生产率（人均产量：}Q_A/L\text{）}}{\text{产品 B 的劳动生产率（人均产量：}Q_B/L\text{）}}$$

一国在某种商品生产上具有比较优势的条件是该国在该商品生产的相对劳动生产率高于其他国家。假设美国一单位劳动力可以生产数字音乐 2 单位，但是只能生产 1 单位的搜索引擎服务，但是法国一单位劳动力可以生产搜索引擎服务 5 单位，但是能生产 4 单位的数字音乐。美国生产数字音乐的相对劳动生产率为 2，生产搜索引擎服务的相对劳动生产率为 0.5，法国生产数字音乐的相对劳动生产率为 0.8，生产搜索引擎服务的相对劳动生产率为 1.25，法国在搜索引擎服务生产上具有比较优势，而美国在生产数字音乐上具有比较优势，则美国应该专业生产并出口数字音乐，而法国专业生产并出口搜索引擎服务。

为简单起见，假设两国各有 100 单位劳动力，且用于生产数字音乐和搜索引擎的劳动力各为 50 人，两国在封闭经济中的产量等于消费量，并且假设法国搜索引擎服务与美国数字音乐的交换比率为 1∶1（这里交换比率的设定仅仅是为了方便分析，实际中这一比率并不固定，究竟以什么比例或价格进行交换则取决于两种产品在国际市场上的供给与需求），则在封闭经济中，美国可以生产 100 单位数字音乐和 50 单位搜索引擎服务，而法国可以生产 200 单位数字音乐和 250 单位搜索引擎服务。若进行专业化生产并仅行交换，则美国可以生产 200 单位数字音乐，其中 100 单位数字音乐用于交换 100 单位法国的搜索引擎服务，相比于封闭经济，多出 50 单位搜索引擎服务的贸易利得；同样，法国可以生产 500 单位搜索引擎服务，其中 250 单位搜索引擎服务用于交换 250 单位美国的数字音乐，相比于封闭经济，多出的 50 单位数字音乐便是贸易利得。

3. 理论局限性

保罗·萨缪尔森曾说过，如果经济理论有选美的话，比较优势理论肯定会以其无可比拟的优美逻辑结构而高居榜首。虽然数字贸易与传统贸易的内在动因都可以用比较优势的专业化生产模式和劳动分工来解释，但在应用方面也存在很多自相矛盾之处，并具有明显的时代特征和阶级特征，在解释传统贸易和数字贸易方面可能存在一定的局限性。

第一，在传统贸易方面，按照比较优势理论发展的分工格局有可能造成的“锁定”现象，不利于经济落后国家经济体系的完善、经济结构的转型升级和产业国际竞争力的提升。因此，传统的李嘉图比较优势原则只有在一定的条件下才能为政府政策提供有益的指导。同时，传统的李嘉图模型对国际贸易中出现的新现象也缺乏解释力。“比较优势”理论解释了贸易产生的部分原因，证明了即使一国在所有产品生产上都存在绝对优势，只要两国存在各自的比较优势产品，就可以进行国际贸易。然而，诸如一国同种商品同时存在进口与出口、发达国家与发达国家之间的贸易量远远超过发达国家与发展中国家之间的贸易量、国际贸易中行业内贸易比重增加等现象，则是比较优势理论难以直接解释的范围。

第二，在数字贸易方面，李嘉图理论的适用性同样存在局限性。首先，李嘉图模型假设市场环境完全竞争，但在数字贸易中，例如搜索引擎业务，由谷歌、雅虎、百度、微软、eBay 等几大巨头垄断，市场结构更趋向于垄断竞争或寡头垄断，传统李嘉图比较优势可能不再适用。其次，李嘉图比较优势的传统商品的生产符合边际报酬递减规律，但是数字贸易产品中的数字化产品，依托数字化知识和信息，其边际生产成本降至最低甚至为零，更容易实现规模经济和范围经济，数字经济的这一特征可能使得传统的比较优势不再适用[①]。再次，比较优势理论主要解释货物贸易，产权明晰，而数字贸易知识产权界定较为模糊，数字贸易发展的前景不明确，可能会导致交易效率下降。知识产权保护是国际数字贸易治理中的重要议题，周念利和李玉昊（2019）认为，中国和美国在数字知识产权保护方面存在分歧，可能导致中美矛盾升级。国家间矛盾升级对交易效率会产生极大影响。

3.1.2 赫克歇尔-俄林要素禀赋理论

上述的李嘉图模型中，假设只有劳动这种要素投入。相较于此，新古典经济学理论一般假设要素投入会在两种或者两种以上。如前文所述，在李嘉图模型中，国际贸易产生的基础是各国生产技术的相对差别。同时，技术的差异成为各国的生产成本产生差异的主要原因。然而我们注意到，实际上不同国家的产品在生产技术相近的情况下，存在巨大的成本差异，这时李嘉图模型就很难解释该现象。同时，由于假定只有一种生产要素，传统李嘉图模型难以直接分析贸易对收入分配的影响。基于此背景，由赫克歇尔-俄林提出的要素禀赋理论横空出世，并一跃成为新古典经济学的代表性理论，影响深远。

1. 代表人物和主要思想

提起新古典贸易理论的“领头人”，人们首先会想到埃利·赫克歇尔（Eli Heckscher，

① 工业和信息化部 2017 年发布的《数字经济白皮书》中明确提出：“数字经济更容易实现规模经济和范围经济，日益成为全球经济发展的新动能。”作为数字经济时代的主要贸易方式，数字贸易当然符合数字经济的特征（商务部发布的《中国数字贸易和软件出口报告 2017》认为，数字贸易将成为数字经济时代主要的贸易方式，而软件贸易是数字贸易的重要组成部分，也是决定数字经济时代服务贸易竞争力的关键领域）。

1879—1959）和伯蒂·俄林（Bertil Ohlin，1899—1979），他们提出的 H－O 理论对之后的新古典贸易理论的发展影响非常深远。

赫克歇尔认为，各国不同产品的比较优势，很大程度上由要素的禀赋差异与不同产品的比例差异来决定，而不是由之前认为的技术差异来决定。

李嘉图模型假设只有劳动这种要素投入，实际并非如此，很多要素会影响生产。赫克歇尔认为土地成本、资本等其他要素同样会影响劳动生产率，同时也会影响生产成本，这两点往往可以决定一国的总生产水平。首先，我们可以知道，各国的要素禀赋存在差异性。根据要素的丰富程度，我们可以区分出“资本充裕”国家、“劳动充裕”国家，等等。值得注意的是，这里的“充裕”是相对充裕，而非绝对充裕①。其次，不同的产品所需的劳动要素比例也不尽相同。从这个层面来看，我们又可以区分劳动密集型产品、资本密集型产品，等等。这里的密集也是指相对密集，换言之，如果搜索引擎服务生产中所需要的资本/劳动的比率高于数字音乐产品中的比例，那么搜索引擎服务就是资本密集型产品，数字音乐就是劳动密集型产品；反之，搜索引擎服务是劳动密集型产品，数字音乐是资本密集型产品。

1919 年，赫克歇尔在《对外贸易对收入分配的影响》文章中提出了比较优势理论，文章指出，劳动生产率很大程度上取决于要素禀赋差异与投入比例差异，这一理论对国际贸易理论的发展做出了巨大贡献。赫克歇尔假设国家间产品的生产技术是相同的，集中讨论基于要素禀赋差异和投入比例差异而进行的国际贸易活动，赫克歇尔的理论不仅阐明了很多国际贸易活动发生的前提，还指出国际贸易对要素价格会产生不可忽视的影响。

赫克歇尔的学生俄林在他的博士论文《贸易理论》中详细阐述了他对于该理论的深刻见解，讨论了国际贸易对收入分配的影响。赫克歇尔在论证资源禀赋差异产生贸易的基础上，又从另一个角度对新古典国际贸易理论框架进行了更加全面系统的阐述，揭示了区间贸易和国际贸易形成的原因；也在理论基础上，通过国际贸易实例明确指出了国际贸易生产中要素禀赋的差异。正因为俄林对要素禀赋理论的深层次探讨与完善，他于 1977 年获得诺贝尔经济学奖。

人物介绍：赫克歇尔（Eli F Heckscher，1879—1959）

图 3－2　赫克歇尔

赫克歇尔（图 3－2）于 1879 年出生于瑞典斯德哥尔摩的一个犹太人家庭。从 1897 年起，他在乌普萨拉大学学习历史和经济，并于 1907 年获得博士学位。毕业后，他曾任斯德哥尔摩大学商学院的临时讲师；1909—1929 年任经济学和统计学教授。此后，因他在科研方面的过人天赋，学校任命他为新成立的经济史研究所所长。他成功地使经济史成为瑞典各大学的一门研究生课程。

他对经济学的贡献主要是在经济理论方面的创新和在经

① 例如，如果美国的人均资本（用资本/劳动的比率衡量）高于中国，美国就是“资本充裕”国家，中国就是“劳动充裕”国家。但与东南亚国家相比，中国或许又是“资本充裕”国家。

济史研究方面引入了新的方法论——一种定量研究方法。

他在经济理论研究方法方面最重要的贡献是他最著名的两篇文章：《对外贸易对收入分配的影响》和《间歇性免费商品》。1919年发表的《对外贸易对收入分配的影响》是现代赫克歇尔-俄林要素禀赋国际贸易理论的起源。他集中探讨了各国资源要素禀赋构成与商品贸易模式之间的关系，并且，一开始就运用了总体均衡的分析方法。他认为，要素绝对价格的平均化是国际贸易的必然结果。他的论文具有开拓性的意义，随后，这个理论由他的学生俄林进一步加以发展。《间歇性免费商品》一文提出的不完全竞争理论，比琼·罗宾逊和爱德华·张伯伦的相关理论早了9年。文章还探讨了不由市场决定价格的集体财富（即所谓的公共财物）的问题。

在经济史方面，赫克歇尔更享有盛名。其主要著作有：《大陆系统：一个经济学的解释》《重商主义》《古斯塔夫王朝以来的瑞典经济史》《经济史研究》等。

赫克歇尔通过对史料提出更广泛的问题或假定，进行批判性研究，从而在经济史和经济理论两个方面架起了桥梁，并把二者有机地结合起来。他是瑞典学派的主要代表人物之一。

人物介绍：伯尔蒂尔·俄林（Bertil Gotthard Ohlin，1899—1979）

伯尔蒂尔·俄林（图3-3）于1899年4月生于瑞典南方的一个小村子——克利潘（Klippan）。1917年他在隆德大学获得数学、统计学和经济学学位。1919年他在赫克歇尔的指导下获得斯德哥尔摩大学（University of Stockholm）工商管理学院经济学学位。1923年他在陶西格（Taussig）和威廉斯（Williams）的指导下获得哈佛大学文科硕士学位。1924年他在卡塞尔（Casal）的指导下获得斯德哥尔摩大学博士学位。1925年他任丹麦哥本哈根大学经济学教授，5年后回瑞典，在斯德哥尔摩大学商学院教学，1937年在加利福尼亚大学（伯克利）任客座教授。俄林最为著名的工作是他对国际贸易理论的现代化处理，并由此获得1977年的诺贝尔经济学奖。1979年8月，他于书桌前逝世。

图3-3　伯尔蒂尔·俄林

他的研究成果主要表现在国际贸易理论方面，1924年出版《国际贸易理论》，1933年出版其名著，即美国哈佛大学出版社出版的《区间贸易和国际贸易论》，1936年出版《国际经济的复兴》，1941年出版《资本市场和利率政策》等。俄林的理论受他的老师赫克歇尔关于生产要素比例的国际贸易理论的影响，并在美国哈佛大学教授威廉的指导下，结合瓦尔拉斯和卡塞尔的总体均衡理论进行分析论证，在《区间贸易和国际贸易论》中最终形成自己的理论体系。因此，俄林的国际贸易理论又被称为赫克歇尔-俄林理论。

资料来源：

约翰·伊特韦尔．新帕尔格雷夫经济学大辞典（第二卷）[M]．北京：经济科学出版社，1996：747-749.

海闻，P. 林德特，王新奎．国际贸易[M]．上海：上海人民出版社，2012：62-63.

2. 理论模型

（1）基本假设与贸易原因

赫克歇尔-俄林模型（简称 H－O 模型）的基本假设如下：

A. 两种生产要素：劳动力和资本。

B. 两种可贸易产品：搜索引擎服务和数字音乐。假设数字音乐需要投入更多劳动，即“劳动密集型”，搜索引擎服务需要投入更多资本，即“资本密集型”。

C. 两个国家：本国和外国。

D. 每个国家的生产要素都是给定的。

E. 两国生产技术相同。

F. 生产规模报酬不变。

G. 两国偏好相同。

H. 市场为完全竞争市场，产品市场价格等于厂商生产成本。

I. 自由贸易，没有贸易壁垒存在，如关税、配额等，也不存在运输成本。

在上述 9 个假设中，前 4 个是沿用之前古典贸易理论模型假设，后 5 个则区别于之前的理论，是 H－O 理论最新提出的假设。需要特别指出的是，对于两国技术相同的假设并不意味着赫克歇尔和俄林认为两国的技术的确不存在差别，而是为了简化分析，排除其他影响贸易因素的干扰，将研究的专注点转向两国要素禀赋的差异。

如前文所述，生产活动不仅需要投入劳动这一生产要素，还需要投入资本等要素。因此，比较优势不仅受到各国的技术差异影响，还由各国的要素禀赋水平及投入比例决定。正如我们所知，“劳动充裕型”国家生产“劳动密集型”产品的成本低，相对于其他国家而言，具有比较优势。同样，“资本充裕型”国家生产“资本密集型”产品的成本低，相对于其他国家而言，在生产此类产品时就具有了比较优势。总而言之，H－O 模型集中分析的是由要素禀赋差异与投入比例差异带来的国际贸易活动。

（2）生产与贸易模式

在正式讨论生产与贸易模式之前，我们假设外国资本充裕，本国劳动充裕，同时假设两国资本要素的数量相同，劳动力要素的数量不同，且在国内各部门可以自由流动，国际间不可流动。本次讨论的产品为数字音乐和搜索引擎服务，数字音乐为劳动密集型产品，搜索引擎服务为资本密集型产品。

在国家贸易开放之前，由于本国劳动充裕，所以本国劳动这一要素价格比外国低，“劳动密集型”产品，即数字音乐价格较低，相比较而言，搜索引擎服务价格较高。同理，由于外国资本充裕，所以资本这一要素价格比外国低，“资本密集型”产品，即搜索引擎服务价格较低，相比较而言，数字音乐价格较高。

在贸易开放之后，两国面临相同的国际市场相对价格。本国的数字音乐相对价格低于国际市场相对价格，而搜索引擎服务的相对价格高于国际市场相对价格，因而本国将扩大数字音乐的生产而减少搜索引擎服务的生产；外国的情况与本国正好相反，外国将扩大搜索引擎服务的生产而减少数字音乐的生产。在国际市场中，本国将向外国出口数字音乐以换取搜索引擎服务，外国将向本国出口搜索引擎服务以换取数字音乐。以上就是赫克歇尔-俄林理论想要阐述的主要思想。

实际上，新古典贸易理论主要由下述四个定理构成①。

① 赫克歇尔-俄林定理：每个国家将出口密集使用其丰裕要素的商品。

② 斯托尔帕一萨缪尔森定理：商品相对价格的上升将会提高该商品密集使用要素的实际报酬，而降低其他要素的实际报酬。

③ 雷布津斯基定理：一种要素禀赋的增加将会提高密集使用该要素的产业的产量，而减少其他产业的产量。

④ 要素价格均等化定理：假设两个国家进行自由贸易，它们拥有相同的技术水平和不同的要素禀赋。如果每个国家都生产两种商品而且不发生要素密集度逆转，那么要素价格在国家之间实现均等化。

3. 理论局限性

与古典贸易理论相比，H－O 要素禀赋理论在以下两个方面进行了改进：一是拓展了生产投入的要素种类，由原先的劳动这一种要素投入，增加为劳动、资本这两种要素投入，以此为背景重新分析国际贸易产生的原因。二是以各国的要素禀赋水平和要素投入比例为基础，着重指出各国的比较优势，剖析了生产、贸易模式。虽然 H－O 要素禀赋理论进行了一系列的改进，但仍然存在严重的理论局限性。

首先，H－O 要素禀赋理论延续之前的古典贸易思想，假设各国市场均为完全竞争市场。然而，在数字贸易进程中，绝大部分行业不是处于完全竞争的环境下。例如，在搜索引擎领域，百度领跑其他搜索引擎厂家，呈现出“寡头竞争”的状态。因此从这方面来看，H－O 理论无法解释数字贸易目前的整体竞争格局。

其次，H－O 要素禀赋理论假设国家间产品的生产技术是相同的，并且规模报酬是不变的，但现实中国家间的生产技术不仅存在实质性的差别，还存在规模经济的现象。在数字贸易中，数据作为一种新的生产要素正在发挥着至关重要的作用，事实上，只要掌握了比竞争对手更多更有效的数据，就可以获得更高的生产率优势，在市场竞争中占据有利地位，各个企业的生产效率和生产技术也不尽相同。同样，占据较高市场份额的企业本身拥有更多的消费者，这些消费者生成更多数据，从而产生更多的消费者。在这里，由于数据这一要素的特殊性，数字贸易中存在明显的规模经济。

最后，H－O 要素禀赋理论假设劳动力是同质的，即劳动力的知识、技能都是完全相同的。但是在数字贸易中，由于教育背景、成长环境的差异，每个劳动力掌握的数据是有差异的，所以在数字贸易的研究中，劳动力是同质的这一假设不再成立。

以上，我们以数字贸易为背景，对 H－O 要素禀赋理论的局限性进行简略的分析。当然，这里的分析并不完善，还有很多的局限性没有去仔细斟酌，如模型假设要素密集度是从一而终的，贸易进程中不会发生变化，没有考虑范围经济等，还有待进一步探讨和学习。

---

① 对这些定理的进一步说明，可参见《高级国际贸易：理论与实证》，罗伯特·C. 芬斯特拉（著），唐宜红（主译），中国人民大学出版社，2013 年版，第 13 页。

3.2　数字贸易的现代国际贸易理论基础

3.2.1　克鲁格曼的规模经济理论

李嘉图模型强调产生国际贸易的基础是技术的相对差别，赫克歇尔-俄林模型则明确指出各国要素禀赋与要素投入比例的差异会产生国际贸易活动。然而，这些模型无法解释日益增长的发达国家之间的贸易。首先，这些国家的技术虽有差别，但差别不大，因而李嘉图的比较优势理论并不适用。其次，这些发达国家是“资本充裕”国家，因而赫克歇尔-俄林的要素禀赋理论也不适用。那么，发达国家之间存在大量的国际贸易该如何解释呢？

1. 代表人物和主要思想

前文所述的古典与新古典贸易理论中，对于贸易模式和贸易利得的分析都是建立在完全竞争基础上的。市场上的产品具有同质性，不会由于不同厂家生产有任何的差别，任何厂家都不具有市场势力。但是，仔细观察二战后的国际经济发展状况以及根据我们的实际生活经验，不难发现完全竞争的假设已很难成立了。首先，初级产品基本为同质产品，但制造业产品大多为差异产品。例如，中国的小麦和美国的小麦对消费者来说基本是无差异的，两国的小麦之间可完全替代；但中国的长城汽车和美国的通用汽车，虽然它们同属一个类别，但其在品牌、性能等方面不能完全替代，对消费者来说它们是不同的产品。随着战后经济不断发展，各国制造业逐渐发展成为国家经济的重要组成部分，差异化的制造品贸易逐渐成为国际贸易中的主要部分。其次，制造业生产商开始拥有市场势力。以美国的汽车行业为例，行业中不存在大量的企业，通用、福特和克莱斯勒三大公司几乎占据了美国全部的汽车市场，它们不是市场价格的接受者，其汽车产量也会对市场价格产生重要影响。由于传统国际贸易理论已经无法解释国际贸易中的许多现象，新国际贸易理论开始在不完全竞争的基础上展开研究。

传统国际贸易理论在产品生产上都假设规模报酬不变，即产出的变动幅度与投入的变动幅度是相同的。在前工业化时代，产品生产以初级产品为主，规模报酬不变的假设基本上是接近现实的。直到工业化生产时期，产品生产以工业制品为主，规模报酬递增成为产品生产的重要特点。正如我们所知，规模经济按照产生原因来分，可分为内部规模经济、外部规模经济。本书仅探讨由于企业自身生产规模的扩大导致的内部规模经济。任何企业，都会存在或多或少的固定成本，企业规模扩大后，产量也会不断增加，导致平均单位成本下降，从而在国际贸易进程中，在激烈的竞争环境下，具备价格这一巨大优势。

美国经济学家保罗·克鲁格曼（图 3－4）发表了《规模经济、产品差异化与贸易方式》等文章，利用规模经济模型与垄断竞争模型，打破之前理论的一系列假设条件，指出规模经济、垄断竞争对当今国际贸易进程的重大意义，为后人研究国际贸易开辟了一条新道路。

人物介绍：保罗·克鲁格曼（Paul Krugman，1953—）

图 3-4　保罗·克鲁格曼

保罗·克鲁格曼于 1953 年出生于美国的一个中产阶级家庭，父亲是个保险公司的经理。他在纽约的郊区长大，童年时代喜爱看科幻小说，曾梦想成为一名心理学家或历史学家。当他成为一名著名的经济学家后，他诙谐地说："有趣的思想与有趣的生活经历关系甚微。"保罗·克鲁格曼于 1974 年毕业于耶鲁大学。虽然在大学期间主修经济，但他只上了经济学必修课，选的更多的是历史课。他在经济学领域最早向传统作出挑战是在 1973 年春天。当时著名经济学家威廉·诺德豪斯（William Nordhaus）举行一个关于能源和自然资源的讲座，克鲁格曼写了一篇论文，表明汽油的长期需求富有价格弹性，这一观点与当时流行的观点恰好相反。克鲁格曼对经济问题的深刻理解引起了诺德豪斯的关注。大学毕业后，在诺德豪斯的推荐下，克鲁格曼进入麻省理工学院攻读博士学位。在 1977 年取得经济学博士学位之后，他便直接去耶鲁大学任教，从此开始了他作为专业经济学家的研究生涯。克鲁格曼的成名是在 1978 年。他当时写了一篇关于国际贸易的论文，于 1979 年发表于《国际经济学杂志》，并于当年 7 月在美国国民经济研究局的研讨会上宣读。参加这个会议的都是当时国际上最有影响力的经济学家。当他开始宣读论文时，人们没有注意。然而，随着克鲁格曼一步一步地展开他的分析，大厅渐渐地安静了下来，人们开始专心地倾听克鲁格曼的演讲。他的这篇论文奠定了国际贸易理论新的分析框架，从而也使克鲁格曼一夜成名了。克鲁格曼回忆道："那是我生命中最美好的 90 分钟。"

克鲁格曼是一个不安于现状、不断向自己及社会挑战的经济学家。1982 年 8 月，他成为总统经济顾问委员会的主要成员，对一系列的传统毫不客气地提出挑战。由于他的这种坦率和自身与政界的不融合，一年后他便重新回到学校做学者。此后，他与海尔普曼（Elhanan Helpman）合写《市场结构与对外贸易》以及一系列具有真知灼见的经济学著作（包括已经翻译成中文的《流行的国际主义》《汇率的不稳定性》《地理和贸易》等），在经济学界和政界产生了强大反响。

克鲁格曼对国际经济学的贡献主要包括：第一，突破了传统的国际贸易理论，对二战后大量出现的工业国家之间和同行业之间的贸易做出了解释。通过引进微观经济学中的产品差异、垄断竞争、规模经济等原理，克鲁格曼不但为国际贸易理论建立了一个新的分析框架，而且将经济学基本原理与国际贸易中的新思路有机地结合起来，从而为当代国际贸易理论的发展做出了开创性的贡献。第二，克鲁格曼分析了国际贸易中的寡头竞争行为，为战略性贸易政策的研究奠定了基础。与传统的贸易政策不同，战略性贸易政策有时不仅可以保护国内市场，还可以促进出口。政府对某些产业的有限保护有助于该产业获得规模经济，降低成本，提高竞争力。但是，作为负责任的经济学家，克鲁格曼还对战略性贸易政策做了许多实证研究，结果表明这种政策所获得的总体收益是很有限的。因此，克鲁格曼在分析战略性贸易政策可能带来的益处后，进一步指出了由此产生的问题。他认为，相比之下，自由贸易仍是最好的政策选择。第三，克鲁格曼还在汇率和发展中国家债务等问题上独有建树，其中最主要的贡献是关于汇率的“目标区域”理论，主张汇率的有限浮动等。

资料来源：

海闻，P. 林德特，王新奎．国际贸易［M］．上海：上海人民出版社，2012：145－146.

2. 理论模型

（1）基本假设与贸易原因

克鲁格曼的规模经济理论的基本假设与传统贸易理论相比，主要有以下三点不同：

第一，假设存在内部规模经济①。假设成本函数为线性的，劳动是投入要素，且是唯一的生产要素。这里的规模经济来源于固定劳动投入成本，即线性成本函数的常数项。当产量不断增加时，由于固定成本的存在，平均成本将会呈递减趋势。

第二，假设存在垄断竞争市场。规模经济理论一改以往完全竞争的假设，允许企业在商品市场上拥有差异化产品的定价权。不同企业生产的产品不具有同质性，而是具有可替代性的差异性产品。

第三，假设消费者的偏好具有多样性。假设消费者都是独立的个体，且有独立的效用函数，对任何产品的需求都是对称的。假设消费的产品种类越多，效用增加越多；任何产品消费的增加都会引起效用的增加。

克鲁格曼的规模经济理论成功地解释了产业内部的贸易，解释了相似国家特别是发达国家之间的贸易行为。克鲁格曼认为即使国家间不存在技术或要素禀赋差异也可以产生贸易，贸易的来源是规模经济和产品差异化。

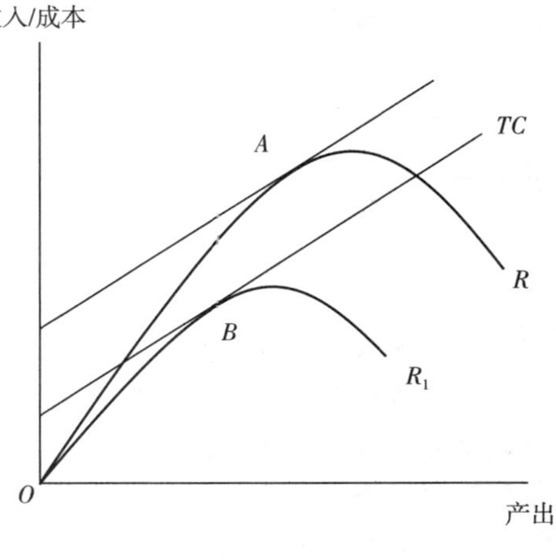

图 3－5　收入、成本与产出

克鲁格曼的规模经济理论框架如下：首先，给定初始厂商数量，单个厂商的成本函数由直线 TC 表示，收入函数由曲线 OR 表示，如图 3－5 所示。企业的目标就是争取利润最大化，以此为标准来确定产出水平，可以看出最优点为 A 点。在 A 点处，企业的边际收入等于边际成本，但平均收入大于平均成本。因而，企业拥有正利润，吸引新的企业进入市场。新企业的进入会导致收入的边际效用上升，同时，收入函数收缩为曲线 OR'。新的最优点为 B 点。在 B

① 在克鲁格曼之前，还没有经济学家提出有关规模经济的正式的贸易理论，但有一部分学者在贸易中假设外部规模经济，此时，市场结构仍然是完全竞争的。

点处，企业的边际收入等于边际成本，且平均收入大于平均成本，企业获得零利润。

其次，在单一经济体框架下确定利润最大化的企业产出水平和产品价格，并由此得出利润最大化时行业内的企业数量，如图 3-6 所示。曲线 PP 表示的是企业利润最大化时的企业定价水平与消费者消费水平的关系，消费者消费水平越高，产品价格越高。曲线 ZZ 表示的是零利润条件下的企业定价水平与消费者消费水平的关系，消费者消费水平越高，产品价格越低。两条曲线相交于 E 点，确定了均衡的消费水平和实际工资水平。假定人口数量保持不变，企业产出和企业数量也随之确定。

最后，贸易开放后，企业产出增加，可用于消费的产品种类增加，工人工资水平提升，福利增多，如图 3-7 所示。在一定条件下，贸易开放与允许要素流动具有完全等价的效果。贸易开放相当于本国劳动力数量增加到世界平均水平，劳动力数量的变化并不会影响曲线 PP，但会使得曲线 ZZ 向左下方移动，从而获得新的均衡点（E'点）。我们在 E' 点处可以看到，总体消费水平有所下滑，但工资水平有所提升；单个企业的产出下降，但可用于消费的产品种类增加。

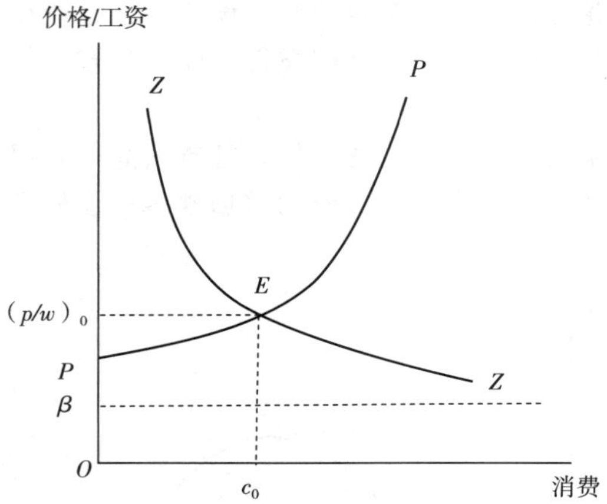

图 3-6　封闭情形

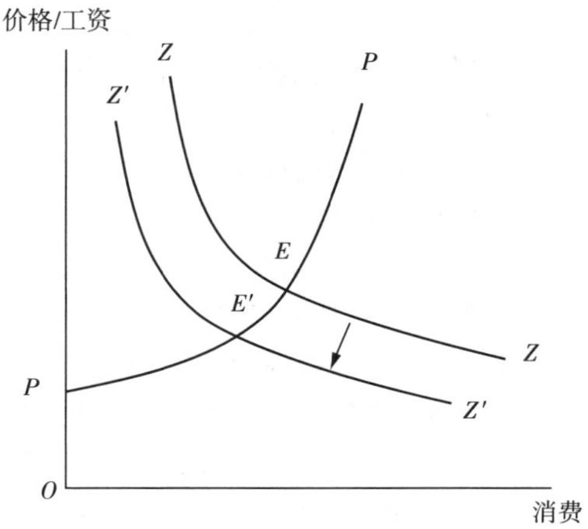

图 3-7　开放情形

（2）贸易模式与贸易利得

李嘉图比较优势理论与 $H-O$ 理论最大的局限性是不能解释没有明显技术水平差异和要素禀赋差异的发达国家之间的国际贸易活动。克鲁格曼打破常规，大胆假设及论证企业内部存在规模经济，从而解释了前人理论所不能解释的发达国家之间的国际贸易活动。他认为贸易开放会产生两种效应：一是规模效应，即单个厂商产出的增加；二是种类效应，即各国可供消费者消费的产品种类增加。

首先，一国贸易开放后，厂商生产产品不仅要供本国消费者消费，还要将其部分产品出口到其他国家，从而换取更多种类的产品用于本国消费，随着国际贸易进程的推进，企业规模会逐渐扩大，从而降低企业的平均成本。其次，虽然每个国家生产的产品种类有所下降，但由于贸易开放，消费者可以同时消费本国和外国产品，总的消费产品种类数量是增加的。总之，在克鲁格曼的模型中，贸易开放可以同时提高两国消费者的福利，贸易福利的两个来源是实际工资水平的提高以及消费产品种类数量的增加。

3. 理论局限性

相较于前人的理论，克鲁格曼的规模经济理论最大的贡献在于更贴近当今国际贸易模式与国际化分工模式，理论解释实际的能力更强。同时，该理论也明确了哪一个国家生产哪种产品是由政策、历史因素等决定的，并没有十分固定的模式。虽然克鲁格曼模式表达相对简单明了，思路清晰，又为其后的国际贸易理论发展提供了分析框架，但以数字贸易为背景，规模经济理论也具有一些明显的局限性。

首先，克鲁格曼的规模经济模型假设所有的企业都是一样的，并没有考虑到企业的异质性。但实际上，不同企业由于其规模、生产技术、劳动力数量、劳动生产率等方面存在的差异，异质性是无法忽视的因素。企业的规模越大、生产率越高，越有可能在市场竞争中获益。而在数字贸易领域，随着消费者个性化需求受到越来越多的重视，C2B（Customer to Business，即消费者到企业）商业模式正在成为一种趋势。同时，在数字贸易发展的进程中，信息不对称的现象被淡化，企业更容易进入国际市场从而进行国际贸易。在此背景下，众多的中小企业作为传统国际贸易中的弱势群体，也能够更加广泛地参与国际贸易并从中获益，因此在数字贸易背景下，企业同质性的假设是不成立的。

其次，克鲁格曼的规模经济理论中，也有“劳动为唯一生产要素”“要素密集度不发生逆转”类似的假设，规模经济同样假设劳动力是同质的，即劳动力的知识、技能都是完全相同的。但是在数字贸易中，由于教育背景、成长环境的差异，每个劳动力掌握的数据是有差异的，所以在数字贸易的研究中，劳动力是同质的这一假设不再成立。

最后，克鲁格曼的规模经济理论假设的规模经济来源于企业生产的固定成本，即企业投资建厂的成本以及采购机器设备的费用等。虽然数字贸易也存在明显的规模经济效应，在企业生产中也存在固定成本投入，但这里的固定成本一般是建立企业内部专家团队的固定成本支出，与克鲁格曼假设的规模经济来源有很大不同。数字贸易中，规模经济的另外一个来源是生产要素的庞大数量和高质量，我们将在下文进行详细分析。

3.2.2 梅里茨的异质性企业贸易理论

传统的国际贸易理论①研究的主要关注点是产业间贸易，并未对单个企业的贸易原因和贸易行为进行研究。新古典贸易理论中的大多数研究假定规模报酬不变，而一般均衡模型也只对企业所属产业的规模做出了限定，并未涉及企业规模。相比之下，新贸易理论②建立在规模报酬递增和不完全竞争的假设条件下，并将研究对象转向产业内贸易。前文提到的克鲁格曼模型虽然从规模报酬递增的角度讨论了国际贸易产生的原因，

---

① 传统的国际贸易理论包括古典贸易理论和新古典贸易理论。古典贸易理论的代表人物主要包括亚当·斯密、大卫·李嘉图与卡尔·马克思，其理论体系的特征是以国际价值论为基础内容，以绝对价值论和比较成本论为表现形态，其理论的基石是劳动价值论。新古典贸易理论主要包括要素禀赋理论、里昂惕夫悖论、萨缪尔森特定要素模型。

② 新贸易理论是指20世纪80年代初以来，以保罗·克鲁格曼为代表的一批经济学家提出的一系列关于国际贸易的原因、国际分工的决定因素、贸易保护主义的效果以及最优贸易政策的思想和观点。起初，新贸易理论旨在用实证的方法解释贸易格局，填补传统贸易理论的逻辑空白，后来发展成为以规模经济和不完全竞争市场为两大支柱的完整的经济理论体系。

但并未对企业间的差异做更多的关注。相比之下，新-新贸易理论[①]弥补了这一缺憾，通过假设规模报酬递增和企业生产率存在差异，考虑了企业层面的异质性，可以用来解释更多新的企业层面的贸易现象和投资现象。新-新贸易理论有两个分支：一是以梅里茨为代表的学者提出的异质企业贸易模型，主要解释企业选择是否从事国际贸易的原因；二是以 Antras 为代表的学者提出的企业内生边界模型，主要研究企业选择企业内贸易还是进行市场交易抑或是选择外包生产等形式在国际间配置资源的决定因素。无论是异质性企业贸易模型还是内生边界模型，二者均研究了何种因素会决定企业选择以出口方式或是以对外直接投资方式进入海外市场。以下主要介绍梅里茨（2003）的异质性企业贸易理论。

1. 代表人物和主要思想

异质性企业贸易理论的代表人物是马克·梅里茨。梅里茨企业异质性模型的提出基于以下事实：首先，在经济背景方面，欧美国家间的经济差距在 20 世纪 80 年代逐步拉大，美国的生产率高于欧洲主要国家。正如 Dollar 和 Wolff（1988）指出，生产率在经济发展中的作用不容忽视，即使很低的生产率也可以引起经济方面的巨大差异，因此政策研究的重点之一就是如何提高生产率。其次，在经验研究方面，关于企业生产率研究的文献大量涌现，例如，基于 1976—1987 年美国的企业数据，Bernard 和 Jensen（1995）发现美国仅有少数企业从事出口活动。出口企业的生产规模通常更大、工资更高、生产率水平也更高，并且出口企业的这些特征在其从事出口活动之前便已存在。另外，大量学者研究了不同国家（如哥伦比亚、法国、墨西哥、摩洛哥、西班牙、德国、加拿大等）企业的生产率、生产规模与企业出口之间的关系，研究结论都表明出口企业只占生产企业的一小部分，且出口企业的生产规模和生产率都高于非出口企业。这一发现与传统和新贸易理论的企业是同质的这一假设相违背。再次，在理论研究方面，没有简明的模型将企业异质性纳入国际贸易模型中。

基于以上事实，梅里茨（2003）以 Dixit 和 Stiglitz（1977）垄断竞争模型为背景，在克鲁格曼（1980）规模经济贸易模型的基础上，引入 Hopenhayn（1992）企业生产率差异，建立了一个异质性企业的动态模型，来解释国际贸易中企业的差异和出口决策行为。由于模型的简明性和可扩展性，梅里茨模型成为异质性企业贸易模型中影响力最大、被广泛接受的异质性企业贸易模型（崔凡，2014）。梅里茨模型主要解释了贸易开放会如何导致企业进入退出出口市场的动态变化——最没有生产率的企业退出市场，生产率比较低的企业只在国内市场进行生产，更有生产率的企业进入出口市场。同时，梅里茨（2003）模型也揭示了贸易开放对贸易收益和社会资源重新分配的影响——导致资源由低效率企业转向高效率的企业，从而促进行业整体生产率提高和社会福利改进。

① 新-新贸易理论的概念最先是由 Baldwin 于 2004 年提出，不过最早研究新-新贸易理论的代表文献当属 Melitz（2003）和 Antras（2003），以及 Bemard et al.（2003）。只不过这些文献还没有真正将其称作新-新贸易理论。该理论是用来解释最新的国际贸易和投资现象，以微观的企业为研究对象，研究企业的全球生产组织行为和贸易、投资行为。其最突出的特征在于假设企业是异质的，异质性主要体现在生产率差异（李春顶，2010）。

人物介绍：马克·梅里茨

马克·梅里茨（图 3-8）是当代著名经济学家，哈佛大学教授，新-新贸易理论，即异质性企业贸易理论的奠基人。马克·梅里茨于 1968 年 1 月 1 日出生在美国。他分别于 1989 年、1992 年获哈弗福德学院数学学士学位和马里兰大学工商管理硕士学位；并分别于 1997 年和 2000 年获密歇根大学经济学硕士和博士学位。随后就职于美国国家经济研究局、伦敦经济政策研究中心、慕尼黑经济研究中心和基尔世界经济研究所。2007—2009 年任普林斯顿大学教授，从 2009 年起任哈佛大学经济系教授。由于对“企业异质性及其国际贸易的开创性描述”，梅里茨被原汤森路透（现科睿维安）评选为 2016 年度“引文桂冠奖”得主。他对国际贸易和投资有广泛的研究兴趣。更具体地说，他研究了生产者对全球化的反应及其对贸易和投资模式的影响。

图 3-8　马克·梅里茨

梅里茨的学术贡献主要集中于对“异质性企业贸易理论”（Trade Theory of Heterogeneous Firms）的构建和发展。他在所发表的《贸易对行业内资源再配置与行业整体生产率的影响》一文中，分析了企业生产率异质性对企业生产决策、进出口决策和社会总福利的影响，引起国际贸易研究领域的高度关注。梅里茨所构建的异质性企业贸易理论模型开创了国际贸易研究领域的新篇章，将国际贸易学的研究视角从中观行业层面引至微观企业层面，继续完善和发展了国际贸易理论，对国际贸易理论研究做出了开创性的贡献。

资料来源：

方虹，王旭．马克·梅里茨对异质性企业贸易理论的贡献——科睿维安“引文桂冠奖”得主学术贡献评介［J］．经济学动态，2018（4）：148-158.

2. 理论模型

（1）基本假设与贸易原因

梅里茨（2003）在克鲁格曼垄断竞争模型的基础上建立异质性企业贸易模型，同时探讨了封闭条件下的国内贸易均衡和开放条件下的贸易均衡．其与克鲁格曼模型最大的区别便是假设企业的生产率并不相同。除此之外，梅里茨（2003）假设企业面临 3 种成本，即冰山贸易成本、不变的边际成本、固定成本（包括开发新产品需要支付的沉没成本、进入国内市场的成本和国外市场的成本）。假定潜在的厂商通过支付开发新产品的固定进入成本（之后转化为沉没成本）可以进入某个行业，进入该行业以后，每个厂商的生产率水平由外生的分布函数给定，且保持不变。企业根据自身的生产率高低决定是否进行生产和是否进入出口市场。另外，梅里茨还假设所有厂商都面临一个外生不变的行业退出概率以捕捉企业的随机退出。即如果企业抽到的是低生产率，那么企业可能决定立刻退出并不生产，如果企业抽取到生产率之后决定生产，它在每一期遭遇坏的冲击

（如天灾、新的规制和产品责任、消费者口味变化等）都会迫使企业以一个固定常数概率退出生产。

梅里茨模型的思想可以归结为图 3－9。在封闭经济情形时，图 3－9（a）是需求曲线，纵轴代表产品的生产成本或产品价格，横轴代表企业生产的产品数量。假设有两家生产边际成本不同的企业分别为企业 1 和企业 2，边际生产成本分别是 MC_1 和 MC_2，MR 为边际利润线，根据垄断竞争市场均衡时的定价法则 $MR=MC$，两企业的销售数量分别为 Q_1 和 Q_2。图 3－9（b）是相应的利润与成本曲线，可以发现，边际成本较小的企业具有较高的利润。

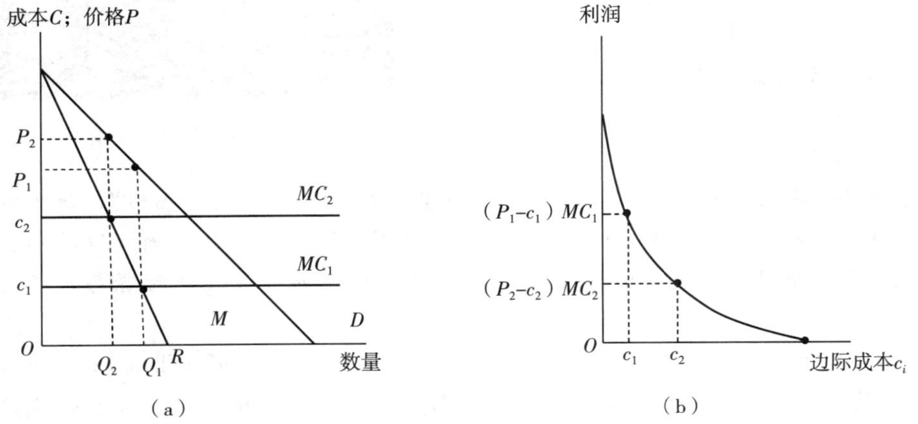

图 3－9　梅里茨模型：封闭情形

从封闭经济转向开放经济时会产生图 3－10 的动态变化。当开放贸易之后，如图 3－10（a）所示，需求曲线逆时针转动，此时边际成本高于 $c^{*'}$ 的企业将退出生产市场，使得生产的临界生产率提高，边际生产成本高于图 3－10（b）c' 且低于 $c^{*'}$ 的企业只服务于国内市场，遭受利润损失，而边际生产成本低于图 3－10（b）c' 的企业同时服务于国内和国外两个市场，利润将会增加。

梅里茨（2003）从企业间存在生产率异质性的角度分析了为什么现实世界中出口企业总是生产率更高、规模更大。由于企业生产率存在差异，只有生产率更高的企业才能支付出口市场的进入成本，因此只有生产率最高的企业才能进入出口市场，生产率低的企业只能选择服务国内市场或者退出生产市场，即自选择效应。

（2）贸易模式与贸易利得

梅里茨（2003）的贸易模型是长期动态模型，根据企业生产的边际成本或者生产率的差异，模型中将企业分为出口企业（export firms）、国内企业（domestic firms）和非生产企业（non－producers）三种类型。出口企业的边际成本最低（生产率最高），可以同时服务国内和国外两个市场；国内企业的边际成本次之，只能服务于国内市场；非生产企业的边际成本最高，最后会被市场淘汰，退出市场。通过分别探讨封闭条件和开放条件下的均衡，梅里茨（2003）指出，封闭条件下只有生产率达到某一生产临界值的企业才能从事生产活动，低于这一临界值的生产企业将会退出生产市场。而开放经济条件下则存在两个

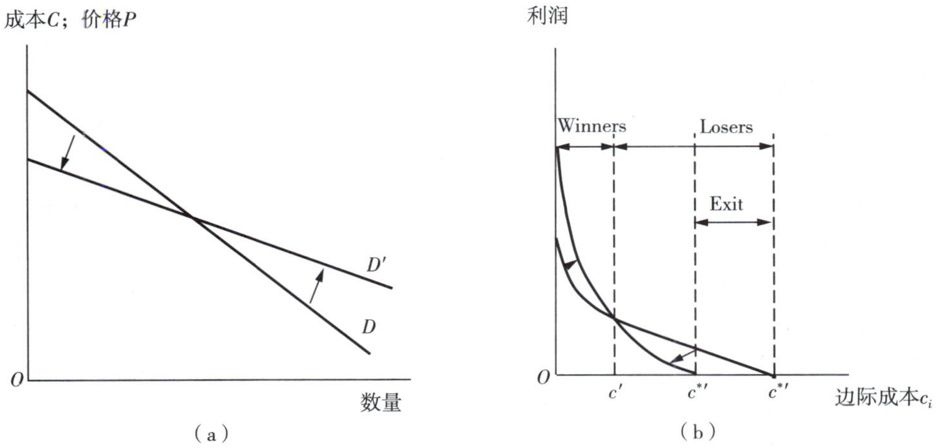

图 3－10　梅里茨模型：贸易的影响

临界生产率：一是企业可以从事生产的临界生产率，二是企业可以从事出口活动的临界生产率，且出口活动的临界生产率高于生产的临界生产率，同时生产的临界生产率高于封闭条件下的生产临界生产率。其原因在于，贸易开放使现有出口厂商回报增加，并且由于利润的驱动，最高生产率的非出口厂商选择成为新的出口商，加之已有出口商的扩张，导致行业内劳动需求量的增加，进而引起要素价格上涨，迫使处于生产的临界生产率的企业由于不能承担高昂的工资成本而退出市场，提高了企业的临界生产率，同时劳动力要素和产出流入到生产率较高的厂商中，提高了出口市场的行业平均生产率。

梅里茨（2003）的模型指出，开放经济可以提升国家福利。一方面，由于异质性企业的“自选择效应”，进入出口市场的企业生产率更高；另一方面，由于出口的再分配效应，贸易开放会使得出口企业中生产率较低的企业退出出口市场，生产率更高的企业进入出口市场，从而实现资源由低生产率的企业流向高生产率的企业，出口企业的规模不断扩大，生产率也不断提升，整个行业的福利增加；虽然贸易开放之后一国企业数量减少，但是由于贸易开放，消费者可以选择更多种类的商品，因此消费者福利提高，这与克鲁格曼（1980）的结论一致。

3. 理论局限性

第一，数字贸易多为产业内贸易，异质性企业贸易理论①部分适用，但是其假设每个企业出口需要相同的固定成本，且每个企业的边际成本为不变的常数，但是广义数字贸易既包括基于数字交换技术的实体贸易，又包括数字化产品本身的国际交付。对于前者，出口固定成本和边际成本大为降低；对于后者，出口固定成本的组成更为复杂，计算也更为困难，数字化产品的边际成本甚至可降至零，使得梅里茨异质性企业贸易模型使用受限。

第二，梅里茨（2003）排除了贸易通过其他潜在的重要渠道——进口竞争渠道产生的影响。垄断竞争不变替代弹性消费者偏好的假设使得异质性企业贸易理论在解释贸易影响企业生产率分布时只能通过要素市场来实现，而产品市场竞争加剧这一渠道失效。数字贸

① 此处特指梅里茨（2003）的异质性企业贸易理论。

易中最重要的生产要素是数据，数据很值钱，但也很廉价，因为数据可以通过开放式的网络平台来获取，且可以通过计算机设备批量产生。数字贸易最主要在于产品竞争，由于边际生产成本低，因此最主要的竞争体现在客户数量方面，例如搜索引擎，增加一位客户使用的成本几乎为零，因此数字贸易的竞争更为激烈。此时，异质性企业贸易理论失效。

第三，梅里茨（2003）忽略了企业技术升级的可能性。梅里茨（2003）仅仅考虑了总体变量保持不变时稳定状态均衡，企业的生产率水平并不随时间变化，忽略现实中企业可以进行技术投资提升生产率的情形。数字贸易依托互联网、大数据、云计算，可以大大提高企业的生产率水平，在考虑企业生产率水平动态变化方面，异质性企业贸易模型失效。

第四，梅里茨（2003）不能解释“生产率之谜”现象。梅里茨（2003）得出的结论是出口企业生产率比非出口企业生产率更高，此结论仅适用于北北贸易（即发达国家之间的贸易数据支持以上观点），但是发展中国家的数据如基于中国企业数据进行的经验研究却不支持其观点。学者们分别从加工贸易和忽略产品质量等方面进行了解释。数字贸易中，同样存在大量生产率较低的企业从事出口贸易，因为这些企业可以通过互联网平台降低进入国际市场的门槛，同时借助大数据分析技术，通过“自选择效应”“学习效应”“再分配效应”等发掘新的出口驱动因素。

小结：关于以上各理论假设的异同，我们可以用表 3 - 1 进行总结。

表 3 - 1　理论假设对比

假设	李嘉图比较优势理论	H - O 要素禀赋理论	克鲁格曼规模经济理论	梅里茨异质性企业贸易理论	数字贸易
国家	2	2	n	两个对称国家（可拓展到多国）	多国
产品	产业间差异化产品	2	—	产业内差异化产品	产业内差异化产品
生产要素	劳动	资本、劳动	劳动	劳动	数据成为最重要的生产要素
生产技术	不同	相同	相同	不同	不同
规模报酬	不变	不变	递增	递增	递增
偏好	相同	相同	相同	相同	不同
市场结构	完全竞争	完全竞争	垄断竞争	垄断竞争	寡头垄断
运输成本	无	无	存在冰山贸易成本；不存在冰山贸易成本	冰山贸易成本	很低
关税或其他贸易壁垒	无	无	无	存在出口市场进入成本	数字协议；知识产权保护；隐私政策；数据本地化等

3.3　数字贸易对国际贸易理论的冲击

3.3.1　数字贸易对市场结构假定的冲击

传统贸易理论采用完全竞争的市场结构有其一定的道理。第一，历史环境使然，李嘉图所处的历史时期，英国产业革命尚未完成，制造业发展迅速却仍然是农业国，即使是最早发展起来的毛纺织业也较为粗糙，产品差异化现象并不是很普遍，产品同一性很高，并且未形成较大规模的产业，产业集中度很低。第二，李嘉图假设市场完全竞争主要强调供给因素，用成本因素来解释交换问题。在完全竞争的市场环境下，产品的交换价格等于其生产成本，各国的技术比较优势可以直接得出国际分工模式。因此，采用完全竞争的市场结构符合当时的现实情况。而现代贸易理论假设垄断竞争市场结构，产业集中度较低，不同企业生产的产品在质量、外观以及商标等方面具有差异。克鲁格曼认为，市场中不完全竞争是普遍现象，完全竞争只是特例，现实情形中，农产品市场比较接近完全竞争市场结构。

虽然传统贸易理论关于市场完全竞争的假设有其时代适用性，但是并不符合现实经济状况。完全竞争市场最经典的例子是农产品市场，但是实证检验研究一般将视线聚焦在制造业，制造业也更加偏向于垄断竞争的市场结构。同时，世界上大规模企业、巨型经济集团的存在和发展，使得相关市场结构成为寡头垄断形式。例如，从国际来看，美国波音公司和欧洲空中客车集团都是寡头企业。2017 年，波音占据宽体客机高达 75％的市场份额，空客公司占据商用飞机 55 ％的市场份额。从国家层面来看，许多国家的汽车、钢铁、有色金属、石油化工、电子设备和计算机行业都是寡头垄断市场结构。例如钢铁行业，世界钢铁巨头安赛乐米塔尔 2018 年的粗钢产量达到 96.42 百万吨，占世界粗钢产量的 5.33％；另外，全球粗钢产量前 10 名的钢铁企业中，中国企业共有 6 家，粗钢产量占全球份额的 13.68％，占据中国粗钢产量的 26.66％①。电子商务方面，亚马逊、阿里巴巴集团、苏宁云商集团股份有限公司、苹果公司、沃尔玛百货公司、戴尔科技是世界前六大电子商务企业；2018 年上半年，中国网易考拉、天猫国际、京东全球购 3 家企业就占据中国电商平台的 62％②。在数字化产品本身的国际化交付方面，全球数字内容市场包含了游戏、视频点播（VOD)、数字音乐和电子出版物，主要以 B2C 模式运营。音乐产业中，瑞典的 Spotify 和美国的 Apple Music 公司在 2016 年底便拥有全球约 65％的用户；搜索引擎中，Google，Yahoo 和 Bing 是顶级服务商③。

以上案例表明，以互联网技术和云计算为依托，数字贸易行业更加趋向于寡头垄断，在解释数字贸易产生的原因、贸易模式和贸易利得等方面，需要改变关于市场结构的假

① 数据来自《世界钢铁统计数据 2019》，中国的 6 家企业分别为宝武集团、河钢集团、沙钢集团、鞍钢集团、建龙集团、首钢集团。

② 来自中商情报网：http：//www.askci.com/news/chanye/20180827/1747371130167.shtml

③ 来自 2017 年 8 月美国国际贸易委员会发布的《全球数字贸易的市场机遇与主要贸易限制》研究报告。

设，运用寡头垄断的相关理论进行解释。

3.3.2 数字贸易对交易成本假定的冲击

为了将关注点聚焦在技术差别和要素禀赋差异导致的比较优势，传统贸易理论假设贸易无摩擦，两国消费者可以无成本交换产品。克鲁格曼（1980）通过设置生产的固定成本将规模经济引入模型，并假设贸易存在冰山固定成本，以此来分析冰山运输成本降低导致的更大的市场规模效应。梅里茨（2003）在克鲁格曼的基础上增加了企业进入本国市场和国际市场的固定成本，以此来观察不同生产率企业进入退出决策，解释了现实情况中同一行业内规模更大、生产率更高的企业出口更多、市场份额更大的现象。相比之下，现代贸易理论的假设更加符合现实情况。大量事实证明企业出口不但面临出口的单位成本（如运输成本和关税），而且面临与贸易量无关的固定成本。企业在出口之前需要寻找和告知外国进口商其商品信息，了解外国市场的营商环境与相关政策规制，建立国外销售网络，维持客户关系，调研当地消费者的风俗习惯，与当地政府建立良好联系，以规避非关税壁垒等，这些都需要大量的国外市场进入成本。

数字贸易企业利用互联网和数字技术，可以解决传统贸易存在的信息不对称、搜寻成本以及签订合同等交易成本高昂的问题，数字贸易的成本越来越接近国内贸易成本，因此挑战了新-新贸易理论关于国际贸易成本远高于国内贸易成本的假设；另外数字服务贸易中不存在标准的冰山贸易成本，传统贸易中商品集中在目的地市场以节约冰山成本，因此空间地理对于传统贸易具有重要影响。相比之下，数字贸易依托互联网、云计算等高科技，并不会由于冰山贸易成本而集聚，相反，数字贸易经济中会形成两种现象：一是有更多的中小企业在世界各地从事数字贸易，数字贸易企业更加分散，我国有众多的电子商务企业分散在乡镇甚至农村，形成遍地开花的局势；二是资金雄厚的企业更愿意把总部设置在科技人才密集的区域，比如美国硅谷、印度班加罗尔、北京中关村、广东深圳、浙江杭州等地，甚至有企业直接将研发中心建设在科学家居住地，改变了人才移动的传统模式。

虽然现代贸易理论关于交易成本的假设对于传统的货物贸易具有很强的解释能力，但是在解释数字贸易方面无法令人满意。美国贸易代表办公室（USTR）的分析表明，数字贸易可以提高生产率，大幅降低贸易成本，促进沟通和交易的产生，改善信息获取的渠道，增加中小企业的市场机会。同时，正如马述忠（2018）所述，数字贸易中跨境电子商务出口贸易的风险将有所改善。随着技术创新和基础设施的发展，可以建立数字贸易客户信用评价体系，从而降低数字贸易风险。同时，数字贸易依托互联网、人工智能技术，更多的客户将产生更多的数据，这些数据反过来又可以吸引更多的客户，从而实现客户爆发式增长，而这些并不需要额外的成本。同时，数字贸易可以降低谈判成本、合同成本和通关成本。与现代贸易理论中交易成本的产生主要来源于运输和关税不同，数字贸易中交易成本的产生更可能来源于数据本地化、知识产权保护①和隐私政策的限制。

---

① 数字贸易时代下，信息的流动更加快捷、隐秘和频繁，数字化的产品和服务，比如电影、音乐、搜索引擎等数字化产品，更加容易出现盗版侵权的情况。源自《世界与中国数字贸易发展蓝皮书（2018）》。

3.3.3　数字贸易对规模经济假定的冲击

在古典与新古典贸易理论中，常常假设完全竞争市场，不同企业的产品是无差别的、同质的，并且产品生产具有规模报酬不变的技术，贸易的动因是国家或者区域间技术水平的绝对（相对）差异产生的绝对（相对）成本的差异。而新贸易理论则认为市场是不完全竞争的，且存在规模经济，分析得出贸易的动因是产品差异化和规模经济。

规模经济理论最早是亚当·斯密提出的，他以大头针这一产品为切入点，说明了劳动工人在某一项任务中投入的时间越多会引起专业化水平的提高，即劳动分工和专业化，从而从中获得生产率优势。企业之所以能在专业化分工中提高生产率原因在于：专业化分工提高了工人的劳动技能和熟练程度，避免了由变换任务而导致的固定成本的增加（如改变工具或者重新建厂的固定成本），并且促进了由简单任务的机械化生产引起的劳动节约型的创新。由于亚当·斯密理论对规模经济的描述并不明显，因而我们认为真正意义上的规模经济理论源于美国经济学家所揭示的大规模生产中的规模经济性。马歇尔将规模经济分为内部规模经济[①]和外部规模经济[②]，分析得出规模报酬可分为三个阶段：递增阶段、不变阶段、递减阶段，并且这三个阶段是按上述排列顺序依次发生的。此外，规模经济与市场垄断之间存在矛盾关系，这一矛盾关系就是著名的“马歇尔冲突”（Marshall’s dilemma）。此后，罗宾逊和张伯伦对传统规模经济理论进行补充，针对市场中存在的“马歇尔冲突”问题提出了垄断竞争的理论观点。

马述忠（2018）认为，数字贸易中的产品，例如前文提到的数字音乐、搜索引擎等，具有虚拟性、可复制性等特点，边际成本非常小，可以认为是零。而在固定成本方面，由于互联网技术和数字技术的飞速发展，数字贸易蓬勃发展，企业进入国际市场的门槛较低，随着数字贸易的进行，各企业固定成本呈现递减的趋势，最终递减为国内贸易的固定成本。但是，数字贸易中规模经济并非来源于机器、设备以及投资建厂等导致的固定成本，而是来源于数据的数量和质量以及在公司内部建立专家团队的固定成本。以搜索引擎服务为例，谷歌和微软都是搜索引擎服务的运营商。虽然微软拥有数十亿的搜索数据，但其很多搜索查询很罕见，甚至可能只有两三条数据，但谷歌拥有比微软更多的数据，可以更好地预测这些罕见的搜索查询。如果人们根据罕见搜索的质量来选择搜索引擎的话，那么谷歌更多更好的数据将导致更大的市场份额。更大的市场份额就意味着更多的数据，从而提高搜索的质量，吸引更多的客户，如此循环反复。由于搜索引擎服务的技术含量较高，在企业内部建立专门的专家团队就会产生巨大的固定成本，这里主要是指科技人才固定成本支出。

---

① 内部规模经济包括工厂规模经济和企业规模经济，随着工厂或企业规模的扩大，产量的增加大于投入的增加，单位产品的成本下降，从而发挥了内部规模经济的效益。

② 外部经济（External economy）又叫外在经济，是指由于消费或者其他人和厂商的产出所引起一个人或厂商无法索取的收益。当整个产业的产量增加（企业外部的因素）时，该产业各个企业的平均生产成本下降，因而有时也被称为外部规模经济（External Economy of Scale）

3.3.4 数字贸易对要素流动假定的冲击

在以往的国际贸易理论中，生产要素大多为劳动、资本等要素投入，且受限于当时的历史环境，交通运输尚不发达，因而常常假设生产要素可以在部门间流动，但在国际间不能自由流动。李嘉图提出的比较优势理论是基于劳动是唯一的要素投入的，但是随着资本主义的流行，资本在企业的生产活动中变得越来越不可忽视，因而，赫克歇尔和俄林将资本与劳动同时纳入研究框架，研究了由国家间的要素禀赋差异以及生产中生产要素使用的比例差异决定的国家间的比较优势。

第一，在已有的国际贸易理论研究中，最多只有劳动和资本这两个生产要素，然而在数字贸易中，数据正在成为相对于劳动和资本而言更为重要的生产要素。这对传统贸易理论是个不小的冲击与挑战。在数字贸易中，数据是稀缺资源，各企业为了获得数据、电子信息等重要生产要素，会通过各种途径，来收集、分析、加以利用，从而满足消费者需求，在信息产品的异质性方面领先对手，最终增强企业在贸易进程中的核心竞争力。在此过程中，企业的内部化会进一步提升企业的竞争力。

第二，在数字贸易中，数据是极其重要的生产要素，掌握数据就可以掌握国际贸易的主动权，因此，核心数据就变成了企业赖以生存的“法宝”，企业必然会限制它的自由流动，除此之外，数字贸易中跨国公司也会强调母公司对核心数据的控制，而非分公司、子公司，所以这样看来，核心数据的流动甚至在部门内部都会受到限制，各部门之间的流动难度会更大。因此，这对已有的国际贸易理论中要素自由流动的假设也是巨大的挑战。

3.3.5 数字贸易对范围经济假定的冲击

无论是传统贸易理论还是经典的现代贸易理论一般假设不存在范围经济。传统贸易理论没有厂商的概念，而经典的现代贸易理论虽然假设企业存在内部规模经济，但其强调规模经济来源于生产的固定成本，因而排除了企业范围经济对贸易模式和贸易利得产生影响的可能性。并且无论是克鲁格曼（1980）还是梅里茨（2003）都假设每一家厂商只生产一种差异化产品，因此每家企业都可以忽视其行为对其他企业行为的影响。由于生产每种产品都需要投入固定成本，因此两家企业分别生产单一种类的商品的经济效益要高于一家企业同时生产两种商品，从而消除了范围经济的可能性。

现代贸易理论的假设有一定的道理。举例来说，一家生产服装的企业需要投入生产服装的缝纫机设备作为生产的固定成本，而一家纺织企业需要投入纺纱机作为生产的固定成本，两家企业生产的边际成本可以看作每个生产工人的工资，因此，产量越多越容易实现规模经济。同时，由于固定资产的专用性，缝纫机不能用来纺纱，因此一家从事服装生产的企业若想要从事纺纱生产，必定要重新进行纺纱机的固定资产投资，而这对于服装企业是不划算的，因为它本可以将固定资产投资用来扩大服装生产规模，产生更大的规模经济，同理，纺织企业也不会同时从事服装生产。此时，之所以不存在规模经济是由于生产资产的独占性。而在数字贸易领域，无论是在电子商务平台上交易的传统实体货物、通过互联网等数字化手段传输的数字产品与服务，还是作为重要生产要素的数字化知识与信息，均可实现范围经济。

数字贸易的虚拟化、平台化、集约化、普惠化、个性化和生态化的特点，使得数据资源的共享和共同的价值创造成为可能，范围经济效应可能更加明显。例如，数字贸易时代依托的人工智能技术的建设成本是范围经济产生的源泉。许多人工智能公司是多产品公司，例如谷歌的母公司 Alphabet 同时经营搜索引擎（Google）、在线视频服务（YouTube）、移动设备操作系统（Android）、自动驾驶（Waymo）以及其他业务。与传统商品生产所需的设备专用性和独占性高、很难实现范围经济不同，数字经济时代人工智能技术的共享式利用，使得范围经济成为可能。同时，各应用程序间的共享数据也是范围经济的来源。在 IP（Intellectual Property）产业，虽然中国的公司起步较晚，但是发展速度较快，通过对热门 IP 的多元化开发和多渠道推广，可以使其价值得到充分体现。例如，百度利用搜索引擎的优势发展 IP 产业，其旗下的爱奇艺虽然是视频行业，但是积极利用 IP 衍生为电视剧、电影、游戏以及动漫等形式，同时嵌入文学作品推广等，利用一个平台，实现了集视频、音乐、文学等于一体的范围经济。因此，传统和现代贸易理论忽略了数字贸易中更多范围经济的特征，可能不适用于解释数字贸易的产生原因以及贸易分工形式。

本章思考题

1. 数字经济时代从事数字贸易的行业或企业一般是寡头垄断形式，如何改进传统的李嘉图模型使之适应数字贸易的特征？

2. 现代贸易理论以规模经济为特征，数字贸易时代更多地体现为范围经济，如何改进现代贸易理论使之能够解释范围经济？

3. 根据本章所学内容并且联系我国数字贸易发展现状，谈一谈不同地区发展数字贸易的比较优势是什么？在数字贸易发展过程中，应当如何充分发挥当地的比较优势？

4. 与新兴经济体相比，数字贸易在发达国家的发展更加迅猛，那么新兴经济体在未来能否赶超发达国家呢？如果可以，那么新兴经济体发展数字贸易的后发优势是什么？

第4章 数字贸易生态链

现阶段，数字贸易生态链伴随互联网技术的广泛应用而不断演化，国际贸易的生态链也因此变得更加丰富化、多元化。伴随着互联网技术的广泛应用而快速发展的数字贸易将会使得国际贸易的生态链趋于短平化、去中心化、简易化，国际贸易模式开始向虚拟化、集成化、普惠化和融合化的方向演进，而明晰上述趋势变化将有助于深入理解现阶段快速发展的数字贸易对传统贸易生态链所产生的巨大冲击。理解数字贸易生态链的参与主体、内在结构和演变方式等内容，将是厘清数字贸易与传统贸易之间差别的关键所在，同时也是洞悉数字贸易未来发展趋势的重要前提。

4.1 传统贸易生态链

4.1.1 生态链参与主体

在传统贸易模式中，生态链参与主体包括三类：出口方（生产企业、出口中间商）、进口方（进口中间商、零售商、最终消费者）以及辅助贸易开展的中间组织。需要说明的是，在这些参与主体中，作为进口方的最终消费者只是参与国际贸易的最终销售环节，主要从进口商或零售商处购买国外商品，很难深度参与贸易活动，其消费需求难以得到满足，其反馈意见也难以被生产商及时接受。

1. 出口方

作为国际贸易生态链的源头，出口方能够为最终消费者提供贸易商品或服务，通常而言，商品在出口国会经过多级中间商的传递进而到达进口方，在这个过程中，出口中间商通过赚取差价获得利润。在传统贸易生态链中，出口方主要分为生产企业、出口中间商。

第一，生产企业。生产企业是指将原料等经过一系列生产工序处理，生产相关产品的企业。一般而言，生产企业通过购进原材料、进行加工装配而获得所要销售的产品。因此，如果生产企业选择直接对外出口，其出口成本一般相较于其他中间出口企业更低，而且还可以享受出口退税优惠政策。因此，在传统贸易模式下，生产企业进行直接出口时，往往会利用较低的价格去换取较大的贸易市场，从而获取高额利润。

第二，出口中间商。出口中间商往往是指与生产厂商在同一个国家的国内中间商，其主要职责是交付贸易货物。对于国际市场经验不足或是出口运营能力有限的生产企业，其往往会通过出口中间商来进入国际市场。根据其是否拥有产品的所有权，可将出口中间商分为出口经销商与出口代理商。其中，出口经销商是指对所出口的商品拥有所有权的中间商；出口代理商则是指并非拥有出口商品的所有权，只是受到委托而买卖货物的中间商。

2. 进口方

进口方是指从国外进口商品并向国内市场进行销售的商贸组织或个人。进口方既可以先买后卖，也可以先卖后买。其中，前者是指进口方先买入商品，然后将商品卖给国内的经销商、批发商、零售商甚至个人；后者是指进口方先根据样品与买主成交，然后从国外购进商品，负责办理运输、保险和报关等事务，再根据合同将所购商品交付给买主，此时进口方充当中间商的角色。常见的进口方主要包括：

第一，进口中间商。进口中间商是指处于东道国的中间商，其主要责任是给付货款。根据其是否拥有商品的所有权，可将进口中间商划分为进口经销商和进口代理商。其中，进口经销商（又称为“进口行”）是指以自身名义从国外购买商品并销售给国内市场，从而获取利润的企业。按其业务范围，通常可将进口经销商划分为专业进口经销商、特定地区进口经销商和从国际市场广泛选购商品的进口经销商三类。由于进口经销商拥有商品所有权，其需要承担买卖风险。而进口代理商是以委托人的身份收取佣金的服务贸易企业。其主要类型包括经纪人、融资经纪商、制造商代理人和经营代理商。因为进口代理商不拥有商品所有权，所以其通常不需要承担买卖风险。

第二，零售商。零售商是指将贸易商品直接销售给最终消费者的进口国商户，其处于贸易商品流通的最终阶段，主要义务是直接为最终消费者服务，实现贸易商品的最终价值。零售商主要包括零售商店、无店铺零售、联合零售和新型零售（如连锁商业、连锁超市）等形式。其承担的职责包括采购、销售、调货、存货、拆零、分包、提供销售服务等方面。

第三，最终消费者。消费者是国际贸易生态链中不可或缺的重要参与主体。作为国际贸易生态链的终端，最终消费者的消费能力和消费需求决定商品流通的规模和种类。例如，在 B2B 贸易模式中，进口方企业和出口方企业直接进行商品的跨境买卖，进口方企业会根据消费者的消费情况选择进口商品的数量和种类，以确保消费者的需求得到充分满足。

3. 中间组织

在传统贸易模式下，国际贸易往往是“集装箱式”的大额交易，即通过商品批发、零售或是批发零售兼营等海外多级分销的方式，经过五个渠道（国内工厂→国内贸易商→目的国进口商→目的国分销商→目的国零售商），将集中的大批量货物送达消费者手中。这其中要涉及运输、保险、银行、商检、海关等部门的协作、配合，这些部门在传统贸易中是不可或缺的，可称之为中间组织。在传统的国际贸易中，这些中间组织发挥着不可或缺的重要作用，为货物传输、资金流动和买卖交易安全提供坚实保障，使得国际贸易能够有条不紊地开展。

4.1.2　生态链内在结构

在传统贸易生态链上，参与主体主要有出口方（生产企业、出口中间商）、进口方（进口中间商、零售商、最终消费者）以及辅助贸易开展的中间组织，这些不同单元的专业化组织互相配合、共同协作，保障国际贸易的顺利开展。传统贸易生态链较长，从最初的生产商到最终的消费者，商品需要流经多个中间组织，这些中间组织有着明确的分工和职能，共同为国际贸易的顺利开展提供重要的支持。

具体来看，传统国际贸易的中间组织包括：第一，保险。保险公司的主要职责是对进出口货物在运输中会遇到的各种风险损失提供社会互助性质的补偿方案。根据货物的运输方式，对外货运保险业务可划分为海洋运输保险、陆上运输保险、航空运输保险以及邮包运输保险等。第二，海关。海关是指一国设立在沿海、边境或内陆口岸的，依法对进出国境的货物、旅客及旅客行李等进行管制、征收关税以及执行查禁走私等任务的国家机关。无论是进口商还是出口商，都要在交易过程中进行进出口报关。第三，银行。在传统的国际贸易中，贸易合同的履行需要多个不同的银行来协助完成。根据这些银行的职能不同，可以将其划分为四类，即开证银行、通知银行、议付银行、兑银行。第四，运输公司。在传统贸易生态链中，运输十分重要。根据运输方式的不同，运输公司可划分为海运公司、空运公司、内陆货运公司。第五，检验机构。商品检验机构是指根据客户的委托或有关法律的规定对进出境商品进行检验、鉴定和管理的机构。在传统贸易中，除了交易双方自行对货物进行必要的检验外，货物还必须由某个机构进行检验，经检验合格后货物方可出境或入境。在传统贸易中，检验机构的类型包括官方检验机构、半官方检验机构、非官方检验机构。第六，征信机构。征信机构指依法设立的、独立于信用交易双方的第三方机构，该机构通过收集整理以及分析企业或者个人的信息资料，继而出具信用报告以提供不同的征信服务，从而帮助客户判断和控制信用风险，等等。征信机构的存在能够在一定程度上降低国际贸易双方在信息不对称的前提下进行大规模交易所面临的风险。第七，报关。报关主要是由报关行来完成，而报关行是指代理客户向海关递交单证材料、申报进出口货物、办理通关手续等业务、从事保管服务的境内企业法人。报关行主要经营的业务有七大类，即进出境物品、进出境货物、陆运业务、国际快递业务、以邮递方式进出境物品、进出口报关、空运等。

4.1.3 生态链演变方式

1. 参与主体的演变

在传统贸易模式下，国际贸易的参与主体较为单一且分散，进口方和出口方通过中间组织来完成贸易活动，贸易交易过程及方式十分固定，难以形成集聚效应，贸易企业很难针对消费者需求和市场状况及时做出应变和调整。一般而言，传统国际贸易的经营主体具有三个特点：第一，以线下实体企业为主，贸易企业多为跨国公司和大型企业；第二，贸易数额较大，贸易活动需要通过多种贸易中间商来进行；第三，没有平台的存在，生态链较为封闭，信息不对称问题较为突出。这些特点使得传统的国际贸易需要在固定场所开展，贸易向单一地理位置流动，国家之间的贸易联系不够紧密，信息传递缺乏效率。

为了进一步提高贸易流量和提升贸易运转效率，各国贸易团体开始积极寻找解决方法。例如，不同国家通过签订自由贸易协定（FTA）来加强成员国之间的贸易往来和信息共享，这大大提升了国际贸易效率。但是，这种方法并不能实现信息的充分自由流动，贸易空间的集聚性还体现在贸易中心、批发市场等方面。然而，近些年随着互联网信息技术的不断升级，依托互联网平台的跨境电子商务（如天猫国际）逐渐兴起，数字贸易应运而生。依托互联网平台而发展起来的数字贸易（跨境电子商务），其经营模式十分灵活，国际贸易模式开始由传统的企业间贸易（B2B 模式）转向 B2C、C2C 等模式。更多的贸易交易对象汇集在数字贸易平台，使得国际贸易的参与主体更加多元化，不再只是传统的大型商贸企业，越来越多的中小企业、个体商户甚至最终消费者纷纷参与其中。此外，在数字贸易的冲击下，国际贸易的中间组织也开始广泛使用互联网技术，来服务于新型贸易业态的发展。例如，随着跨境电子商务的快速发展，新型跨境物流公司、新型网络支付公司、新型网络贸易服务公司等开始大批涌现。

2. 内在结构的演变

在传统贸易模式下，贸易商品的传输是由出口方到达进口方再到达消费者，往往需要多层中间商、代理商、分销商的传递，这一漫长且烦琐的贸易流程不仅严重影响贸易的高效开展，还使得各个参与主体的利益被分割。简化贸易过程、提高交易效率已经成为国际贸易生态链演变的主要目标。传统贸易生态链的内在结构演变，主要呈现如下特征：

第一，贸易中间商逐渐减少。在传统贸易烦琐复杂的流程中，各个交易环节是环环相扣的，某个环节出错就可能会影响其余各个环节的运行。比如，在交易前的准备阶段，传统贸易中的买卖双方只能通过报纸、展销会、博览会等媒介来获取相关信息，信息不对称性往往会使交易双方难以获得最佳货源和最低价格，进而影响整个交易的质量。再比如，在合同履行阶段，传统贸易中的跨国支付周期较长、付款与收货的风险较大、进出口手续复杂，这会使得传统贸易模式下的跨国交易开展较为低效。由于商品和信息的传递越直接、简易，越有利于贸易效率的提升，因此，一些功能单一的中间商（如出口商、进口商甚至是零售商）都可以简化甚至去除。随着在跨境交易中互联网技术的应用日益广泛，贸易中间商的作用逐步淡化，进出口双方可以通过互联网技术进行贸易合作来实现信息直接传递，进而提升贸易效率。

第二，贸易交易环节逐渐减少。在传统贸易模式下，交易支付耗时较长、交易成本较高，且交易安全性和信用不易得到完全保障，交易存在较高的风险性。基于此，国际贸易的进出口商开始通过减少传统贸易中的复杂流程环节来控制风险，同时提升国际贸易的效率。例如，最初，贸易双方往往采用信用证方式进行交易，其过程烦琐且耗时较长，当双方建立一定的联系或者经过几次合作之后，会倾向于使用电汇方式进行交易。电汇是以商业信用为根基的，风险仍旧较大，而信用证是以银行信用为担保，支付风险较小。因此，伴随着交易双方选择交易方式的偏好的改变，传统贸易参与主体开始重视对方的商业信用，这使更多的第三方中介机构（如征信机构）加入进国际贸易的流程中。在如今电子支付系统被广泛采用的情况下，电子单据等取代了传统的纸质单据，跨境国际贸易平台的支付系统将银行与客户等联系在一起，可以实现差异化服务的金融机构的广泛存在显著降低了贸易企业办理金融业务的成本。

第三，物流运输逐渐集约化、多元化。在传统贸易生态链中，物流运输这一环节十分复杂，跨境运输主要以大批量、少批次的海运、集装箱为主。在互联网技术的冲击下，买卖双方可以越过中间环节直接进行交易，小额订单的大幅增加催生出大量的国际邮政小包、国际快递业务，跨境运输开始呈现小批量、多批次的特点，物流越来越集约、轻便，这促进了物流模式向多元化的方向演进，如海外仓、边境仓及自贸区物流等多元化企业纷纷涌现。与此同时，便捷的物流网络还推动了跨境网络零售业的发展，使得许多中小企业甚至个体商户也能够参与国际贸易，国际市场上的商品日趋多样化，消费者的福利水平也因此大幅提升。

4.2 数字贸易对传统贸易生态链的冲击

在传统贸易的框架中，整个交易过程存在代理商、批发商、零售商等诸多参与主体，产品供给方和产品需求方较少直接进行交易。但是，在数字贸易的框架下，国际贸易的终端主体不仅可以通过网络技术实现相互沟通，还能拥有获取更多商品信息的互联网渠道。而且，由于新型的电子商务模式的广泛普及，消费者在国际贸易活动中正在扮演着越来越重要的角色。伴随互联网技术逐步普及而快速发展的数字贸易正在对传统贸易生态链的参与主体、内在结构以及演变方式产生重要冲击。

4.2.1 对生态链参与主体的冲击

数字贸易对传统贸易生态链参与主体的冲击表现在：首先，从贸易的经营主体性质来看，传统贸易以线下实体企业为经营主体，而数字贸易的经营主体是电子商务类型的“虚拟”企业或实体与“虚拟”并存的企业。其次，从参与主体涉及的数量来看，传统贸易涉及的参与主体较多，贸易活动需要通过各种中间商进行，而数字贸易涉及的参与主体较少，中间商并非不可或缺，个体可以直接作为参与主体，开展进出口活动（颜少君，2018）。再次，从经营主体的规模来看，传统国际贸易主要由大型跨国企业来主导开展，而数字贸易的产生和发展能够让更多的中小企业通过互联网途径将产品提供给消费者。最后，从经营主体分散性的角度来看，相较于传统贸易经营主体的分散化，数字贸易能够依托互联网平台形成统一开放的网络系统，将参与主体集中于互联网平台。其具体冲击影响如下：

1. 对进口商的冲击

数字贸易主要通过互联网平台联结生产厂商和国内外消费者，其 B2B、B2B2C、B2C 模式均不同程度地缩短传统贸易的运营流程（生产厂商→国内出口商→国外进口商→国外批发商→国外零售商→国外消费者），使功能单一的进口商在贸易链中的地位显著下降。一方面，在传统贸易模式下，进口商由于熟悉经营产品和目标市场而具有较高的销售能力。但是，在数字贸易模式下，互联网平台能够为消费者提供个性化操作和多样性选择，经营主体与消费主体之间的直接沟通能够显著消除信息不对称所产生的额外成本，消费者可以作为国际贸易的直接参与主体，不通过国内进口商而直接通过网络平台实现进口购买。另一方面，进口商地位的下降不仅仅是因为电子商务平台能够为供需双方提供直接交易的渠道，还因为随着数字贸易不断发展，原先由进口商负责办理的一切运输、保险和报关等流程正在逐步实现电子化变革。例如，在数字贸易模式下，运输有物流新模式（如海外仓），保险有新险种，报关有新体系和新制度等。

2. 对出口商的冲击

数字贸易主要依托互联网平台上的“虚拟”企业来助推发展，功能单一的出口商变得可有可无。一方面，出口商是联结生产商和国际市场的重要桥梁，尤其是对缺少国际贸易经验和实力的中小企业而言，出口商能够为企业参与国际贸易带来交易费用较少、交易风险较小、操作较为简单等方面的利好。但是，在数字贸易模式下，跨境电子商务服务平台不仅能够代替出口商的主要作用（如寻找目标市场），还能够提供生产者与消费者之间的直接联系、强化过程管理与控制等。此外，数字贸易的发展还为中小企业带来新的发展机遇。中小企业的生产方式和组织形式都较为灵活，能够根据客户需求变化及时做出生产和经营调整，进而迎合全球范围内消费者的个性化需求，这使得中小企业参与国际贸易的比重大幅提升。另一方面，在数字贸易模式下，产品供应商将被赋予传统模式下出口商所拥有的一些功能。产品供应商能够不断为互联网平台提供商品信息，直接为买方解答疑惑，还负责交付产品以及收取货款等事项。在传统国际贸易模式下，由于信息获取渠道单一，生产者希望通过出口中间商来尽快找到目标客户，而数字贸易的出现能够同时集聚生产者、供应商和消费者，进而形成合作网络平台并进一步强化市场功能，出口商的作用逐渐下降。

3. 对中间代理商的冲击

在数字贸易模式下，中间商作为生态链的参与主体的作用被大大弱化，呈现可有可无的态势。在传统贸易模式下，大多数中间商被划归类为佣金中间商或加价销售中间商。其中，佣金中间商主要参与贸易主体资质审查所需的征信、审查等中间环节；加价销售中间商是在连接企业与消费者之间的一些中间环节上提供帮助。然而，数字贸易可以使得一批新型的跨境电子商务“虚拟”企业汇集在一个系统化的开放平台上。该平台能够同时汇集全球生产者、供应商和消费者，可以将消费者需求信息进行收集处理，再集中反馈给适合的供应商，从而实现各终端主体之间的直接沟通，在较大程度上打破出口方与消费者之间在空间上和时间上的限制，减少诸多的中间环节，进而实现较大的贸易流量。因此，数字贸易的发展将在一定程度上减少中间商的市场份额，打破中间商对贸易信息的控制，让信息更加公开、透明，使买卖双方能够绕过中间商而开展贸易活动，从而节约贸易成本。然而，在数字贸易发展的前期阶段，中间商的地位并不能被完全取代，这是因为贸易信息的准确度和可靠度都还需要拥有专业知识的中间商来加以识别和把握，同时，中间商也可以通过网络平台更快地寻找买卖双方的信息业务，可以利用网络平台对货物进行实时追踪和强化管理等。

4. 对中间组织的冲击

从传统贸易到数字贸易演变，将会伴随海关报关清关、检验检疫、跨境运输、海外仓储、采购分销等诸多环节逐步实现数字化变革。同时，信息服务平台等新兴平台可以为企业提供“一站式”服务，即帮助企业与保险公司、海关、银行和运输公司建立通信接口，完成电子文件交换等事项，从而提高企业效率和创造更大经济效益。此处，笔者主要围绕保险、海关、银行、物流这四个方面来说明数字贸易对中间组织的影响。具体如下：

第一，数字贸易将催生跨境电子商务生态保险。国际贸易中的保险需求（如商品破损、丢件、延误、假货等）一直存在，而新型的跨境电子商务模式需要有与之相匹配的保险产品，以适应业务模式从传统集货向碎片化、短期的海量订单转变。跨境电子商务保险公司可以借助互联网技术对接商户平台和保险公司系统，来为跨境企业降低经营风险、为监管方降低监管风险、为终端消费者提供更可靠的保障服务，进而推动跨境产业进一步发展。以豆沙包企业（一家跨境电子商务保险公司）为例，其主要为跨境电子商务生态圈提供风险保障基础业务，具体业务覆盖电商平台、物流、供应链及消费者售后等跨境电子商务的全链条。该企业通过以大数据驱动的风险管理体系、AI 机器学习算法的动态风险定价模型以及 AI 智能理赔技术，研发创新型保险产品，通过互联网完成实时报价、投保、定损及理赔整个闭环流程，实现对跨境电子商务进出口海量、碎片化及短期订单交易的全流程保障（苏洁，2018）。

第二，数字贸易将驱动建立以海关为主导的跨境数字贸易税收征管体系。数字贸易的兴起有利于社会经济发展和全球消费者福利提升，但是也为国际贸易的监管部门带来诸多难题。例如，《中华人民共和国海关法》在通过网络传输并无实际载体进出境的数字电影拷贝方面，对海关的监管权并无明确规定，这给税收征收、海关监管、侵权保护等带来了一定的困难。互联网技术的快速革新以及数字贸易模式下交易产品的无形、虚拟和便于传输等特性使得消费者可以快速进行数字产品和服务的交易，而监管体系在短时间内很难做出相应的配套性修正（夏长杰，2019）。

第三，数字贸易将助推数字金融发展。在传统贸易模式下，支付方式主要通过信用证、托收等方式实现，同时还需要附上一些书面单据，而数字贸易模式下的支付体系将利用电子支付和电子单据代替纸质单据，相关转账、结算等业务主要在网上进行。数字贸易的大力发展将驱动跨境支付技术的不断提升、数字货币的加速变革以及金融科技公司的快速发展（颜少君，2018）。例如，2017 年欧洲七大银行合作建立了区块链贸易融资平台——“数字贸易链”（Digital Trade Chain，DTC），该平台通过分布式账本（即一个在线界面和移动应用）连接所有参与主体（如买方、卖方及其各自的银行和物流运输商等），来记录、跟踪和确保交易的安全，进而为欧洲企业提供更加良好的国际贸易环境。与传统贸易中的信用证等手段不同，数字贸易下的银行体系革新有助于减少各种行政工作、加快订单清算过程、增强端对端的透明度，进而使中小企业等各参与主体获益。

第四，数字贸易将推动物流体系发生重大变革。传统国际贸易的运输以海运、集装箱为主，主要采用单一化的物流运输模式，来解决生产与消费之间在时间上和空间上的限制。然而，在数字贸易模式下，物流体系将借助物流网、云计算和最新网络通信技术来作出相应的变革。首先，随着跨国零售贸易的快速发展，小额订单、分散高频订单等将替代原有的大额订单，并出现大量的国际邮政小包和国际快递业务（颜少君，2018）。其次，物流经营模式由原来的以运输为主营业务转变为物流与供应链管理相结合（即将生产者、供应商和终端消费者结合起来），实现整个供应链流程的重构和优化，进而缩短物流周期。最后，数字贸易将推动虚拟平台与物流的协同发展，物流模式呈现多样化发展趋势，诸如海外仓、保税仓、第三方物流等新型物流模式不断涌现。

4.2.2 对生态链内在结构的冲击

传统贸易的出口流程为“供应商→出口商→进口商→进口分销商→零售商→消费者”，整个流程的生态链较长，出口效率较低，供应商（出口商）所获利润较少。而且，传统国际贸易的流程包括诸多参与主体，如生产商、出口商、进口商、代理商或零售商以及消费者等，它们将不同程度地参与报价、订货、付款、备货、包装、通关、运输、结汇等多个中间环节，烦琐的中间程序将导致终端商品价格被大幅提升。然而，数字贸易主要利用互联网平台为贸易企业提供便利，可以使生产商或出口商直接对接国外消费者。这极大地简化中间环节、消除消费者与商家之间的信息不对称。因此，数字贸易的快速发展将对国际贸易的生态链产生巨大的冲击。具体表现为：

1. 生态链结构短平化

数字贸易依托互联网技术和数字技术形成数字贸易平台，通过 B2B、B2C 等模式实现消费者与供应商的直接对接，能够及时追踪消费者需求变化，简化国际贸易的参与主体，从而通过降低贸易成本和丰富出口产品种类来推动国际贸易的快速增长。由此可见，在数字贸易模式下，国际贸易生态链呈现短平化趋势。与传统贸易相比，数字贸易通过利用数字贸易平台，去除了中间出口商、进口商、批发商等中间环节的参与主体，国际贸易的生态链的缩短有助于降低贸易成本和提升贸易效率（表 4－1）。

表 4－1　数字贸易生态链与传统贸易生态链的比较

传统贸易生态链	传统模式	供应商→出口商→进口商→批发商→零售商→消费者
	B2B 模式	供应商（出口商）→批发商（进口商）→零售商→消费者
	小额批发模式	供应商（出口商）→零售商→消费者
数字贸易生态链	B2B 模式（通过数字贸易平台）	供应商（出口商）→零售商→消费者
	B2C 模式（通过数字贸易平台）	供应商（出口商）→消费者

2. 生态链流向去中心化

数字贸易突破了以单向物流为主的运作模式，改变了国际贸易生态链的流向。在传统贸易模式下，人、财、物聚集后才能进行交易，而在数字贸易模式下，人、财、物不再必须是一体，三者之间的分离已是常态化。随着大数据、云计算等现代信息技术的广泛应用，跨境电子商务平台已经成为一个集资金流、信息流、物流、商品流等于一体的虚拟商业中心，这导致传统商业中心的地位逐步弱化。在数字贸易模式下，产品供应商和最终消费者主要利用在线交易平台开展买卖活动；物流流向不再是“产品供应商→商业中心→最终消费者”，而直接是“产品供应商→最终消费者”；交易模式由原先的“现付现结”交易方式演变为“网络平台”交易方式，资金流向是“最终消费者→网络平台→产品供应商”（刘硕，2016）。

3. 生态链环节简易化

在传统贸易模式下，整个交易的各个环节相互关联，其中一个环节出现问题，其余的环节都将受到影响。在数字贸易模式下，在交易准备、交易磋商和合同履行等环节都因互联网、大数据等现代化技术的广泛使用而变得更加简化、透明，各个环节通过信息技术而联系在一起，交易相关的订单等由互联网自动生成，这极大地增强了整个交易流程的安全性。另外，国际贸易所涉及的保险、物流、支付、清关等流程也都因互联网技术的广泛采用而有了较大的变革。国际贸易的生态链环节简易化，可以从交易准备、交易磋商和合同履行等方面进行更加详尽的论述。

首先，在交易准备阶段，传统贸易主要利用博览会、报纸、杂志等传统媒介进行产品信息的宣传或获取，其中的信息不对称性问题较为突出，买卖双方均难以实现利益最大化。然而，数字贸易模式下的买卖双方主要利用跨境电子商务平台来实时发布、更新、查询商品信息，可以更有效地找到最优交易对象。其次，在交易磋商阶段，传统贸易常常使用邮件、传真等方式进行询价、报价、还盘和接受等磋商，而数字贸易依托平台进行及时磋商，各种交易磋商信函、电子单证等都通过网络传递，最后签署电子合同，整个流程方便、快捷、高效。最后，在合同履行阶段，数字贸易借助现代化技术来实现支付、物流、通关等事项的安全性和简洁性，从而显著降低传统贸易在这些事项上的风险性和复杂度。

4.2.3 对生态链演变方式的冲击

伴随着新型信息通信技术在国际贸易领域的广泛应用，跨境电子商务平台正在逐步替代传统贸易模式下的中间商角色，使得国际贸易的生态链趋于简易化、短平化，这无疑对传统贸易生态链演变造成强力的冲击。首先，数字贸易发展将推动仓储、物流等环节实现突破式、创新性发展。全新升级的仓储、物流等模式有利于多个生产商同时实现高效率的进出口活动。其次，在传统贸易模式下，国际贸易的生态链烦琐、复杂、冗长，生产商与消费者之间需要经过多级经销商和零售商；在数字贸易模式下，生产商能够与消费者进行直接联系，这极大地降低了中间成本和交易费用。最后，不同于传统贸易模式中的清关手续由进出口商负责，在数字贸易模式下，可以依托人工智能深度学习技术、电子证据链技术和跨境互联网技术，在较短时间内完成跨境双边进出口清关过程，便捷地完成跨境远程报关、清关任务。因此，数字贸易将对传统贸易生态链的演变方式造成有力冲击。具体表现为：

1. 贸易模式虚拟化

伴随着数字贸易的快速发展，单一的实体贸易公司、批发市场等地位日渐下降。在传统贸易中，实体贸易市场将生产者、供应商和消费者等贸易参与主体集聚在同一个空间和时间下而自身成为国际贸易中心，而数字贸易通过互联网虚拟平台将全球的生产者、供应商和消费者集聚在一起，实现物流、商流、资金流及信息流的汇集。很显然，数字贸易平台的集聚效应更为明显。因此，越来越多的个体、企业采取数字贸易方式开展进出口活动，线上与线下的结合更为紧密，这促使贸易模式呈现虚拟化发展态势。而且，无论是产品信息展示、交易磋商方式还是合同履行途径，数字贸易利用大数据、移动互联网、网上支付等现代化信息手段实现了要素、交易和传输过程的虚拟化。其中，新型仓储模式的出现，有效地配合了网上物流信息的追踪和监控。与此同时，贸易模式虚拟化也会带来一些弊端。例如，由于无法对参与贸易的每一个主体的经营地点以及利润情况做出精准确定，税务管理部门难以实施税收征收和管辖。

2. 贸易模式集成化

数字贸易可视为一个以数字贸易平台为核心，各环节紧密联系、各主体协同共生的有机生态系统。首先，在数字贸易模式下，虚拟网络平台不仅是国际贸易运行的场所，还是协调和配置资源的基本组织，该平台能够依靠信息流汇集各个主体及各类资源。其次，数字贸易能够依托虚拟网络平台，促进采购、仓储、营销等环节的集约化管理。最后，跨境电子商务平台还汇集全球的生产者、供应商和消费者，实现上述三大主体的集成，从而减小信息不对称所形成的价差；而且，商品选择、交易付款、物流运输等流程一站式完成还能够有效降低成本，提高各方的收益。

3. 贸易模式普惠化

在数字贸易的不断冲击下，国际贸易模式正在向普惠化趋势演变。一方面，从企业角度来看，传统贸易主要服务于跨国企业或大型企业，中小型企业受自身规模、国际经验等限制无法顺利开展国际贸易，而且参与国际贸易的企业无法全面获得目标市场、最终消费者等方面的信息，难以实现各自利益最大化。然而，数字技术的广泛应用极大地降低了企业开展对外贸易的门槛，有效地弱化了信息不对称问题，跨国企业、中小企业、微型企业乃至个人都可以参与对外贸易活动并从中获利。另一方面，从消费者角度来看，消费者不仅能够更加便捷地获得高质量的商品和服务，还能拥有更多的贸易企业所提供的个性化、多样化的选择。随着个人消费者的贸易参与程度不断深入，电子商务贸易服务平台上的企业将会通过为消费者提供个性化服务来获取新的竞争优势。数字贸易能够使得生产者与消费者直接联系，能够将分散的贸易流量和消费者信息汇集在共同平台之上，这使得企业为消费者进行差异化生产和个性化服务成为可能，消费者福利也会因此得到大幅度的提升。

4. 贸易模式融合化

数字贸易平台通过综合多种中间商角色，实现了采购、仓储、加工、配送等产业的深度融合，这些因素共同驱使贸易模式向更加开放、更加融合的方向演化。例如，数字贸易将助推服务贸易与货物贸易的深度融合发展。首先，数字贸易的快速发展使得外贸企业面临的全球市场竞争更加激烈，企业将不仅仅局限于为消费者提供高质量的商品和服务，如何整合生产者、供应商、仓储、物流、销售等环节来形成有效的供应链尤为关键。其次，数字贸易发展过程中所涌现的专门从事综合服务的平台型企业将加快服务贸易与货物贸易的融合。在数字贸易模式下，专业的服务型企业能够通过其所掌握的规模化和标准化的对外贸易流程，向其他中小型企业提供信息流、物流和资金流等方面的服务，来实现外贸企业成本降低和利益最大化，这在客观上加速服务贸易与货物贸易的融合。

4.3 数字贸易生态链

在数字贸易的发展初期，数字贸易产业链只简单局限在物流、信息流、资金流三个方面，并未形成完整的流转体系。而现阶段，这条产业链上的所有物流商、服务商（如支付系统）都被整合在同一个平台上，数字贸易平台拥有全程自动化的物流追踪系统和多种模式的资金风险管理体系，这条产业链已经逐渐演变为数字贸易生态链。

4.3.1 生态链参与主体

在传统贸易模式下，国际贸易的核心参与主体是生产者、经营者和消费者，其中，经营者承担连接生产者和消费者的桥梁的角色并在贸易活动中起主导作用，生产者是商品的供给者和第一个出售者，消费者是商品的需求者和货币的提供者。而在数字贸易模式下，国际贸易的核心参与主体则是产品供应商、消费者以及数字贸易平台（包括提供信息流服务的数字贸易信息平台、提供物流服务的数字贸易物流平台、提供资金流服务的数字贸易支付平台）。其中，数字贸易平台作为数字贸易生态链的核心，不仅需要实现生产者与消费者之间的联系，还需要实现消费者在该平台上浏览产品、下单和支付等活动。在传统贸易模式下，产品供应商和最终消费者之间并不直接开展交易，整个交易过程还存在代理商、批发商、零售商等中间机构；在数字贸易模式下，产品供应商和消费者之间可以通过数字贸易平台直接进行交易。这极大地简化贸易过程，并促进贸易运作方式转变。

1. 产品供应商

供应商作为产品生产者，是数字贸易生态链的交易主体，这些供应商包括个人、企业、社会团体或者政府机构。在数字贸易生态链中，产品供应商的特点主要表现为两个方面：第一，与传统供应商所面临的交易环境不同，这些供应商本质上是网络供应商，主要借助于服务集成商所搭建的数字贸易综合服务平台提供产品信息发布和产品供给服务，全部交易过程实现电子化。第二，这些供应商的企业规模跨度很大。发展初期的数字贸易主要是跨境电子商务的 B2B 模式，其参与者主要是大中型企业。随后，跨境电子商务的 B2C、C2C 模式逐渐兴起，吸引大量的中小型企业甚至个体商户参与其中，这使得数字贸易的供应商包括大型企业、中小微企业甚至个人网商。如今，越来越多的外贸企业参与数字贸易之中，甚至抛弃传统的线下业务，开始规模化、专业化地运作线上业务，这些企业已经成为数字贸易生态链上数目最为庞大的参与主体。

2. 跨境电子商务企业

作为数字贸易的主要形式之一，跨境电子商务（简称跨境电子商务）是指通过跨境电子商务平台达成交易、进行支付结算，并通过跨境物流送达商品、完成交易的一种国际商业活动。跨境电子商务企业正是跨境电子商务中的主要参与者，通过提供跨境服务和进行跨境商品交易来获取利润。不断壮大的跨境电子商务正在引起国际贸易格局的巨大变革，大量的外贸企业正在向跨境电子商务企业转型，以利用跨境电子商务所构建的开放、多维、立体的多边经贸合作模式，来实现多边资源的优化配置与企业利润的最大化。随着跨境电子商务的不断升级，B2B、B2C、C2C 等商业模式的兴起使跨境电子商务企业的经营模式更加多样化和专业化，企业与消费者的沟通和联系更加紧密。

3. 数字贸易平台

从数字贸易信息流的角度来看，数字贸易平台既是数字贸易生态链的起点，又是数字贸易生态链的核心。数字贸易综合服务平台将供应商与消费者全部汇集在平台之上，并为其提供网络产品展示和交易的平台，买卖双方只有利用该平台提供的信息流才能保证交易正常进行。从操作流程的角度来看，数字贸易平台首先获取、组织、共享产品服务商的各类资源，然后基于对消费者需求的识别进行精准匹配、整合创新，形成体现自身经验和思维成果的一站式数字贸易服务解决方案，从而缩短交易流程、减少交易环节、提高交易效率。具体来看，数字贸易平台包括以下几个方面：第一，提供信息流服务的数字贸易信息平台。在数字贸易中，该平台是协调和配置资源的基本经济组织，其通过构建生态链上各环节相互关联的信息网，进而成为汇聚各方数据的中枢，同时该平台也是实现价值创造的核心。第二，提供物流服务的数字贸易物流平台。物流货运代理企业作为数字贸易物流服务平台的支撑企业，为数字贸易活动提供全程的物流服务。在传统贸易模式下，物流货运代理企业利用其所拥有的运输、仓储、报关报检等业务的资源和经验而服务一般进出口贸易企业，而随着数字贸易发展，物流货运代理企业开始把服务范围拓展到数字贸易行业，已经成为数字贸易业务的重要参与主体。第三，提供资金流服务的数字贸易支付平台。安全、高效的跨境支付体系是支撑数字贸易发展的基础性保障。实现不同货币之间的国际支付和国际结算是开展数字贸易的关键问题和主要难点。随着跨境电子商务的不断发展，银行、支付平台企业等金融机构已经开始进入数字贸易行业，成为在国际贸易生态链上围绕数字贸易平台活动的支撑性企业。此外，支付平台企业（如PayPal、支付宝等企业）也开始主动开展与数字贸易业务相匹配的支付服务，如在海外电商平台上开通自己的支付接口等。第四，提供增值服务的平台型企业。这些企业寄生于数字贸易平台，主要为数字贸易开展提供增值服务，如数字贸易供应链服务企业、跨境市场营销企业、国际物流增值服务企业等。

4. 最终消费者

数字贸易的产品消费者是数字贸易生态链的终点，负责接收商品和支付货币，并将购物信息反馈给平台服务商和产品供应商。作为数字贸易的交易主体之一，消费者是产品的接受者和使用者，其可以是个人、企业、社会团体或者政府机构。相比于传统贸易模式，在数字贸易模式下，消费者在国际贸易中的参与程度和参与方式发生了巨大的变化，主要体现在：第一，消费者的角色发生了变化。在传统贸易模式下，生产者把商品提供给经营者，经营者再将商品销售给消费者，在大多情况下，商品在经营者之间需要经过多级传递才会到达消费者，而消费者的消费需求和对商品的反馈也需要经过层层传递才能被生产者所感知和接受。但是，在数字贸易模式下，生产者与消费者可以直接对接，消费者能够更加直接地参与到贸易过程，其与生产者的互动和沟通增多，其满意度会因此得到大幅提升。第二，消费者对商品信息的获取更加完备、便捷。在传统贸易方式中，消费者所能获取的商品信息受地域、信息媒介的限制，往往需要花费大量的时间和精力去搜集和筛选关于商品购买及使用的信息。但是，在数字贸易模式下，消费者通过网络即可获取最直接的商品信息，只需要输入关键词便可以实现有效匹配和精准检索。第三，消费者采购商品的方式更加便捷、高效。在传统贸易模式下，消费者对于所需购买的商品，通常要进入实体商店进行选择和采购，但在数字贸易模式下，消费者可以通过网络和数字信息很快地选购目标商品。

5. 中间组织

在传统贸易模式下，国际贸易的中间组织主要包括保险、海关、银行、运输公司、检验机构、征信机构、报关七类，而在数字贸易模式下，这些中间组织同样发挥着重要的作用，与此同时，一些新型的中介组织逐渐兴起，如海外仓、国际物流系统等。

例如，海外仓便是跨境电子商务发展到一定规模后的必然产物。首先，由于快销产品销售具有订单数量繁多、单一订单订购量较少等特点，传统的进出口贸易显然不能适应市场的需要。传统的进出口贸易主要是企业间贸易（B2B模式），而跨境电子商务业务不仅包含企业间贸易，还包括企业与消费者直接开展贸易（B2C模式）。中间环节的大幅缩减将使得跨境电子商务企业能够在市场竞争中获得价格优势。而且，跨境电子商务企业使用海外仓则能够缩短商品到达顾客手中的时间，有效避免顾客长久等待，这进而会促使消费者获得更好的购买体验。其次，由于传统的邮递包裹具有物流速度较慢、运输耗时较长、包裹容易丢失和错拿、产品破损率较高、货运种类非常有限等缺点，而跨境电子商务企业要实现又快又好的发展则不能以传统邮递作为主要的物流手段，其使用海外仓则可以大大降低商品运输过程中存在的意外毁失风险，进而更好地控制物流成本。最后，“互联网+”、大数据等先进技术的迅速崛起和广泛应用也为跨境电子商务企业运营海外仓提供了坚实的物质技术基础。此外，国际物流系统也是跨境电子商务发展到一定阶段所产生的新型中间组织。国际物流是指两个或两个以上国家或地区之间的商品物流和信息物流，而随着数字贸易的不断发展，国际物流的重要性日益凸显。国际物流系统是一个多环节的、复杂的信息系统，各个子系统伴随着信息流动和商品物流紧密联系在一起，根据系统的总目标，各个子系统之间通过信息传递和信息共享来相互协调，适时、适量地配置和调度系统的资源。

4.3.2 生态链内在结构

与传统贸易生态链不同，数字贸易生态链存在资金流、物流和信息流之间的流转关系。数字贸易生态链是以数字贸易平台为中心，通过多种渠道实现各个主体之间信息、商品、物流、资金的流动、分享与循环。简而言之，数字贸易生态链是在数字贸易环境下，产品供应商、数字贸易平台和消费者之间构成的链式关系，是数字贸易的各个主体之间共享信息、相互联系、相互作用进而形成的有机系统。数字贸易生态链的内在结构可分为四个层次，即核心层、信息层、流通层、资金层（图 4－1）。

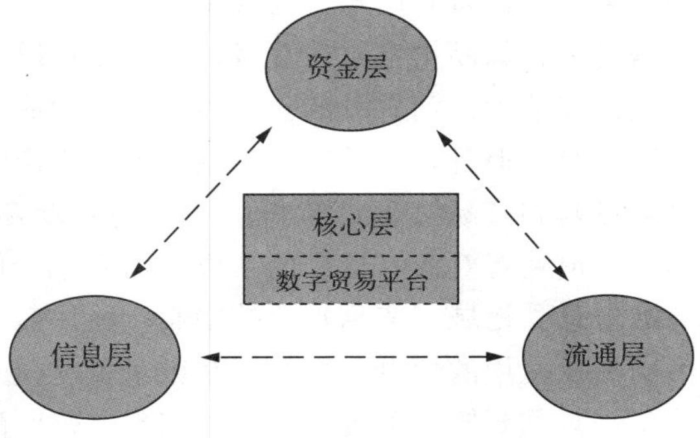

图 4－1　数字经济生态链的内在结构

第一，核心层。数字贸易平台是数字贸易生态链的核心结构。根据马述忠等（2018）的研究，随着数字贸易快速发展，数字贸易平台不仅是协调和配置资源的基本经济组织，还是价值汇聚和价值创造的核心架构。在数字贸易平台上，价值创造是在充分利用互联网技术的基础上，通过整合供应链的各个环节，促成相关贸易参与主体的交易协作和适度竞争。目前，数字贸易生态链将逐步演变为以数字贸易平台为核心、各贸易环节智能联动、各贸易参与主体互利共赢的数字贸易有机生态系统（马述忠等，2018）。

第二，信息层。伴随计算机、大规模集成电路等数字技术的广泛应用，互联网已经成为发展数字经济和数字贸易的基础。数字经济是以使用数字化的知识和信息作为关键生产要素、以现代信息网络作为重要载体、以信息通信技术的有效使用作为效率提升和经济结构优化的重要推动力的一系列经济活动（苗力，2019）。数字经济是数字贸易的生态基础，数字贸易生态链的信息层具有透明化、精准化、高效化的特征。与传统国际贸易相比，数字贸易的信息流更加活跃、完备、迅速，这些信息流包括产品信息、交易信息和消费者的消费反馈信息等。

第三，流通层。生态链的流通层主要是物流系统，物流是生态链上实体商品流动的信息体现，主要为现金流动和信息流动提供保障，并对跨境物流运作、跨境市场运行体系以及海关通关作业流程等方面的改进提供数据支撑。同时，流通层还可以助推数字贸易平台实现报关、质检、征税、汇款、物流等活动的一体化操作。

第四，资金层。在数字化时代，金融科技与贸易金融逐渐呈现深度融合模式。在数字贸易模式下，生态链上资金层的货币流通变得更加便捷，持续优化的金融配套服务、国际理赔服务及供应链服务共同推动资金流的快速流通，而应运而生的跨境支付系统、电子支付系统为资金层的有效运作提供了充分的技术支持。

目前，数字贸易生态链逐步呈现三个特征，即结构完善、功效强大、价值共享。其一，数字贸易生态链拥有完善的组织结构，其主要是由不同类型的数字贸易主体（也称节点）将各个节点连接起来的链条组成，各个节点能够实现协调、互动与连接。其二，数字贸易生态链拥有强大的内在功效，这主要表现为生态链上的资金流、信息流、物流的流转成本较低、流转质量较高和流转速度较快。其三，数字贸易生态链可以实现价值共享。贸易主体之间不仅会实现价值共享，还会通过共同创造价值，提高数字贸易生态链的整体价值。与其主要特征相对应，数字贸易生态链可以从连接方式多元化、链长适度优化、链中链结构灵活化等方式来进行优化，其优化目标是实现生态链的整体价值最大化、节点增值最优化和共享价值合理化（彭非，2016）。

4.3.3　生态链演化方式

现阶段，数字贸易生态链不断进行演变，其逐步由单一化的生态链向多元化的数字贸易生态系统甚至是生态圈方向演变。具体如下：

1. 单一化的生态链

目前，数字贸易生态链已经逐渐形成固定模式，其中最普遍的是单条式和多条式。单条式偏向于简单，其每个主体只需要承担本身职责，而不会承担其他功能；多条式偏向于复杂，其每个主体不仅担任原职，还需要扮演其他的角色，如数字贸易平台服务商不仅是自身生态链上的服务商，还是其他生态链上的供应商。数字贸易生态链结构的基本要素是主体类型及数量，当主体类型及数量比较多时，各主体之间的联系会更紧密，生态链结构就会更加复杂，生态链的互利共赢关系也会更加稳定（王一海，2018）。

目前，随着消费需求的不断升级和交易主体之间联系的日渐紧密，已经衍生出多种类型的数字贸易生态链，具体可以分为企业对企业（Business to Business，B2B）、企业对个人（Business to Consumer，B2C）、企业对政府（Business to Government，B2G）、个人对个人（Consumer to Consumer，C2C）等多种模式。具体来看：第一，B2B 模式是企业与企业之间通过互联网进行产品、服务及信息的交换。例如，阿里巴巴、慧聪等企业就采用的 B2B 运营模式。第二，B2C 模式是企业对消费者的电子商务模式，其一般以网络零售业为主，主要借助于互联网开展在线销售活动。例如，亚马逊、天猫、京东等就是 B2C 运营模式。第三，B2G 模式是企业与政府之间通过网络进行交易活动的运作模式，如政府采购、税收、商检、电子通关、电子报税等。第四，C2C 模式是指消费者与消费者之间的交易方式，如拍拍、易趣都是 C2C 的运营模式。

2. 多元化的生态系统

相对于数字贸易生态链，数字贸易的生态系统是更为多元化的、更加成熟的生态组织架构。在现阶段，我国数字贸易平台与跨境物流产业尚未能形成有效的联动协同发展机制，这不利于数字贸易信息的高效传递以及物流的高效运转。数字贸易价值链十分强调信息流的重要性，需要将不同类型的数字贸易平台汇集起来，形成一个开放的、集体建设的生态系统，即数字贸易生态系统（赵欢庆，2018）。具体而言，数字贸易生态系统是以数字贸易平台为核心，以跨境电商为依托，以物联网、云计算等信息技术为支撑，借助物流体系实现全方位一体化的服务系统（数字贸易平台的基本框架，如图 4－2 所示）。在这个系统中，跨境电子商务企业在数字贸易平台上进行贸易活动，通过互联网信息技术实现贸易的磋商、谈判、成交等，最后借助物流体系进行货物的传递，从而完成整个贸易活动。

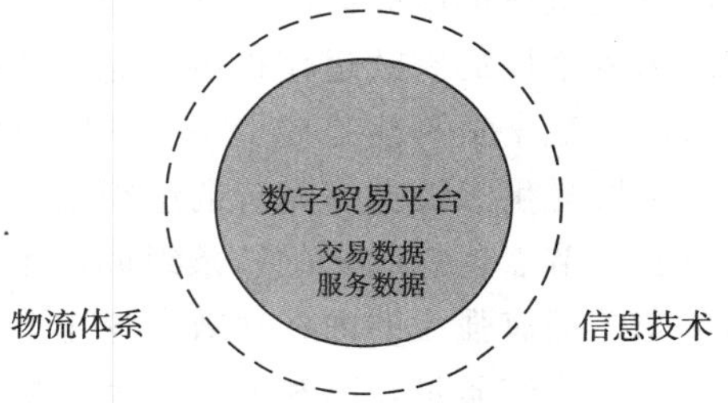

图 4－2　数字贸易平台的基本框架

目前，敦煌网是我国数字贸易生态系统构建最为出色的平台型跨境电子商务之一。2004 年，敦煌网首创 B2B 在线交易模式，不断完善外贸生态体系，形成了以大数据运营为核心服务能力的独特架构“数字贸易智能生态体系（DTIS）”。DTIS 体系通过为外贸企业提供全流程服务（包括海外营销、品牌推广、物流、金融、支付、通关、检验检疫、结汇、退税等），不断沉淀留存国内外市场的供需关系数据，而线上平台（DHgate 和 DHport）利用这些海量沉淀数据进行不同类型的供需双向精准匹配，重塑贸易流程并打造数字贸易的新生态。其设计逻辑是，以服务沉淀数据、以数据建立信用、以信用保障交易、以交易升级服务，并在这一闭环中实现信息层面、资金层面、流通层面的循环优化，衍生贸易服务的新物种和促进外贸整体生态不断进化。此外，由于贸易场景和贸易主体的不同，敦煌网创新性地提出“贸易即服务”模式（TaaS），以数字贸易智能生态体系（DTIS）为载体，推出一整套“乐高式”模块化数字贸易解决方案，其具备快复制、轻落地、强延展等灵活高效的特性，进而打造“数字贸易中国样板”。TaaS 的“乐高式”模块化数字贸易解决方案包含多维度、小颗粒、标准化的服务模块，通过组建生态体系最基本的活动单元，针对不同贸易场景和主体进行灵活组合，覆盖国际贸易全流程。

3. 综合性的生态圈

数字贸易生态圈是数字贸易生态链的“高级版本”，其最终实现需要共建者为生态圈贡献丰富可信的共享资源，共建者可以通过良性互动获取所需的信息和资源。根据赵欢庆（2018）的分析，跨境电子商务生态圈主要由核心层、支撑层和技术服务层构成。具体为：第一，核心层。其主要由跨境电子商务平台以及买卖的双方构成，买方和卖方通过互联网平台实现跨境交易，同时将交易信息通过信息流传递到支撑层的各大平台和技术服务部门。第二，支撑层。其主要是跨境电子商务的服务平台（包括报关报检、出口清关、税收结算等），由海关、政府和相关企业进行管理建设，实现信息的统一交换和传递。第三，技术服务层。其主要任务是通过大数据、云计算、软件、运营、营销等为各上层平台提供技术服务，保障跨境电子商务生态圈的整体运作（赵欢庆，2018）。

跨境电子商务生态圈的内涵可延伸至数字贸易生态圈，数字贸易生态圈同样可以由核心层、支撑层和技术服务层三个层次构成。目前，美国最大的网络电商“亚马逊公司”所建设的跨境电子商务生态圈就是综合性的数字贸易生态圈。首先，在物流运营方面，亚马逊公司凭借其全球布局优势，与联邦快递、UPS、DHL 等全球物流企业有着紧密的合作关系，建立了一套完整的跨国跨洲物流体系。其次，在平台沟通方面，亚马逊所拥有的完善的供应链和快捷传输的数据系统推动了仓储备货、电商平台、物流运输、进出口清关等流程的一体化。最后，亚马逊跨境电子商务生态圈平台化模式还有助于实现企业间的信息共享和合作，有利于企业积极参与跨境电子商务的实践，进而实现整个生态圈的协同稳定发展（赵欢庆，2018）。

本章思考题

1. 与传统贸易相比，请说明数字贸易生态链的参与主体有何不同。

2. 数字贸易将对传统贸易生态链造成巨大的冲击。传统贸易会随着数字贸易的不断发展而消失吗？

3. 在数字贸易模式下，各个参与主体依托互联网信息技术在网络平台上开展贸易活动，如何解决其中的安全性问题？

第5章 数字贸易的经济影响

数字技术的进步降低了贸易成本和门槛，为发展中国家和中小企业参与国际贸易提供了更多的机遇。随着数字贸易的发展，我国的数字贸易成为全球经济的一抹亮色。与发达国家相比，中国电信、计算机和信息服务贸易快速发展，平均增速达到17.6%。中国跨境电子商务规模不断扩大，2018年中国跨境电子商务交易规模达到9.1万亿元，环比增长12.9%。跨境电子商务是数字贸易时代的产物，为中小企业进入国际市场提供了新的机遇，为新的国际形势下促进我国外贸稳定和便利化注入了新的动力。跨境电子商务的快速发展将对我国的经济转型、产业结构和对外贸易产生深远的影响。

5.1 数字贸易与全球生产体系

5.1.1 数字贸易时代全球生产体系的发展

1. 全球生产体系的形成与发展

全球生产体系最初起源于国际贸易。15世纪末16世纪初的“地理大发现”，促进了世界市场的形成。直到18世纪70年代第一次工业革命后，国际分工体系才逐步开始建立。1865年德国的拜尔化学公司（Bayer）在美国纽约州开设苯胺工厂，1866年瑞典的阿佛诺·诺贝尔公司在德国汉堡开设炸药工厂，1867年美国胜家缝纫机公司（Singer）在苏格兰设立制造厂，这些标志着早期跨国公司全球化生产序幕的拉开，由国内生产向国外生产延伸。然而，早期跨国公司的国外生产并不意味着全球生产体系的建立。

第二次世界大战以后，全球对外直接投资增长较快，国际生产活动发展迅速。1945年发达经济体的对外直接投资累计额为200亿美元左右，1960年、1975年、1980年和1985年的累计额分别增加到670亿美元、2754亿美元、5357亿美元和6933亿美元。1961—1973年，对外直接投资年均增长率为15.1%，超过同期世界生产总值的年均增长率5.5%和世界贸易的年均增长率8%。1974—1980年，对外直接投资继续高速增长，年均增长率高达18.9%，而同期世界生产总值和世界贸易年均增长率仅为3.6%和4.0%。

真正意义上，国际生产体系的形成开始于20世纪80年代初，完成于20世纪90年代末。20世纪80年代以来，随着信息技术进步和贸易壁垒不断下降，全球生产体系迅速发展，国际分工逐渐从产业间分工、产业内分工转向产品内分工。产品的生产过程被分割成不同的生产阶段，不同的国家（地区）专业化从事某一（些）阶段的生产，形成全球价值链（GVC，Global Value Chain）①。根据联合国工业发展组织（UNIDO）的定义，全球价

---

① 学者们用不同的术语来描述这一现象，如垂直专业化（Vertical Specialization，Hummels，Ishii and Yi，2001）、国际外包（Outsourcing，Feenstra and Hanson，1996；Grossman and Helpman，2004）、价值链的切片化（Slicing up the Value Chain，Krugman，1995）、分散化生产（Fragmentation Production，Jones and Keirzkowski，1998）、多阶段生产（Multi－stage production，Dixit and Grossman，1982）等。

值链是指在全球范围内为实现商品或服务价值而连接生产、销售、回收处理等过程的全球性跨企业网络组织，涉及从原料采集和运输、半成品和成品生产及分销，直至最终消费和回收处理的整个过程，包括所有参与者和生产销售等活动的组织与价值及利润分配。全球价值链的兴起改变了全球生产的组织方式，形成了以生产工序为单位，在全球范围内组织和分布的世界生产体系。随着全球价值链的发展，生产碎片化进一步加强和深化，全球生产链迅速扩张，世界生产体系比以往任何阶段都要联系紧密。与此同时，随着全球贸易和投资的自由化，各种类型自由贸易协定的达成以及信息和通信技术的诞生与发展极大地降低了跨国经营的成本。1990—2015 年，全球对外直接投资流出量增长迅速，年均复合增长率为 7.5%。尤其是 2000 年以来，全球贸易和对外直接投资呈指数增长，增长速度超过了全球 GDP 增速，国际化生产规模迅速扩大。但是，自 2016 年以来，全球对外直接投资连续三年出现下滑，2016 年全球对外直接投资流量为 1.87 万亿美元，2017 年降至 1.43 万亿美元，2018 年继续下滑，较 2017 年减少 13%，降至 1.3 万亿美元。

总之，国际生产体系的形成与发展是国际分工演进和国际直接投资（FDI，Foreign Direct Investment）发展的产物，其主体是跨国公司。该体系的发展经历了由国内独立体系、简单一体化体系、复合一体化体系向网络化和无国界的国际生产体系的演变。第二次世界大战之前，国际分工主要是发达经济体间的水平分工（制成品生产的分工）和发达经济体与殖民地附属国之间的垂直分工（制成品和原材料生产的分工），跨国经营企业以国外设立工厂或并购企业等股权方式进行国外生产。第二次世界大战以后，国际分工由产业间分工向产业内分工、产品内分工发展。跨国公司根据区位优势与资源状况，把同一产品的不同生产工序、不同零部件或不同组件分散到全世界不同国家和地区，进行一体化生产，并通过股权与非股权方式对生产体系内的参与者进行管理与协调。

2. 数字技术跨国公司的兴起

以互联网技术、人工智能、智能制造、物联网、量子信息科学为特征的数字经济的兴起，推动了全球生产体系的快速发展，并形成了一些新的业态和新的商业模式，数字技术跨国公司应运而生，成为全球数字经济的主要推动者[①]。随着互联网、移动互联网、大数据、人工智能、云计算等新兴技术的发展，数字贸易推动了数字技术跨国公司的快速发展。数字经济的兴起深刻改变了传统的经济模式，一些新的经济业态不断涌现，如新娱乐、新金融、新零售、新制造等[②]。

数字技术跨国公司市值的快速增长已成为全球跨国企业发展的一个重要动向。2013 年，全球十大市值公司中，7 家是工业时代典型的跨国公司，9 家位于美国，1 家位于欧洲。短短 5 年之后，世界进入“太平洋时代”，太平洋两岸的中国和美国引领了全球数字经济的发展。2018 年，全球十大市值公司中（表 5－1），8 家位于美国，2 家位于中国，其中 7 家是互联网科技公司。中国有 2 家公司入围，分别是阿里巴巴（4580.58 亿美元）

---

① 根据 2017 年《世界投资报告》（UNCTAD，2017）的定义，数字经济跨国企业包括数字科技跨国公司（即互联网平台、数字内容、电子商务、数字解决方案跨国企业）以及为互联网及数字经济提供基础设施及硬件的信息通信技术（ICT）跨国公司。

② 波士顿咨询集团，《迈向 2035：4 亿数字经济就业的未来》，2017 年 1 月，http://i.aliresearch.com/file/20170111/20170111181339.pdf。

和腾讯控股（4333.56亿美元）。根据阿里研究院的统计数据，截止2017年11月10日，全球十大科技互联网"数字经济体"市值高达4.5万亿美元，而十大传统跨国公司仅有2.9万亿美元。更令人吃惊的是，十大科技互联网"数字经济体"的平均年龄仅有22岁，而十大传统跨国公司为129岁①。与此同时，数字经济领域的国际并购也在加速。2017年，全球人工智能领域的并购达213亿美元，约为2016年的2倍、2015年的26倍②。

表5-1 2018年全球十大市值公司

排名	行业	公司	市值（亿美元）
1	科技	苹果	11331.07
2	服务业	亚马逊	9628.29
3	科技	谷歌	8786.57
4	科技	微软	8642.83
5	金融	伯克希尔	5222.32
6	科技	Facebook	5111.32
7	服务业	阿里巴巴	4580.58
8	科技	腾讯控股	4333.56
9	金融	摩根大通	4016.55
10	医疗	强生	3619.64

资料来源：Wind资讯。

注：统计数据时间截止于2018年8月30日。

专栏5-1 阿里巴巴

2017年，总部位于中国的阿里巴巴是世界上最大的零售商业公司，它目前主要服务于中国国内市场。2017年，中国市场的在线零售活动为该公司带来了5470亿美元的收入。在全球零售活动方面，阿里巴巴运营着全球速卖通，该公司在2017年拥有6000万客户，直接从中国的制造商和分销商那里购买商品。2016年，它收购了Lazada的控股权，Lazada是一家在印度尼西亚、马来西亚、菲律宾、新加坡、泰国和越南运营电子商务平台的公司。

阿里巴巴2017年的大部分收入（84%）来自核心商业活动，其中，87%来自中国国内的商业零售。另外，6%是国际商业批发，5%是中国商业批发，2%是国际商业零售。阿里巴巴是一家以发展中国家而非发达经济体为基础的大型电子商务公司。鉴于其强大的国内基础，阿里巴巴在跨境零售业务方面有相当大的增长空间。

① 亿欧智库.《从数字经济到智能经济，解读阿里数字经济系列报告（上篇）》.

② Economist, Google Leads in the Race to Dominate Artificial Intelligence, Dec. 7, 2017.

5.1.2　数字贸易时代全球生产体系的特征

数字经济的兴起对传统的产业链和传统的商业模式产生了深刻的影响，使得全球产业链呈现出新的变化和新的特征。

1. 全球产业链的数字化

以云计算、大数据、物联网等为基础的数字技术日益成熟，数据的大规模生产、分享和应用逐步被在经济社会各行业扩散和渗透，推动了全球产业链各个环节的数字化，影响企业生产和经营的整个过程，从最初的研发、采购到产品的生产及分销，直至最终消费。全球产业链的数字化以多种形式出现，包括数字化产品与服务（如搜索引擎、社交网站等互联网平台）、传统产品的数字化（如电子音乐、视频、数据等数字内容产品）以及生产环节数字化（如数字化车间等）。在上述形式中，全球产业链的部分环节或整体实现了数字化，或是正由实体向数字化转变。以软件服务为例，数字化技术的运用改变了以往软件公司对软件的生产与交付方式，传统的软件生产需要借助物理介质，例如 VCD 和 CD 在电脑硬盘上安装使用，数字技术使得软件产品通过远程服务器实现了数字化交付。

2. 全球产业链的服务化

数字化推动生产服务化程度加深，全球产业链的专业化和外包化程度也显著提高。数字技术的广泛应用大幅度地降低了交易成本，使得全球产业链可以被分割为更多的环节，许多原先存在于制造业中的服务活动被独立出来。企业开始将非核心的环节通过协议生产、协议研发等方式外包出去，使得企业的部分生产活动成为基于佣金的生产服务。此外，随着信息技术发展，制造企业的商业模式从出售产品和设备转向出售服务，即按照产品或设备的使用时间收费。对客户来说，原来对资本品的投资变成了购买服务，即营运支出。这样，买方省去了设备的维护和维修，卖方加强对知识产权的掌控，并拓展了增值服务。这使得跨国企业价值链中服务环节的比重不断提升①。

3. 全球产业链的去中介化

在传统国际贸易中，企业销售产品需要经过制造商、出口商、进口商、批发商、零售商、消费者等环节。随着数字技术的发展，特别是互联网技术的广泛应用，越来越多的企业利用数字化、信息化的网络服务平台，如阿里巴巴、亚马逊等，直接将产品和服务销售给最终用户。数字技术的发展，使得生产者和消费者之间的环节大幅减少，全球产业链缩短，企业的生产行为更贴近市场，效率得到显著提高。2016 年全球电子商务交易额约为 27.7 万亿美元，其中，企业对企业电子商务交易额为 23.9 万亿美元，占 86.3%。

4. 全球产业链的定制化

数字技术的发展使那些被搁置的多样化个性化需求被激发，以用户为中心的个性化定制成为新的生产方式。3D 打印，即用三维数字模型制作实物的过程，使得个性化定制生产成为可能，将对制造业产生颠覆性变化。3D 打印目前被广泛应用于许多领域，从飞机、火车和汽车的零部件制造，到以水果为基础的零食的制作。3D 打印使定制变得更加容易，成本也更低，因为它仅涉及新的设计和计算机代码的更改，而不是新的生产工具和模具，

① 詹晓宁，欧阳永福．数字经济下全球投资的新趋势与中国利用外资的新战略［J］．管理世界，2018，34（3）．

不是对工厂进行成本高昂的修改。例如，电子商务平台 Shapeways 可以让设计师上传产品的设计，使用 3D 打印创建实物项目，通过管理物流使这些项目到达最终消费者手里。3D 打印将使产品生命周期向数字化和本地化供应链的转变，企业的生产活动更易于复制，更贴近用户，并与用户互动。同时，3D 打印能够有效降低能源使用、资源需求和相关的二氧化碳排放。这项技术将对低批量市场和定制化、高价值的生产链（如航空航天和医疗组件制造等）产生较大影响。

5. 全球产业链的智能化

以人工智能为代表的智能化技术是数字技术发展的更高阶段，将推动产业向智能化方向演进。无人机、3D 打印、人工智能（AI）、机器学习（ML）等是推动产业链智能化的重要数字技术。人工智能系统通过结合大数据、云计算、机对机通信和物联网技术实现操作和学习。虽然目前的人工智能只局限于相对具体的任务，但人工智能的重要性不断凸显，已经被应用到许多产品和服务，如在线搜索和翻译服务、实时交通预测和自动驾驶汽车等以及产品的生产过程中，如智能监控和决策等。3D 打印，也称为增材制造，是智能生产的重要组成部分，具有缩短制造时间、降低生产成本、制造更为复杂零件、个性化需求制造等多方面优势。目前，3D 打印技术还不能取代传统制造业，主要用于生产高级定制医疗设备，3D 生物打印处于早期发展阶段，将在未来的 5～10 年为大众采用，3D 模型打印将在未来 2～5 年融入其他的技术领域。数字技术与制造、能源、交通、农业等各行业技术相结合，带动了智能制造、智能电网、智慧城市、智能交通、智能农业的迅速增长①。全球产业链的智能化贯穿于产品、制造、服务全生命周期各个环节，正在深刻改变人们的生产方式和生活方式。

5.1.3 数字贸易对国际直接投资的影响

数字贸易的兴起导致跨国公司在全球的产业链出现新的调整，呈现出数字化、智能化、服务化及去中介化。全球国际直接投资的驱动因素也随之发生了趋势性和结构性变化。数字贸易对外国直接投资（FDI，Foreign Direct Investment）的影响主要表现在以下几个方面：

1. 海外投资强度下降

理论上，跨国公司价值链的数字化以及在线市场的广泛使用都一定程度上降低了跨国公司的海外投资强度。一方面，全球价值链不断数字化、服务化，并将全球价值链更多的非核心环节外包出去，减少了对外直接投资的需要。另一方面，随着在线市场加速发展，数字化跨国公司可以直接在线上销售给消费者，而不像传统跨国企业通过对外直接投资的方式在海外建立自己的销售网络。通常，数字化跨国企业不需要大量大型的海外分支机构，特别是在规模较小的市场中，他们通常仅设立代表处，以减少资本支出、减轻税负和节省费用。也就是说，数字化企业能以更少的资产和海外员工进军国外市场，海外资产占比下降。在联合国贸易与发展组织统计的全球跨国企业 100 强中，数字经济科技企业的海

① 国务院发展研究中心“国际经济格局变化和中国战略选择”课题组．全球技术变革对国际经济格局的影响［J］．中国发展观察，2019（6）：11－20.

外资产与总资产、海外资产份额与海外销售份额的比率都大大低于传统跨国企业（图 5-1）[①]。这一定程度上导致全球 FDI 增速放缓。2017 年，全球外国直接投资下降 23%，从 2016 年的 1.87 万亿美元降至 1.43 万亿美元。2018 年，全球外国直接投资总额为 1.3 万亿美元，相比 2017 年减少了 13%，连续三年出现下滑。

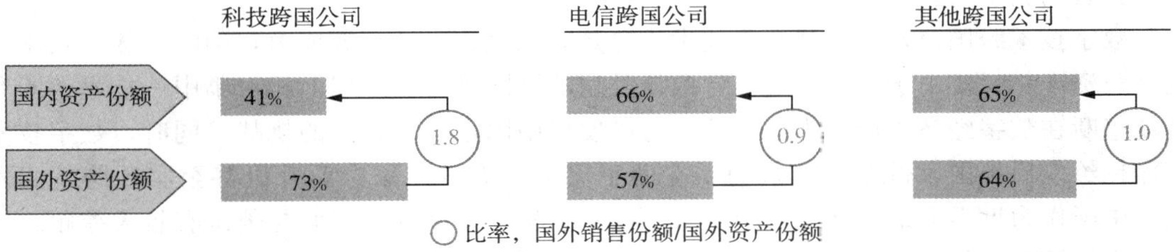

图 5-1　2015 年全球 100 强跨国企业的国外资产和国外销售份额平均值

资料来源：詹晓宁，欧阳永福．数字经济下全球投资的新趋势与中国利用外资的新战略［J］．管理世界，2018，34（3）．

2. 服务业投资比重上升

数字经济时代，以信息和通信技术为代表的数字技术的兴起以及传统产业链的不断服务化，使得服务业在全球 FDI 中的比重不断上升。一方面，数字贸易本身的快速发展，推动了国际服务业投资的比重上升，如信息通信服务跨国公司在全球的直接投资显著增加；另一方面，数字贸易推动了全球产业链的服务化，产生了一些新的服务业态，如教育服务，进一步促进了服务业跨国投资。在联合国贸易与发展组织统计的全球百强跨国企业（不包括跨国银行）中，服务业企业的数量稳步增长，占比接近 1/3。目前，服务业约占全球外国直接投资存量的 2/3。随着全球产业链数字化加速，服务业在全球 FDI 中的比重将进一步上升。

3. 非股权投资比重日益提高

数字技术推动了全球产业链服务化，使得跨国公司越来越多地利用非股权投资的方式开展跨国生产经营活动，如服务外包、特许经营、协议生产等。数字贸易时代，跨国公司越来越多地将资产集中于总部，非股权投资比重日益提高。目前，每年因非股权投资开展的跨境交易已经超过 2 万亿美元，相当于跨国公司海外分支机构 1/3 的年销售额。非股权投资成为跨国公司进入全球市场的重要方式，尤其在一些敏感行业，如农业生产、高科技产业研发等。数字贸易的发展将进一步推动非股权投资比重的上升。

4. 区位决定因素发生变化

数字贸易时代，跨国公司投资重点将倾向于获取数据、人才和技术等智力资源。传统的 FDI 动因被削弱，数字技术、数据资产、人力资本、数字基础设施质量等将成为跨国公司直接投资的区位决定因素。发展中国家由于数字技术发展比较落后，且传统的低劳动力成本优势会受到人工智能、数字化工厂等数字技术的挑战，数字贸易时代，发展中国家吸引跨国公司直接投资将面临较大的压力；而发达国家在数字技术、人力资本、数字经济基

① 詹晓宁，欧阳永福．数字经济下全球投资的新趋势与中国利用外资的新战略［J］．管理世界，2018，34（3）．

础设施等方面的优势较大，面临着更多的机遇，在国际直接投资格局中的地位重新上升。2016 年，发达国家吸引外商直接投资 10320 亿美元，占全球外商直接投资比重的 59%，超过了发展中国家。仅从数字经济领域来看，全球数字化跨国公司约 50%的分公司和子公司集中于美国，这充分体现了美国的人力资本、数字技术和数字基础设施对数字跨国公司直接投资的吸引力。

数字技术跨国公司凭借其数字技术优势具有强大的市场拓展能力，同时，数字技术跨国公司资产相对集中于总部，进而导致该类型的国际投资在地理上相对集中。技术垄断和市场垄断在数字经济领域较为突出，这将给发展中国家带来较大的挑战。同时，数字技术革命也给发展中国家带来新的机遇，有助于促进发展中国家产业升级甚至实现跨越式发展。中国作为世界上最大的发展中国家，虽然在核心数字技术方面与美国有较大差距，但技术应用及创新能力已处于全球领先地位，正发展成为全球数字经济的重要一极。2018 年，中国数字经济规模达到 31.3 万亿元，占 GDP 比重为 34.8%。新的电信技术也为非洲等欠发达国家提供了跨越式发展的机会。例如，肯尼亚在实现移动通信跨越式发展之后，其移动支付又获得快速发展，覆盖率位居全球第四。总体上看，全球数据鸿沟依然存在，很多发展中国家由于数字经济基础设施薄弱、数字技术落后，在全球投资格局中处于弱势地位，在发展上也将面临更加严峻的挑战①。

5. 全球投资政策亟待协调

自 21 世纪以来，全球投资政策呈现二元化发展趋势。一方面，随着经济全球化发展，全球投资政策总体上不断开放，投资便利化措施不断增多；另一方面，世界各国对外投资的监管和限制也在加强。随着数字经济发展，各国在数字贸易领域的国际竞争日趋激烈，数字贸易领域的投资保护主义尤其突出，数字经济领域跨境投资可能面临更多的政策限制。联合国贸易和发展会议的统计数据显示，受数字化影响大的行业，如电信、金融、信息技术、专业服务等，也是受政府管制较多的行业。阻碍数字贸易在主要海外市场发展的监管及政策措施通常有数据保护及隐私（包括数据本地化）、网络安全、知识产权、内容审查、市场准入。对海外投资直接产生影响的是市场准入，包括外资股比限制、歧视性的许可和税收政策以及本地内容要求。近年来，发达国家加强了对数字经济相关产业的保护，强化对跨国公司跨境并购的审查，并出台新的政策，鼓励高科技企业海外投资回流。数字贸易时代，全球投资政策的协调性亟待加强。

5.2 数字贸易与产业结构

5.2.1 产业结构的概念与演进

1. 产业结构的概念

(1) 产业

“产业”是社会分工发展和生产力进步的必然结果。社会发展的每一个阶段，产业都

① 詹晓宁，欧阳永福. 数字经济下全球投资的新趋势与中国利用外资的新战略 [J]. 管理世界，2018，34 (3).

有其特定的所指，如在农业社会中，产业主要指农业；在工业化时代，产业主要指工业；在生产力迅速发展的今天，产业的概念更加广泛，涵盖了农业、工业、服务业以及细分的各个产业。为了便于研究和管理，国际上出现了很多关于产业的分类方法，主要有两大部类分类法、标准产业分类法、生产要素分类法、三次产业分类法等。目前较为权威的分类方法是三次产业分类法，由新西兰经济学家费歇尔 1935 年在其著作《安全与进步的冲突》中首次提出。

在世界经济发展史上，人类经济活动的发展有三个阶段：第一阶段即初级阶段，人类的主要活动是农业和畜牧业；第二阶段开始于英国工业革命，以机器大工业的迅速发展为标志，纺织、钢铁及机器等制造业迅速崛起和发展；第三阶段开始于 20 世纪初，大量的资本和劳动力流入非物质生产部门，包括商业、金融业、饮食业以及科学、卫生、文化教育、政府等公共行政事务部门。

费歇尔根据人类经济活动发展的三个阶段把产业分为第一产业、第二产业和第三产业。第一产业的自然属性较强，可以理解为广义上的农业；第二产业是加工第一阶段的自然生产物，即广义的工业；其余的非物质性产业归为第三产业。这一产业分类方法提出后，得到广泛的认同，并一直沿用至今。

我国关于三次产业的划分，也沿用了这一产业分类标准，根据国家统计局最新修订的《国民经济行业分类》（GB/T4754－2011），第一产业为 5 个大类，即农业，林业，畜牧业，渔业，农、林、牧、渔专业及辅助性活动；第二产业为 4 个门类和 45 个大类，即采矿业，制造业，电力、热力、燃气及水生产和供应业、建筑业；第三产业为 15 个门类和 47 个大类，包括批发和零售业，交融运输、仓储和邮政业，住宿和餐饮业，金融业，房地产业等。

（2）产业结构

产业结构的概念形成于 20 世纪 40 年代。最初，关于这一概念的含义并不清晰，它既可以表示产业内部之间的关系和产业与产业之间的关系，又可以表示产业内部的企业关系和产业的地区分布。随着产业结构研究的不断发展和深入，产业结构的概念和研究领域才逐渐明确下来。

产业结构是指国民经济中产业的构成及相互关系，分为狭义的产业结构和广义的产业结构。狭义的产业结构，是指在社会再生产过程中，国民经济各产业之间的生产、技术、经济联系和数量比例关系，即产业间比例关系及其变化形态。其内涵在于：产业结构是在社会生产过程中形成的，将国民经济划分成若干个产业；产业之间的生产、技术、经济联系主要反映产业间相互依赖、相互制约的程度和方式；产业间的数量比例关系反映的是各类经济资源在各产业间的配置情况，如资金、劳动力、技术等生产要素在各产业间的分布；产业间的产出比例关系反映的是国民经济总产出在各产业间的分布情况，如一定时期内的总产值、总产量和劳务、利税额在各产业间的分布。广义的产业结构，包括产业的质态关系（狭义的产业结构）、产业数量关系（产业联系）、产业空间关系（产业布局）、产业内部关系（产业组织）①。

① 刘志迎．现代产业经济学教程（第二版）[M]．北京：科学出版社，2013：142－143.

2. 产业结构的演进

(1) 产业结构的演进

产业结构演进是指产业结构由低级阶段向高级阶段的演变趋势。产业层次取决于生产过程中对技术和资源的使用依赖程度。产业结构演变是影响经济发展的主要因素，一国经济发展的过程其实就是产业结构演变的过程。推动产业结构升级，是促进国家或区域经济结构升级的核心内容，是促进国民经济发展和提升国家竞争力的重要手段。

纵观世界各国现代经济发展的历史，三次产业结构演进一般有以下几种趋势：

① 在三次产业结构之间，第一产业比重不断下降，第二产业比重先是迅速增加，然后趋于稳定，第三产业比重则呈现不断上升的趋势。

② 在第二产业中，重工业比重不断上升，轻工业比重不断下降，最后逐步趋于稳定。

③ 在第二产业内的各工业部门之间，相比于基础工业（采掘业和原材料工业），加工业比重逐渐增大，呈现出高加工度化趋势。

④在 20 世纪 70 年代前后，西方发达国家产业结构的变化出现了新的趋势。这就是：在整个产业的各种行业中，传统行业逐渐被新兴行业所取代，新兴行业不断从传统行业中脱颖而出，逐渐成为主导性行业；在制造业内部，产业结构逐步表现出技术密集型趋势，技术或者说高科技密集产业不断涌现；第三产业的地位越来越突出。

从产业结构的演进来看，沿着以第一产业为主导到第二产业为主导，再到第三产业为主导的方向发展。后一阶段产业的发展是以前一阶段产业充分发展为基础的。目前，全世界的工业化过程已经历了重工业化 、高加工度化和技术密集化阶段，并将全面进入信息化阶段①。

(2) 产业结构演进的影响因素

影响一个国家产业结构演进的因素一般有以下几类：

第一，需求结构。需求结构变化是影响产业结构演进的根本性因素。需求结构主要包括社会消费水平和消费结构、中间需求与最终需求的比例、消费和投资的比例、投资水平与投资结构等。社会生产的最终目的是满足需求。社会消费水平和消费结构直接影响生产消费产业的变化，引起相应的产业收缩或扩张、衰亡或兴起，进而导致整个产业结构的变动。最终需求与中间需求的比例决定了最终品产业和中间品生产产业之间的比例关系。其中，中间需求的结构决定了中间品产业之间的内部结构，最终需求结构和规模的变化则是推动产业结构演变最重要的动因之一。投资水平与投资结构也是影响产业结构的重要因素。投资不但是构成现实最终需求的一个重要因素，而且会形成新的生产能力，推动产业结构的演进。投资在各产业部门间的分配是改变既有产业结构的直接原因。

第二，资源供给状况。自然资源是社会生产过程所依赖的外界条件。一国或地区的自然资源禀赋状况（包括地理位置、土地状况、矿产资源及分布、水资源、气候等）、劳动力资源和资本供应情况对其产业结构和经济发展有重要影响。从纵向发展过程来看，对于大部分国家而言，不同资源在一国产业结构转换过程中的不同阶段发挥的作用与影响是不同的。在初期、中期阶段，自然资源禀赋的影响和作用较大，当完成初期与“起飞”阶段

---

① 李亚慰．区域体育经济产业布局与结构研究［D］．苏州：苏州大学，2014.

向中高期阶段过渡时，劳动力资源和资本的影响和作用会逐渐增大。

第三，科学技术因素。技术创新和技术进步是产业结构演进的内在动力。首先，科技进步直接改变产业的技术基础和技术结构，推进产业结构由劳动密集型向资本、技术密集型转变。其次，技术进步可以引发新的需求，促进形成新的产业，进而导致产业结构变动。最后，科技进步可以开发新的能源，从而改善资本供给，还可以通过科技教育改善劳动力供给，促进产业结构变动。

第四，国际经济关系。国际经济关系影响产业结构演进主要表现在进出口贸易、引进国外资本和技术等因素对产业结构的影响。国际贸易是影响产业结构演进的重要外部因素。国际贸易是国际分工在全球范围内的体现，可以通过进口刺激本国需求增长，通过出口增加本国供给来影响一国的产业结构。各国通过比较优势参与国际分工，从而影响产业结构演进。此外，引进国外资本和技术能够直接促进产业发展，从而促进产业结构演进。

第五，国家政策。产业结构变化还受到政府经济政策的影响。产业政策是指导产业发展和产业结构调整的最主要的经济政策。各国政府为了实现特定的经济发展目标，会通过制定产业发展战略和政策来鼓励或限制某些产业的发展，从而产业结构也相应发生变化。由于各国经济发展的阶段、文化与历史条件、国际环境及政治经济表现不同，各国之间产业政策相差很大。即使在一个国家，由于经济发展的阶段不同，产业政策也不相同。产业政策的制定必须充分考虑产业政策所处的历史现实，同时要根据产业发展的基本趋势，引导或支持产业结构升级。

5.2.2　数字贸易时代产业结构的变化趋势

1. 产业结构服务化

数字技术的进步提高了产业结构的服务化程度。一方面，许多第一产业、第二产业中的服务环节独立出来，成为独立的服务活动；另一方面，数字贸易催生出新的服务业态，如大数据服务、云计算服务、互联网平台服务等。随着信息技术革命的推进，产业内部对信息、技术、知识等服务型资源的依赖程度加深，产业内部不断服务化，服务业的比重将不断上升，产业结构中的服务业增加值不断增加。随着服务性资源投入的增加，以信息、大数据、数字技术为中心的服务业将逐步发展成为国民经济的主导产业。

2. 产业结构高级化

数字贸易促进一国国民经济的产业结构由以劳动密集型产业为主的低级结构，向以知识、技术密集型产业为主的高级结构调整和转变。以云计算、大数据等为代表的信息技术和制造业的深度融合，衍生出物联网、工业无线、工业互联网、互联制造等一系列新技术和新领域，促成包括智能网联汽车、机器人、无人机等在内的一系列智能化产业，产业结构中由劳动密集型产业占优势比重逐渐向资金密集型、技术知识密集型占优势比重演进。

3. 产业结构扁平化

数字贸易促进了生产和供应链各环节、各主体的“连接”和“融合”，降低了专业化分工的成本，一体化生产的趋势在产业间和行业间越来越明显。数字化生产线将原本分散在若干个环节和企业的专业化生产过程集成在一起，一次成型。随着互联网的广泛使用，不同的产业、上下游企业、区域内企业以及生产者与消费者之间的连接越来越广泛，借助互联网完成信息传递和达成交易，逐渐形成了扁平化和网络化的生产组织格局①。

5.2.3 数字贸易对产业结构的影响

1. 显著提高第三产业的比重

数字贸易对第三产业的影响主要通过以下两个途径实现（图 5-2）。一是数字产业的形成与发展。数字贸易推动了各国数字产业的发展。随着信息技术的发展，产生了以搜索引擎、电子商务平台、社交平台、大数据、云技术为主营业务的数字产业。数字产业在国民经济中的重要性不断提升。二是传统产业的数字化。在传统产业基础上进行创新和改造，利用技术创新将传统利用实物传播的商品转化为依靠数字信息进行传播和使用的新产品，如智能制造、制造业服务化等，使得传统产业数字化。数字技术与制造、能源、交通、农业等各行业技术结合，带动了智能制造、智能电网、智慧城市、智能交通、智能农业的迅速增长。以音乐行业为例，数字技术的出现改变了音乐产品的生产方式，苹果 iTunes 商店等将消费者的需求从实体唱片转向数字下载，数字化降低了音乐制作的固定成本，使运输的可变成本降至接近于零，音乐制作成本的降低增加了可用产品的数量，提高了新产品的平均质量，提高了消费者的满意度。同时，数字化也改变了音乐行业的分销格局，目前主要以音乐流媒体为代表，2014 年至 2017 年，音乐流媒体的订阅量翻了两番。2017 年，此类订阅占美国音乐行业总收入的 67%。数字贸易的发展直接影响一国产业的发展，无论是数字产业还是传统产业的数字化，都通过服务业产值的增加提升第三产业在国民经济中所占的比重，从而促进产业结构优化升级。2018 年，中国数字经济规模达 31.3 万亿元，按可比口径计算，名义增长 20.9%，占 GDP 比重达 34.8%。

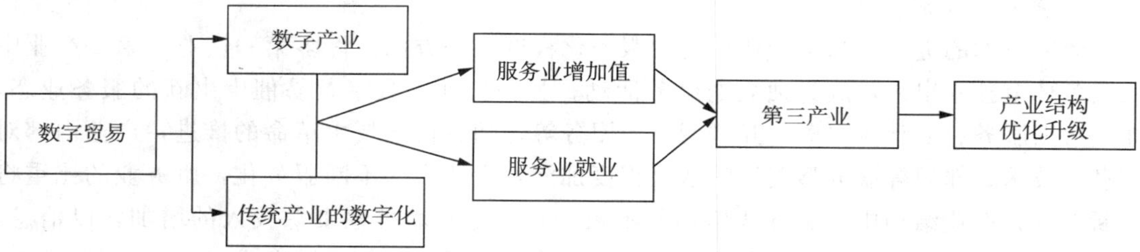

图 5-2　数字贸易影响第三产业的传导机制

2. 促进资源在产业之间重新配置

传统的国际贸易主要是商品的跨境交易，是资本、劳动力、技术等生产要素的间接流动，而数字贸易的客体主要是数字化商品和服务，如金融、通信、保险、咨询、云计算、云存储等。数字化商品和服务的跨境流动，是所包含的生产要素的直接流动，如资本、人力资本、技术等。因此，数字贸易可以使各类生产要素在不同经济体之间流动，特别是数据和数字技术这些新的关键生产要素。新的关键生产要素及其新的组合应用引发了生产方

① 国务院发展研究中心"国际经济格局变化和中国战略选择"课题组．全球技术变革对国际经济格局的影响[J]．中国发展观察，2019 (6)．

式的重大变化，研发、制造、投资、贸易以及产业分工和产业组织形态等围绕新的技术体系和生产要素进行重构，从而促进资源在产业之间重新配置。

3. 促进产业结构的整体优化升级

数字贸易的产生源于数字技术的兴起，如物联网、云计算、大数据、3D 打印技术等。计算机、互联网等信息技术的深入发展进一步推动数字技术创新。数字技术不仅能够推动数字产业的发展，还能够促进产业的优化升级。数字技术与制造业结合形成了智能制造，智能制造通过数字化生产线、智能车间、智能管理等提高了制造业的生产效率，促进了制造业的优化升级。数字技术与农业结合，形成了智能农业，形成了具有高度的技术规范和高效益的集约化规模经营的农业生产方式，显著提高了农业生产效率。此外，数字技术与能源、交通等各行业结合，形成了智能电网、智慧城市等一系列以数字技术为基础的传统产业的升级。数字贸易推动了数字技术的传播，通过技术外溢效应促进了各行业的技术进步，促进了产业结构的整体优化升级。

5.3　数字贸易对全球贸易的影响

5.3.1　数字技术对贸易成本的影响

传统的商品和服务贸易成本分为以下几个部分：运输和物流成本；跨境成本；信息和交易成本；贸易政策与监管壁垒。前两种成本记录了从供应商向客户交付货物的成本。信息和交易成本包括公司必须克服的障碍，以便寻找贸易伙伴，获取其需求、法规和技术要求的信息以及执行合同。此外，由于不同的体制框架以及跨境金融交易和货币转换的需要，跨境贸易的交易成本很高。

1. 运输和物流成本

在国际贸易中，运输和物流成本占据了整个贸易成本的较大比重，约占货物贸易成本的 37%和服务贸易成本的 17%。数字技术的兴起，降低了运输和仓储成本，同时也减少了运输时间和交货时间的不确定性。在人工智能和机器人技术应用方面，企业可以通过优化路线，实现自动驾驶，通过货物跟踪系统降低物流成本，使用智能机器人优化存储、库存和分销网络，以及使用集成 3D 打印来减少运输需求和物流服务。同时，区块链技术的应用，可以简化验证和认证程序，大幅降低企业在海关和物流方面所花费的时间。数字技术通过降低运输与仓储成本、缩短运输时间和交付时间，减少运输和交付时间的不确定性，以降低国际贸易的运输和物流成本。这将对贸易产生巨大的潜在影响。

专栏 5-2　马士基（Maersk）如何利用数字技术优化运营并降低成本

早在 2012 年，为了应对日益激烈的竞争，丹麦航运公司马士基与瑞典网络电信公司爱立信（Ericsson）合作开发实时远程集装箱管理（RCM，remote container management）系统，近 30 万个冷藏箱配备了远程集装箱控制设备，可以将关于温度、电源和位置等关键参数的冷藏箱性能数据全天候传输到马士基的私有云端，可以在公司总部实时分析。

该系统自 2015 年中期开始全面投入运营，使马士基能够随时跟踪和监控集装箱的性能。该系统还可用于检测故障，从而更快地进行维修，并减少对手动设备检查的需求。马士基的最终目标是使用大数据分析（人工智能）进行预测性维护以防止出现故障。RCM系统使马士基能够在集装箱出口前加快物理检验流程。在RCM之前，所有集装箱都需要经过大量的、昂贵的检查。最近，RCM系统节约的运营成本使公司又启动了一个试验项目，将监测系统扩展到其他类型的集装箱设备。

从2017年9月起，客户可以实时查看货物状况。这允许在冷链的任何不同阶段，容器未被最佳操作的情况下采取纠正措施：从供应商预冷却货物，到卡车司机确保冷藏箱插入，从在海洋运输期间的精准执行，到目的地的正确处理，直到在目的地最终交付给客户。除了智能传感器和人工智能外，马士基还在积极研究如何利用区块链技术简化供应链并使跨境贸易业务数字化。

资料来源：《2018年世界贸易报告》。

2. 跨境成本

烦琐的通关流程和通关手续是国际贸易的重要阻碍因素，特别是对于中小型企业和发展中国家而言。信息和通信技术的发展，特别是电子数据交换系统（EDI）和单一窗口平台（ESW）的使用，能够有效减少通关成本。EDI系统能够实现贸易单据的电子化传输，ESW系统的用途则更加广泛，它能够使贸易各方通过单一窗口传递单据和信息完成海关手续，简化了清关流程。目前，全球EDI的普及率较高，ESW的应用规模正在不断扩大。一项关于哥斯达黎加应用ESW系统的研究表明，ESW系统的使用确实能够促进贸易发展，在ESW系统下出口的企业所获得的国外进口商数量上增加了22.4%，且平均出口增加了43.5%[①]。这些电子系统的应用，大幅度地降低了进出口商的清关时间，降低了跨境成本。

人工智能和区块链技术的发展有望进一步降低通关成本。人工智能已经被用于海关手续的常规性审查中，节约了办理海关手续的时间和金钱成本。区块链技术的应用，能够简化核查和核证的流程，降低通关成本。分布式总账技术（distributed ledger technology）能够使单一窗口平台更有效、透明和安全，它能够减少烦冗的海关流程、加速清关、降低成本和错误、增强透明度和可审计性，提高不同部门和主体之间的协作效率。

3. 信息和交易成本

数字技术的快速发展，如计算机、通信和信息处理技术、区块链等，特别是跨境电子商务的发展，极大地降低了市场的信息和交易成本，提升了国际贸易的交易效率。

首先，数字技术极大地减少了贸易的中间环节。传统的国际贸易中，需要经过制造商、出口商、进口商、批发商、零售商、消费者等环节，而数字贸易省去了更多的中间商环节，形成了一些新的商业模式，如B2B（企业对企业）、B2C（企业对消费者）、M2C（制造商对消费者），极大地降低了交易成本。

其次，数字技术降低了信息通信、信息传播和信息处理成本。传统的国际贸易中，主要通过人员推销、广告营销、市场推广、商品交易会等方式传播和营销商品，而在数字贸

① Inter-American Development Bank (2016), "The Border Labyrinth: Information Technologies and Trade in the Presence of Multiple Agencies", Washington, D.C.: IDB.

易中，企业通过互联网平台、社交媒体等能够快速有效地将商品信息传递给消费者，消费者也可以通过搜索引擎迅速找到全球各类商品信息。相比于传统贸易，数字贸易中的信息扩散具有更强的定向性和更丰富的信息量，大大降低了数字产品的发现成本。同时，互联网技术的广泛使用，大幅度提高了单位时间的通讯量，降低了信息传播中的通讯成本。

再次，数字技术减少了市场的不确定性。数字贸易中，买卖双方交易者通常聚集在某些互联网平台上，使得交易双方更为集中，产品的价格、质量等信息更加透明，更加真实地反映了市场的实际需求，能够有效克服跨境贸易中信息不对称和信任等障碍，减少了市场的不确定性，有利于资源的有效配置和优化。此外，物联网、区块链技术、跨境支付和金融服务的创新，进一步降低了贸易的不确定性。

4. 贸易政策与监管壁垒

各国的贸易政策和监管制度是影响国际贸易的重要因素之一。监管标准在很大程度上体现了贸易政策壁垒。随着科技的发展，一些新的有关化学、环境、卫生与植物卫生、生物安全等监管标准开始出现在国际贸易规则中，形成了一系列非关税壁垒。数字技术的发展一定程度上降低了各国的政策和监管壁垒。单一窗口平台和电子认证有效节约了合规性审查的时间和资源。以 SPS（Sanitary and PhytoSanitary）标准为例，数字技术在 SPS 标准的认证上发挥着不可或缺的作用，它能够确定出口商品能够达到出口市场相关的 SPS 标准。SPS 电子证书能够节约数据传输和加工的时间，从而增加贸易。电子认证能够减少伪造证书的发生、提高交易的透明度，加强了贸易双方的互信以及价值链上不同环节的联系。

5.3.2　数字贸易对贸易模式的影响

数字贸易的快速发展和日益普及，使得传统的国际贸易发生了变革，对贸易模式将产生深远的影响，具体表现为以下几个方面：

1. 数字贸易与贸易结构

（1）服务贸易的重要性不断提升

传统的服务贸易主要有四种形式，即跨境交付、境外消费、商业存在和自然人流动。由于受地域空间等限制，服务的可贸易性远低于货物商品。数字技术的广泛运用，不仅降低了服务的贸易成本，还提高了服务的可贸易性，越来越多的服务可以实现数字化的跨境流动，如金融、保险、信息服务部门等都可以通过数字技术来远程提供。同时，随着数字技术基础设施的建设，服务的网络提供变得便捷，与货物贸易有关的服务贸易也相应增加。从增长速度来看，数字化服务，如通讯、计算机和信息服务、金融服务和其他商务服务的增速远快于传统的服务贸易增速，如旅游、运输服务等。2015—2016 年不同类别服务贸易的增长率如图 5－3 所示。

数字技术除了使传统的服务贸易更加便捷外，还产生了新的服务贸易业态。在教育领域，数字技术通过创建虚拟课堂，使大量的网上开放课程（MOOC）通过录制的视频讲座、数字化幻灯片、在线讨论等多种形式传送给全世界的学生。“共享经济”也是数字技术产生的基于 P2P（peer－to－peer）的服务，通过社区在线平台获取、提供或销售商品和服务（专栏 5－3）。数字技术将服务资源进行集成化处理，降低了服务贸易成本，提高了服务效率。服务贸易在国际贸易中的重要性不断增强，到 2030 年，服务贸易的比重将

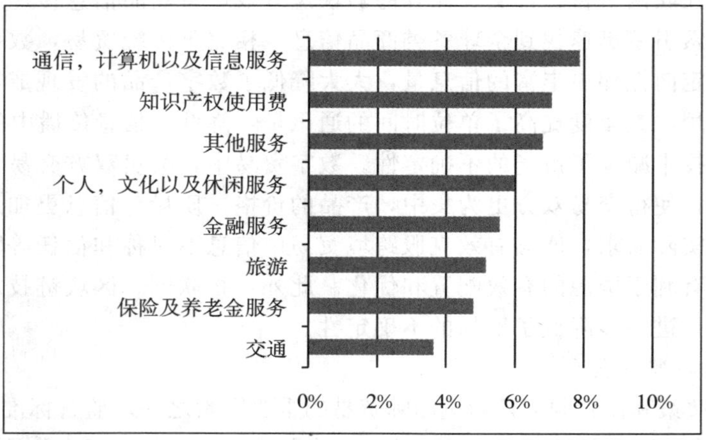

图 5-3　2015—2016 年不同类别服务贸易的增长率

数据来源：根据 WTO 服务贸易数据库（BPM6）及 UNCTAD（2015）计算得到。

达到 25%，其中，数字化服务贸易占比将达到一半以上。

专栏 5-3　爱彼迎（Airbnb）和"共享经济"

Airbnb 是"共享经济"的一个典型代表，Airbnb 自 2008 年推出以来，已经有 3 亿多名用户使用了这个在线平台，目前在 191 个国家的 65000 个城市提供了 3 亿间不同类型的房间。消费者在网上选择他们的房间并支付费用，但他们的住宿是由私人提供的，而不是连锁酒店。虽然其商业模式、住宿和早餐没什么不同，但数字技术降低了交易成本，使共享资产比以往任何时候都更便宜、更容易，使其在更大的范围内成为可能。

数字技术带来的巨大变化是为那些可能想出租物品（如房子、公寓、汽车等）的人提供更多的数据，同时允许将这些东西分成更小的部分并作为服务用于消费。因此，像 Airbnb 这样的平台，可以将房东和租房者相配对；具有 GPS 功能的智能手机可以让人们看到哪儿有可出租的商品并和其他相似产品进行比较；社交网络提供了检查房东和租房者并在他们之间建立信任的方法；在线支付系统可以用于处理账单。

共享经济模式主要用于那些昂贵的商品，让所有者从那些未充分利用的商品中获利。住房和汽车是最明显的例子。共享经济的这种"协作消费"模式带来了使得所有者从未得到充分使用的资产中获利。根据 Botsman 和 Rogers（2010）的研究，消费者共享经济有 260 亿美元的市场。

监管不确定性仍然是未来共享经济商业模式面临的一个重要议题。截至目前，在线平台缺乏法律和监管机制，但这种监管缺位不大可能持续下去。家庭共享网站经常被指责减少了大城市的经济适用房供应，世界各国政府正在寻找监管共享经济和征税的方法。

（2）改变了货物贸易的结构

数字技术的广泛应用，改变了一些商品生产和交换的方式，如电子产品、汽车零部件、医疗设施等，将影响着货物贸易的结构。具体表现在以下几个方面：首先，信息技术产品贸易不断增加。随着数字技术的广泛应用，信息技术产品贸易在过去几十年中呈现快速增长的态势（图 5-4）。其次，数字技术带来贸易成本降低使得一些商品贸易增加，最显著的是一些时间敏感型、认证密集型和契约密集型产品。虽然数字化不能缩短国家之间的物理距离，但物联网、人工智能等数字技术能够有效降低贸易的信息通讯成本、交易成本等，从而促进商品贸易发展。再次，数字化让一些可数字化的商品贸易下降，比如 CD、书籍和报纸，贸易比重已经从 2000 年的 2.7%下降到 2016 年的 0.8%，这一趋势随着 3D 打印技术的出现将进一步持续下降。此外，一些消费品的贸易可能受到了"共享经济"商业模式的影响而有所下降。

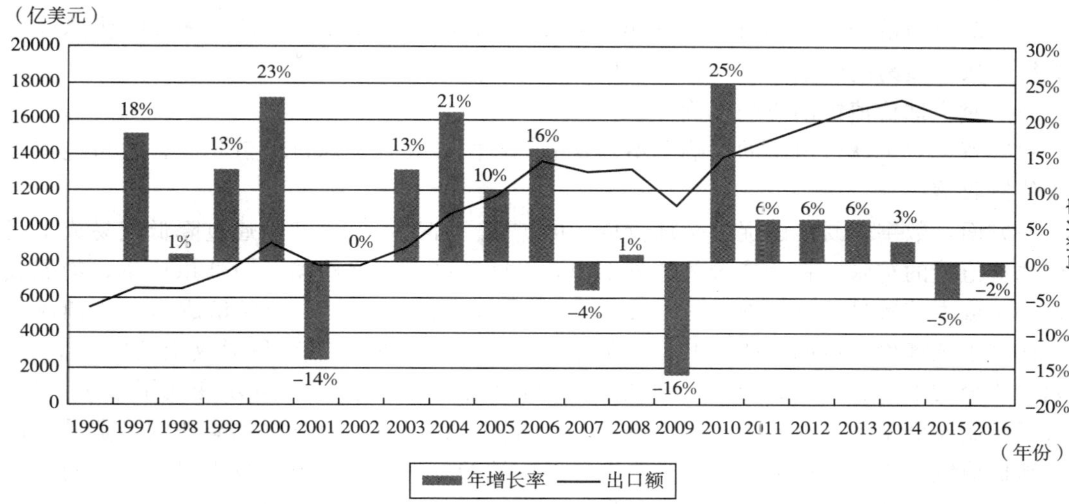

图 5-4　1996—2016 年世界信息技术产品出口

数据来源：联合国商品贸易统计数据库（UN Comtrade）。

2. 数字贸易与交易模式

从交易的行为主体来看，传统贸易的交易过程存在代理商、批发商、零售商等诸多中间商，供给方和需求方并不直接进行交易，而在数字贸易中，现代信息网络与通信技术使得供求双方之间的直接交易成为可能。此外，跨境电子商务 B2C、C2C 等商业模式的普及使得个人消费者在贸易活动中扮演着越来越重要的角色。

从交易的对象来看，除了传统的商品外，数字化产品与服务将成为国际贸易的重要交易对象。数字技术的发展带动了数字化产品和服务的发展，同时，依托于互联网和数字交换技术，数字化产品和服务的贸易得以顺利进行。

从数字贸易的运作模式来看，数字贸易通常是通过联合运营模式，倡导企业以统一的技术标准搭建全球公共数字贸易平台，并以消费收益调动消费者参与的积极性。平台不提供商品，通过供求双方互动电子信息通道达成数字化信息的高速交换，将数字化信息作为贸易标的，在完成商品服务交易时实现收益①。数字贸易时代，国际贸易模式也将由传统

① 数字贸易是什么？数字贸易运作模式及发展前景详解［EB/OL］. http：//www.chinabrands.cn/dianshang/article-shuzimaoyi-1276.html，2018-11-23.

跨国企业主导的大宗贸易模式向分散化、平台化模式转变，跨国电子商务在国际贸易的比重逐年上升。跨境电子商务中，供需双方使用互联网技术在各种商务网络平台上，通过交换商品信息，达成交易并最终完成商务交易的过程，目前存在 B2B、B2C、M2B、M2C 等多种模式。

3. 数字贸易与全球价值链

自 20 世纪 70 年代以来，随着运输成本的下降和信息技术的广泛运用，国际分工进一步深化，产品的生产过程被分割成不同的生产阶段，形成了全球价值链分工。在全球价值链分工体系下，各国通过中间品的生产和贸易，承担不同的生产环节，以完成最终产品的生产。全球价值链分工在 20 世纪 90 年代和 21 世纪初蓬勃发展，但近年来，扩张速度有所放缓。数字贸易的快速发展，将对全球价值链产生深远的影响。

（1）对全球价值链的影响不确定

数字贸易对全球价值链的影响是不确定的，可能会导致全球价值链扩张，也可能使全球价值链收缩。

一方面，数字贸易能够促进全球价值链的扩张。首先，数字技术通过降低贸易成本促进全球价值链的扩张。在全球价值链分工中，中间产品要多次跨境，对通讯成本、物流成本、协调成本等贸易成本更加敏感。数字技术极大地降低了贸易的通讯成本、协调成本等，促进了全球价值链的扩张。其次，数字技术产生了新的数字产品形成全新的价值链。例如，传统的书籍、唱片、游戏、地图、报纸和杂志等货物产品，逐步变成了数字产品，形成了从制作到销售的电子传输价值链模式。再次，数字贸易通过增加服务的可贸易性促进全球价值链的扩张。服务是产品生产中不可或缺的中间投入，数字技术提高了中间服务的质量和可贸易性，如计算机服务、研发、广告、电信服务、金融服务以及其他专业性服务，从而促进了全球价值链的扩张。

另一方面，数字贸易也可能引起全球价值链的收缩。智能自动化和 3D 打印可能会引起跨国企业把生产或其他业务从低劳动成本的国家转向更有消费力和更广阔市场的国家①。从 3D 打印应用的速度和范围看，它未来可能会对全球价值链贸易产生重大影响。目前，3D 打印主要用于全球价值链上游的活动，如原型制作，作为传统的“减材制造”流程的补充。从长远来看，3D 打印可能在某种程度上取代传统制造方式，减少外包生产和组装需求、生产步骤以及存货、仓储、配送、零售中心和包装的需求。在 3D 打印普及的世界里，价值链不但可能会变短，而且可能会改头换面，变成以设计、图纸和软件等形式的跨境数据交换，而不是实体货物和服务的跨境交换。

（2）发展中国家和中小企业有更多参与机会

数字技术带来的贸易成本的下降将使微、小和中型企业（MSMEs）以及发展中国家的企业格外受益。物流与交易成本或烦琐的通关手续等贸易成本对 MSMEs 的影响在发展中国家表现得尤为突出。数字技术应用给 MSMEs 和发展中国家贸易带来了很大的便利，如跨境支付系统的创新、区块链等。互联网和跨境电子商务减少了国际贸易各环节间的协调成本和交易成本，降低了企业间的搜寻匹配成本，极大地减少了中小企业和发展中国家

① 截至目前，几乎还没有证据证明公司采用数字技术与它们的回流决定之间的联系。

企业进入全球市场的壁垒。

数字化提升了中小企业参与贸易的机会和能力，初创企业和小企业的成长机会增多。随着发展中国家信息通信技术的不断发展，数字化为全球价值链的管理和参与提供了新的模式。通过为小型公司提供价值链协作、获取信息流和专业知识的机会，电子商务可以帮助小公司克服信息不足和相关知识缺乏的问题。在传统生产模式下，企业需要大额固定资产投资、组建产能，行业进入门槛较高，只有大企业才具备相应能力。小微企业资金规模有限，难以公平参与竞争。数字化生产模式下，企业通过互联网组织生产，可以在网上采购最优价格的原材料、零部件或中间投入品等，并可以寻找匹配的产能下单生产。如果实现数字化生产，小微企业不需要投资自建产能，也不需要长期保持大量原材料或中间投入品库存，从而大大降低了生产制造的门槛，使得小微企业可以公平地参与全球市场竞争①。

5.3.3　数字贸易对全球贸易格局的影响

1. 发达经济体领跑全球数字贸易

以美国为首的发达经济体凭借着领先的数字经济发展，成为全球数字贸易的引领者。美欧日是当前全球数字经济最发达的国家和地区，具有强大的互联网基础和极具竞争力的数字技术、数字产品和服务。

美国经济分析局的统计数据显示，2006—2016 年数字经济年均增长速度为 5.6%。相比于 1.5%的年均 GDP 增长速度，数字经济已经成为美国经济增长的一个亮点。2016 年，美国数字经济规模已超过 10 万亿美元，占 GDP 比重超过 58%，位居全球第一。美国数字贸易也展现出巨大的发展潜力，2007—2017 年美国数字贸易出口年均增长率为 26%左右，其增长速度超过了传统的商品和服务贸易；2017 年美国数字贸易（不包括数字商品）出口达到 4390 亿美元，占美国服务贸易出口的比重达到 57.63%；2017 年美国数字贸易（不包括数字商品）进口达到 2600 亿美元，占美国服务贸易进口总额的 50.39%；美国数字服务贸易的顺差达到 1790 亿美元，占美国服务贸易顺差总额的 72.85%。同时，美国拥有全球最大的云计算服务市场规模，占据全球云计算行业规模的 60%左右，美国的四家公司（亚马逊、微软、IBM 和 Google）是全球最大的云计算服务提供商，主导全球云计算服务行业。

数字经济是欧盟经济的重要组成部分，欧盟各国数字经济占 GDP 的比重不断提升，其中，德国、法国等欧盟主要国家的数字经济占 GDP 的比重达到 61.4%和 40.3%，德国数字经济 GDP 占比位居全球第一。为了打破欧盟境内的数字市场壁垒，欧盟委员会于 2015 年 5 月 6 日公布了“单一数字市场”（Digital Single Market，DSM）战略的详细规划，以促进欧盟内部的数字贸易发展。欧盟数字经济的快速发展推动了欧盟数字贸易的发展，并在全球处于领先位置。近年来，欧盟数字贸易出口额显著增加，2017 年达到 8000 亿美元，占欧盟出口总额的 30%左右。其中，信息通信服务（ITC）出口总额达到 2700 亿美元，占全球 ITC 出口总额的 12%。同时，欧盟是全球第二大云计算服务市场，全球

---

① 国务院发展研究中心“国际经济格局变化和中国战略选择”课题组．全球技术变革对国际经济格局的影响[J]．中国发展观察，2019（6）．

约20%的云数据中心工作量发生在欧盟，占据全球21%（189亿美元）的云计算服务市场规模。

日本是全球数字经济第三大国，2017年数字经济规模达到2.3万亿美元，数字经济占GDP的比重达到40%以上。日本数字贸易发展也较为迅速，目前，日本已经拥有全球最大的跨境电子商务出口市场和全球第三大电子商务市场，市场规模仅次于美国和中国。同时，日本数字贸易（不包括数字商品）进出口规模也较为庞大，2017年ICT服务进出口总额达到1455亿美元，占全球ITC出口总额的6.5%。

美国、欧盟和日本是当前数字贸易发展的领跑者，正试图在即将到来的数字贸易浪潮中占据主导权。2019年1月9日，美国、欧盟和日本在美国华盛顿举行贸易部长级会议，将携手促进数字贸易和数字经济的发展，试图通过促进数据安全来共同改善数字环境。尤其是在数字贸易规则领域，美国、欧盟和日本纷纷依靠自身在数字贸易方面的优势，向全球推广自身的数字规则和理念①。

2. 发展中国家迎来机遇和挑战

（1）发展中国家成长潜力大

数字贸易时代，国际贸易的比较优势从传统资本、技术、劳动力等转向数据、数字技术、数字化基础设施等要素。互联网、信息通信技术等数字技术的发展降低了新兴经济体参与新一轮国际竞争的门槛，同时，数字产品和服务的快速迭代，为具有数字经济发展潜力的新兴经济体“弯道超车”，追赶发达经济体提供了机遇。新兴经济体的技术追赶自2000年后明显提速，与发达国家在部分领域差距缩小，特别是中国、印度、土耳其等新兴经济体的优势技术领域逐年增多。

从中长期来看，新兴经济体凭借庞大的市场规模和不断缩小的技术差距，具有发展数字贸易的巨大潜力。特别是在跨境电子商务领域，以中国为代表的新兴经济体已经跃居世界前列。2017年，我国数字经济规模达27.2万亿元，占GDP比重达32.9%，数字经济规模已跃居世界第二。2007年中国电商交易额不到全球总额的1%，2017年占比已超40%。同时，虽然中国服务贸易仍处于逆差状态，但在数字服务领域已实现净出口，2012—2017年连续保持年均100亿美元至150亿美元的贸易顺差。

（2）发展中国家面临巨大挑战

发展中国家由于在数字化基础设施、数字技术、信息安全等方面与发达国家的差距较大，在发展数字贸易中，也面临巨大的挑战。

第一，数字化基础设施和数字技术瓶颈。数字贸易具有典型的资本和技术密集型特征，需要在高速宽带、数据存储、算法应用等领域进行大规模的基础设施建设和研发投入。对于大部分发展中国家而言，数字化基础设施建设滞后，在宽带网络、数据存储等领域与发达国家差距较大。以宽带网络为例，发展中国家宽带网络的普及率较低，还存在速度慢、费用高等问题。数字贸易需要加大对数字化基础设施的投入力度，提高网速、降低资费和推动宽带普及，同时在数字技术领域加大科研投入力度，大力发展数字贸易服务平台，等等。目前，多数发展中国家在发展数字贸易的过程中，面临严峻的资本与技术短缺

① 蓝庆新，窦凯．美欧日数字贸易的内涵演变、发展趋势及中国策略［J］．国际贸易，2019（6）．

的挑战。

第二，网络信息安全。随着互联网应用和数字贸易的发展，网络安全、数据及个人隐私的有效保护成为数字贸易发展过程中的必要保障。发展中国家由于互联网和信息化发展起步较晚，其网络信息安全建设相对滞后。发展中国家既要有序推动跨境数据流动和多元的数据合作管理模式，又要加强本国网络安全、数据及个人隐私的有效保护，提高互联网预警监测能力，为数字贸易健康发展营造开放、高效、安全的网络环境。

第三，知识产权保护问题。在全球互联网访问的可行性和便捷性不断提升的同时，知识产权滥用问题层出不穷。如果一国法律对知识产权保护的力度较弱，或还没有实施或强制实施打击知识产权犯罪的措施，则会使得数字内容提供商很难从合法的渠道获利，降低了一国企业与其他国家进行数字贸易的积极性，对数字内容、电子商务等相关数字贸易的健康发展产生不利影响。目前大多数发展中国家缺乏完整的知识产权保护法律和执法机制，对版权、专利、商业机密的保护不力。有研究表明，电影行业中的数字盗版问题是所有知识产权侵权行为中代价最高的，2015 年共造成 1600 亿美元的损失。中国、印度、印度尼西亚等发展中国家也开始实施更有效的知识产权保护法，或通过相关执法机构加大对侵权行为的执法力度①。

3. 跨国公司主导数字贸易，但中小企业机遇多

随着数字技术革命的兴起以及世界范围内对数字技术产品和服务的需求不断上升，数字技术跨国公司应运而生，且数量快速增长。从全球前 100 名跨国公司和全球市值前 10 名跨国公司来看，数字技术跨国公司所占席位不断增加。2010 年，联合国贸易与发展组织统计的跨国公司百强名单中，科技公司占比并不高，与 10 年前相比并无显著差异。然而，2010—2015 年上榜的科技公司数量增长了一倍多，从 4 家增至 10 家。从行业来看，所有的互联网服务公司排名均大幅提升，如京东、阿里巴巴、腾讯、亚马逊、谷歌母公司 Alphabet 和社交媒体巨头 Facebook。电信公司也是数字技术的重要推动者之一，2007—2017 年，全球市值居前 10 名的公司中，互联网科技公司从 1 家增长至 7 家②。互联网巨头企业在数字经济领域快速扩张，其提供的数字产品及服务几乎已经涵盖了云计算、数字内容（游戏、视频点播、数字音乐、电子出版物等）、数字搜索、社交媒体、电子商务、通信服务、行业数字技术等数字贸易的所有领域，掌控着全球数字贸易的话语权。例如，谷歌公司（Google）自 1998 年创立以来，不断向搜索引擎服务之外的领域扩张，谷歌的主要互联网产品除了搜索引擎外，还包括广告、商业、地图、在 YouTube 上提供数字视频内容以及通过谷歌云存储的数据，谷歌还开发了用于电子设备的 Android 操作系统、Chrome 互联网浏览器和支付服务以及通过 Google 购物提供电子商务等。

虽然跨国公司主导全球数字贸易，但数字贸易凭借其开放、共享和包容的模式，为中小微企业参与全球贸易提供了新的机会。数字技术和在线平台有效降低了寻找贸易伙伴和获取相关市场信息的成本，中小微企业能够直接与境外企业及消费者接触，消除了中小微

① 陈超凡，刘浩．全球数字贸易发展态势、限制因素及中国对策 [J]．理论学刊，2018 (5)．

② 国务院发展研究中心“国际经济格局变化和中国战略选择”课题组．全球技术变革对国际经济格局的影响 [J]．中国发展观察，2019 (6)．

企业参与全球贸易的壁垒。同时，他们还提供反馈和担保等机制，改进消费者对在线卖家的信任，进而解决与不同法律机构相关的合同执行问题，有助于中小微企业直接参与国际贸易活动。在数字化生产体系下，中小微企业面临的市场规模从国内市场扩大到全球市场，能够方便快捷地将产品和服务销往全球，从而使中小微企业成为“微型跨国企业”。同时，全球市场必然会给中小微企业带来更加快速的增长机会。

本章思考题

1. 简述全球生产体系的形成。
2. 数字贸易时代全球生产体系的变化趋势如何？
3. 数字贸易时代产业结构的变化趋势如何？
4. 简述数字贸易对全球贸易格局的影响。

第 6 章　数字贸易国际规则

数字贸易已成为贸易往来的重要组成部分，数字贸易对很多国家贸易政策的重要性日益凸显。然而，目前世贸组织（WTO）多哈回合谈判陷入僵局，在现有的世贸组织协定中，数字贸易受到不平衡对待。最近的双边和多边协定已开始更全面地解决数字贸易问题。双边和多边贸易谈判中的数字贸易条款有助于激发世贸组织在未来的框架中更关注数字贸易。虽然世贸组织没有关于数字贸易的全面协议，但一些世贸组织协定涉及数字贸易的部分领域。2019 年 6 月底，二十国集团（G20）领导人第十四次峰会通过的《二十国集团领导人大阪峰会宣言》强调：各方致力于实现自由、公平、非歧视性、透明、可预见、稳定的贸易和投资环境，并保持市场开放。此次 G20 领导人峰会设立了数字经济特别会议，发布了“大阪数字经济宣言”，宣布正式启动“大阪轨道”，呼吁各国在 2020 年举行的第 12 届 WTO 部长会议上取得谈判的实质性进展，以促进各国数字经济发展。

6.1　WTO 框架下的数字贸易规则

6.1.1　WTO 数字贸易规则谈判背景

自 20 世纪 90 年代以来，全球电子商务迅猛发展，对世界经济产生了重大影响。美国管理学家彼特·德鲁克曾指出，信息技术的真正革命性影响才开始被人们感觉到，那就是电子商务。它正在深刻地改变经济、市场和产业结构，改变产品、服务及其流动形式，改变消费者的价值和行为，并改变就业和劳动力市场。世界贸易组织也曾指出，电子商务的发展将为国际贸易带来新的历史机遇。

根据联合国贸易与发展会议公布的统计，2017 年全球电子商务交易额①达到 29 万亿美元，当中数字交付方式的服务贸易达到 2.75 万亿美元。电子商务对各国 GDP 的增长有很大的贡献，数字贸易在全球经济不景气的大背景下发展迅猛，成为世界经济增长不可或缺的新动能。中国信息通信研究院发布的《G20 国家数字经济发展研究报告（2018）》显示，2017 年 G20 国家的数字经济总量达 26.17 万亿美元，增长率高达 8.64%，其中美国、中国、日本、英国的数字经济总量分别为 11 万亿美元、3.5 万亿美元、2.3 万亿美元和 1.43 万亿美元，居全球前四位。数字经济成为世界各国经济发展和增长的新动能，2017 年 G20 国家产业数字化占比达 84.47%，数字经济正逐步向 ICT 产业与传统产业深度融合发展的方向迈进。

为了保护本国数字经济的发展，抵御数字贸易自由化对本国的冲击，各国纷纷采取直接或间接的保护措施。美国学者苏珊·阿伦森就表示，数字贸易正在蓬勃发展，更多的贸易会带来更多的竞争，也会为生产者和消费者带来更多更好的低成本服务。但是如果政府

① 该电子商务统计包含数字交付与物理交付方式在内。

利用本地法律和规定打压国外竞争者，这种竞争就无法出现。为了适应这一新兴的贸易领域，促进跨境电子商务的发展，各国必须通过协调国际、国内立法来完善跨境电子商务国际规则。同时，各大经济体围绕数字贸易纷纷提出彰显自身利益的贸易规则，围绕数字贸易的规则谈判也成为各界的焦点。

6.1.2 WTO数字贸易规则谈判进程

数字贸易作为一种新型贸易方式，其主要依托互联网体现出的自由化和开放性等特点，与世界贸易组织（WTO）框架下的货物贸易与服务贸易规则之间都产生了不适和冲突。数字贸易具有虚拟化和可复制性等特点，贸易方式隐蔽复杂，监管难度大，使得现有的 WTO 货物贸易关税规则难以对其产生效力。如果将其列入服务领域，又将面临各国严苛的市场准入壁垒。在边境后的措施方面，数字的跨境流动要求对数字安全进行有效保护，而以欧盟为首的一些国家对于数据存储提出较高的本地化要求。如何制订全面、统一、规范、透明的数字贸易规则已成为世界贸易组织面临的一大难题。

WTO 数字贸易规则谈判主要是电子商务谈判。1996 年 12 月 9 日至 13 日，为期 5 天的 WTO 首届部长级会议在新加坡举行，来自世贸组织 128 个成员国代表参加会议，会议通过了《关于信息技术产品贸易的部长宣言》，电子商务议题被正式纳入 WTO 框架。

1998 年 5 月，第二届世界贸易组织部长级会议在日内瓦举行，决定建立一套综合性的电子商务工作方案，旨在研究与全球电子商务有关的贸易问题，内容涵盖电子商务的定义、属性归类、关税、知识产权、市场准入等内容。第二届世界贸易组织部长级会议通过了《全球电子商务宣言》，首次提出暂停电子传输关税的政策。在后续历次部长级会议中，都宣布延续而不对电子传输征收关税。世界贸易组织不对电子传输征收关税有两层含义：首先，传统上不征收关税的产品在线交易时也不征收关税；其次，电子传输本身也不征收关税。该政策得以延续至今，很多世界贸易组织成员强调这项政策的重要性和意义，并提倡将其由暂时性的政策改成永久性的政策。然而，对于电子传输的内容，也就是数字产品是否征收关税并不明确。同年 8 月，世界贸易组织通过《电子商务工作计划》，印度尼西亚代表发展中国家提出强化发展中成员参与方式、总理事会负责关税等议案。

1999 年 11 月，第三届部长级会议在西雅图举行，原计划在本次会议上提议关于电子商务工作计划的最终工作报告，但是由于成员方在谈判中的巨大分歧，电子商务相关计划不得不搁置。2001 年第四届部长级会议一致通过了《多哈部长宣言》，电子商务作为一项单独的议题被列入宣言之中，并提出将在第五届部长级会议上对实施该工作所做的制度安排作出详细的报告，同时还指出，继续保持目前不对电子交易征收关税的惯例，直至第五届会议召开。然而，在 2003 年第五届部长级会议期间，成员国之间并未达成任何协议，只是重申《多哈宣言》并决定继续履行相关决议。在此之后的世界贸易组织第六届、第七届以及第八届部长级会议中，由于各国利益的冲突，三次会议都未能达成有效的协议，多哈回合谈判陷入困境。

2013 年 7 月，第九届世界贸易组织部长级会议在巴厘岛闭幕，世贸组织成立以来的首个全球性贸易协定诞生，主要内容涵盖贸易便利化、农业和发展等三个传统多哈回合议题，《巴黎一揽子协定》在全球贸易便利化方面取得可观的成果，客观上加快了电子商务通关速度。2015 年 12 月在内罗毕举行的第十届部长级会议上，谈判成果丰富，包括制定了世贸组织首个关税减让的协议——《信息技术协定》扩围协议，但电子商务相关问题依然停滞。

2017 年 12 月第 11 届部长级会议在布宜诺斯艾利斯召开，农业、渔业补贴、服务贸易国内规制、电子商务以及投资便利化等问题被提上议程。在电子商务议题方面，会议发表了《电子商务联合声明》，宣布将对“与贸易相关的电子商务”规则谈判开展探索性工作，明确以推动国际经贸规则的谈判为基本目标；2019 年初，达沃斯电子商务非正式部长级会议，中国、美国、欧盟、日本等 76 个世贸组织成员签署了《关于电子商务的联合声明》，正式启动与贸易有关的电子商务诸边谈判。从 2018 年 4 月开始，阿根廷、哥伦比亚、哥斯达黎加、新西兰、巴西、日本、美国、新加坡、俄罗斯等国参与发布了《关于电子商务的联合声明》，成员方陆续向 WTO 总理事会提交了电子商务谈判议案，呼吁抓紧推进前期探索性工作，为开展谈判做好准备。根据提交的相关提案可以看出，各成员国改革和谈判的主张存在着巨大分歧。美国主张在 WTO 框架下引入跨境数据流动、禁止数字基础设施本地化、保护源代码等“数字贸易”议题，重点关注美国具有较强竞争优势的数字产品和服务部门，强调数字贸易“自由性”。但是，欧盟、加拿大、中国等大多数国家认为应坚持 WTO 自 1998 年以来一直使用的“电子商务”概念，不应偏离导致混淆。欧盟强调电子商务“公平”性原则和个人隐私保护。欧盟还提出将电信议题纳入电子商务的谈判范围，确保政府对电信市场监管的非歧视性。日本提出政府不得限制特定网站和互联网服务、不得违反正当程序要求企业披露数据和商业秘密等数字贸易领域的高标准。俄罗斯强调应首先厘清现有 WTO 框架下电子商务的规则及其适用性，弥补规则漏洞。中国主张应坚持发展导向，重点关注通过互联网实现交易的跨境货物贸易及物流、支付等相关服务；关注发展中国家面临的挑战，制定发展合作条款，解决数字鸿沟问题，加强对发展中国家的技术援助。

由此可见，成员国在电子商务发展领域面临各自挑战，对电子商务国际规则的利益诉求和重点关注亦有差异。经过 20 余年讨论，世贸组织仍未就与贸易有关的电子商务议题启动规则制定进程。电子商务谈判的 WTO 成员各方的利益诉求仍存在较大差异，WTO 启动谈判，弥合数字鸿沟的难度可想而知。

6.1.3　WTO 数字贸易规则谈判内容与障碍

1. 数字贸易规则谈判内容

根据 WTO 部长级会议的决议，由四个世贸组织机构在各自管辖领域内负责探讨现有 WTO 协定与电子商务之间的关系。具体而言，服务贸易理事会在《服务贸易总协定》的法律体系内审查电子商务待遇问题；货物贸易理事会审查电子商务中，与《关税及贸易总协定》以及其他影响货物贸易的 WTO 协定有关的问题；与贸易有关的知识产权理事会（TRIPS 理事会）审查与电子商务引起的知识产权问题，即版权及相关权利、商标权、新技术权以及技术获取权的保护和执行；贸易与发展委员会负责考察电子商务的发展，对经济、金融以及发展中国家的发展需求的意义。

从 1998 年 8 月至 2019 年 8 月，在 WTO 框架下，一些成员国就全球电子商务发展、电子商务政策以及电子商务与其他经济领域发展关系等问题，已举行了 11 次研讨会，研讨内容十分丰富，并且具有前瞻性，包括电子商务免征关税及其经济效应、国内电信设施建设、政府管制与法律法规体系建设、中小企业电子商务使用、信息保护、数字使用、电子商务的公司案例分析，等等，研讨会达成的一致观点已经成为部分 WTO 成员国制定数字贸易规则的重要参照。在多哈数字贸易规则谈判期间，美国、日本、加拿大等发达经济体以及中国、巴西、墨西哥、巴基斯坦等发展中经济体向 WTO 陆续递交了共 30 多份提案，广泛涉及数字贸易的众多议题。2018 年以来，参与发布《联合声明》的成员方提出的电子商务相关议题达 24 个，主要涉及四个领域：贸易便利化；信息保护与管制框架的协调；市场准入；数据自由流动。虽然 WTO 至今未达成有关数字贸易规则的具体协议，但是各方在谈判方式、路径和议题等方面已经形成初步共识：谈判是开放性的，呼吁更多的 WTO 成员方参与进来；各成员方的电子商务发展情况千差万别，谈判应尊重成员方发展程度的差异；中小微企业是电子商务的主要参与者，谈判应充分考虑中小微企业的需求和利益。

2. 数字贸易规则谈判障碍

目前 WTO 数字贸易谈判搁置，存在大量悬而未决的基本问题，主要包括以下几个方面：

（1）尚未达成明确、永久的电子传输免征关税协议

目前的免征关税延期宣言是临时性免征关税，并且其形式是宣言而非正式协议，不具有长期性和确定性。

（2）电子商务的定性问题

电子传输的数字产品属于货物还是服务，这是一个基础性问题。如果是货物则适用于《关税与贸易总协定》（General Agreement on Trade and Tariff，GATT），如果是服务则适用于《服务贸易总协定》（General Agreement on Trade in Services，GATS），不同的协定给予的待遇不同，自由化程度也有明显差异。

但是，在电子商务这种新的商业模式中，货物和服务之间的界限变得越来越模糊，应当适用 GATT 还是 GATS 争议很大，各成员国对于数字贸易究竟适用货物贸易规则还是服务贸易规则尚未达成一致。而且，如果数字产品在以电子方式传输时可以免征关税，在以有形载体跨境交易时要征收关税，这无疑与技术中立原则相矛盾。

（3）电子商务的服务模式问题

由于电子商务的自身特性，GATS 各种模式之间的边界在电子商务环境下不再清晰，在线数字产品的具体归属存有争论。在 GATS 框架下，消费者在本地从国外平台上下载数字化产品的交易难以判别是属于跨境交付模式还是属于境外消费模式，如果 WTO 成员对同种服务的跨境提供和境外消费所做的承诺水平不一致，那么服务模式的认定将直接关系到交易者的法律地位和待遇水平。

另外，在线数字化传递的信息产品归为哪一类服务也尚存争议，欧盟认为所有数字化传递的内容产品应适用于 GATS，其原因在于 GATT 只涉及实物产品，数字化交付的信息产品不具有实体属性，应被视为视听服务。而美国将数字化交付产品归类到增值电信服务，且任何种类的数字化交付软件归类到计算机服务。归类的不同将影响电子商务的贸易自由化程度，因为计算机及相关服务部门的具体承诺要远多于视听服务部门。这些争议没

有简单的解决方案，但它们是制订电子商务规则的基础性问题，因而使得 WTO 电子商务谈判从一开始就遇到了难以逾越的障碍。

（4）新型电子商务的分类问题

GATS 生效以来，新型的电子商务服务不断出现，联合国《产品总分类》（United Nations Central Product Classification，CPC）已经更新 3 次，但是 WTO 服务贸易谈判的分类依据——《服务部门分类表》仍然以 1991 年 CPC 分类为基础，没有单独划分电子商务这一类别，电子商务相关服务被包含在其他多个类别如计算机服务、通信服务中，但是许多新型电子商务服务难以归类。

（5）WTO 成员之间的立场对立

在 WTO 多边框架下，数字贸易及跨境电子商务议题主要存在三方立场：一是以美国为首，包括欧盟成员国、日本等在内的发达国家，主张将数字的跨境自由流动纳入多边贸易规则；二是以中国、俄罗斯为代表的发展中国家以及欠发达国家，主张建立基于货物流动为主的跨境电子商务规则；三是非洲和太平洋岛国等相关国家，由于自身电信与互联网等基础设施较差，反对将数字贸易及跨境电子商务议题纳入多边贸易框架下讨论。在 WTO 电子商务谈判中，美国一直主张电子商务自由化，认为电子商务应当适用 GATT，并积极倡导电子商务零关税。以欧盟为代表的成员认为电子商务应当适用 GATS，并且欧盟还将电子商务与视听服务联系在一起，提出“文化例外”原则，因而开放程度有限，双方的分歧难以弥合。

6.2　区域贸易协定中的数字贸易规则

6.2.1　区域贸易协定中的数字贸易规则

由于 WTO 在电子商务谈判方面长期没有取得实质性进展，世界上重要经济体、贸易大国以及地区为建立新的国际贸易秩序，正在转向不同形式的特惠贸易协定。《全面与进步跨太平洋伙伴关系协定》（Comprehensive Progressive Trans - Pacific Partnership，CPTPP）、《跨大西洋贸易与投资伙伴协议》（Transatlantic Trade and Investment Partnership，TTIP）和《国际服务贸易协定》（Trade in Services Agreement，TiSA）三个超大型自由贸易协定的数字贸易谈判尤为活跃，相比其他区域的贸易协定，跨区域、超大型贸易协定的数字贸易规则影响范围更大，更具有代表性，或将成为未来全球数字贸易规则制定的参照。接下来，介绍 CPTPP 与 TTIP 协议中的数字贸易规则。

1. CPTPP 数字贸易规则

2017 年 11 月 11 日，由启动 TPP 谈判的 11 个亚太国家共同发布了一份联合声明，宣布“已经就新的协议达成了基础性的重要共识”，并决定改名为“全面与进步跨太平洋伙伴关系协定”（CPTPP）。2018 年 3 月 8 日，CPTPP 得以签署，并于 12 月 30 日正式生效。CPTPP 共 30 章，第 14 章为电子商务，其中包含 18 项条款，涵盖了电子商务的定义、适用范围与总则、关税、数字产品的非歧视性待遇、国内电子交易法规承诺、电子认证与电子签名、在线消费者保护、个人信息保护、无纸贸易、电子商务的网络进入与适用原则、电子交付方式的跨境数据传递、网络互联费用分担、计算机设施定位、未经要求的商业电子信息、政府层面的信息沟通与合作协调、网络安全问题、源代码以及争端解决机制。内容见附录 1。

2. TTIP 数字贸易规则

TTIP 是有史以来最大的双边贸易协定谈判，美国和欧盟希望通过 TTIP 谈判促进双方市场和资源的整合，促进经济发展。2013 年 7 月首轮谈判在华盛顿启动，2016 年 4 月第十三轮谈判在纽约闭幕，之后谈判处于暂停状态。2019 年 4 月 15 日，欧盟委员会发布了 TTIP 谈判搁置的申明[①]。TTIP 前 13 轮谈判涉及市场准入、监管合作、规则、制度四个部分，共 24 章。虽然没有最终形成具有法律约束力的协定，但是欧盟公布了谈判议题和内容，在市场准入部分，欧盟提交了有关电子商务的议案，议案内容包括目标与适用范围、定义、关税、禁止事先授权原则、电子方式签订合同、电子信托与认证服务、未经请求的直接营销传播、电子商务管制合作。具体内容见附录 2。

6.2.2 美式数字贸易规则及其特点

1. 美式数字贸易规则

美国在其主导的双边或多边贸易协定谈判中率先以电子商务章或数字贸易章的形式对数字贸易规则进行约定。目前，美国签订的自由贸易协定或贸易促进协定共 15 个[②]，有 12 个包含电子商务或数字贸易规则。接下来，依次介绍美国与其他国家（地区）签订的包含数字贸易规则的协定[③④]。

(1)《美国-澳大利亚自由贸易协定》中的电子商务规则

美国和澳大利亚两国政府于 2004 年 2 月 8 日签署了自由贸易协定。该协定共 23 章，第 16 章为电子商务章，包括 8 项条款，以下分别详细介绍。

第 1 条　总则。缔约方承认电子商务带来的经济增长和机会，承认避免对电子商务的使用和发展造成障碍的重要性，承认 WTO 协定对电子商务措施的适用性。

第 2 条　电子服务供应。为免生歧义，对于以电子方式传递或执行的服务供应，其管理措施受到第 10 章《跨境服务贸易》、第 11 章《投资》和第 13 章《金融服务》的约束，同时也适用于该 3 章规定的任何例外原则或不一致措施。

第 3 条　关税。任何缔约方均不得对数字产品的进出口征收关税与其他税费，无论这些数字产品是固定在传输媒介上还是通过电子传输[⑤]。

第 4 条　数字产品的非歧视性待遇。(a) 在以下情况下，任何缔约一方给予数字产品

---

① 资料来源：https：//ec. europa. eu/trade/policy/in－focus/ttip/.

② 包括 NAFTA 在内共 15 个。

③ 本书分别介绍各协定中电子商务或数字贸易章节的涵盖内容，对于前文已经述及的条款，其详细内容不再具体介绍，感兴趣的读者可以参考其他章节中的详细介绍。

④ 协定中与数字贸易有关的规则集中在“电子商务”或“数字贸易”章节，其他章节如“知识产权”“跨境服务”“电信”“投资”中，也有部分条款与数字贸易有关联，文中不再详细介绍。

⑤ 为免生歧义，该条款不得妨碍缔约方对数字产品征收内部税收、费用或其他费用，若这些税费的征收方式与本协定规定一致。

的待遇不得低于给予“其他类似数字产品”的待遇：（ⅰ）在该缔约方领土外所创造、生产、出版、存储、订购、委托、首次商业应用的数字产品；或者，（ⅱ）该数字产品的作者、表演者、生产者、所有者属于缔约另一方或非缔约方；或者，（ⅲ）缔约一方给予数字产品的保护不得低于在该缔约方领土内所创造、生产、出版、订购、委托、首次商业应用的其他类似数字产品。(b) 任何缔约一方：（ⅰ）对于在缔约另一方领土内所创造、生产、出版、存储、订购、委托、首次商业应用的数字产品给予的待遇不得低于给予非缔约方“类似数字产品”的待遇；或者，（ⅱ）当该数字产品的作者、表演者、生产者、开发者、批发商属于缔约另一方时，给予的待遇不得低于给予非缔约方“类似数字产品”的待遇。(c) 本条款的 (a)、(b) 不适用于：（ⅰ）根据协定 10.6 条款、11.3 条款以及 13.9 条款所采取或维持的不一致措施；或者，（ⅱ）与第 17 章《知识产权》不一致的内容；或者，（ⅲ）缔约一方向服务或服务供应商提供的补贴或补助，包括政府支持的贷款，担保和保险；或者，（ⅳ）在执行政府权力时提供的服务。(d) 为免生歧义，本条款的 (a)、(b) 不得妨碍缔约一方根据第 10 章、第 11 章的保留意见采取或维持措施，包括在视听和广播部门的措施。

第 5 条　认证与数字证书。(a) 任何缔约方均不得对电子认证采取或维持如下立法：（ⅰ）禁止电子交易当事人相互确定适合该交易的认证方式；或者，（ⅱ）阻止电子交易当事人在法庭上证实该交易符合电子认证相关的任何法律要求。(b) 各缔约方应致力于在中央政府层面上对缔约另一方颁布或授权颁布的数字证书的认可。

第 6 条　在线消费者保护。当消费者从事电子商务活动时，缔约方承认采取并保持透明和有效的措施来保护消费者免受商业欺诈的重要性。

第 7 条　无纸贸易管理。(a) 各缔约方应努力使公众能够获得电子形式的贸易管理文件。(b) 各缔约方应努力接受电子方式提交的贸易管理文件在法律上等同于纸质版本。

第 8 条　定义。(a)“电子认证”是指验证电子通信或电子交易当事人的身份，并确保电子通信完整性的过程或行为。(b)“传输介质”是指通过已知或以后开发的方法存储数字产品的物理对象，可以从中直接或间接地感知、复制、传播数字产品，包括光学介质、软盘和磁带。(c)“数字证书”是指为了确认电子传播或交易的当事人的身份、权威或其他属性的电子文件。(d)“数字产品”是指经过数字编码的计算机程序、文本、视频、图像、录音或其他产品，无论该数字产品被固定在传输介质上还是通过电子方式传输。(e)“电子传输”或“以电子传播”是指使用一种电磁方式的传输，包括光子方式。(f)“贸易管理文件”是指由缔约一方颁布或管理的文件，该文件必须由货物进口方或出口方完成。

(2)《美国-墨西哥-加拿大自由贸易协定》(USMCA) 中的数字贸易规则

经过长达 14 个月的贸易谈判，美国、墨西哥和加拿大三方于 2018 年 9 月 30 日达成《美墨加贸易协定》，并于 11 月 30 日正式签署生效，以取代 1994 年以来生效的《北美自由贸易协议》。该协定共 34 章，第 19 章为数字贸易章，该章包括 18 项条款[①]：

第 1 条　定义。(a)“算法”是指被定义的一系列步骤，用于解决一个问题或获得一个结果；(b)“计算机设备”；(c)“当事人”；(d)“数字产品”；(e)“电子认证”；

① USMCA 数字贸易规则与 CPTPP 数字贸易规则接近。内容上增加了互动计算机服务、公开政府数据条款。

(f)“电子签名”；(g)“政府信息”是指中央政府持有的非专有信息，包括数据；(h)“信息内容提供者”是指通过网络或其他互动电脑服务创造或开发全部或部分信息的人或实体；(i)“互动计算机服务”是指提供或允许多个用户对计算机服务器进行电子访问的系统或服务；(j)“个人信息”；(k)“贸易管理文件”；(l)“未经请求的商业电子信息”。

第 2 条　适用范围与总则。

第 3 条　关税。

第 4 条　数字产品的非歧视性待遇。

第 5 条　国内电子交易法规体系。

第 6 条　电子认证与电子签名。

第 7 条　在线消费者保护。

第 8 条　个人信息保护。

第 9 条　无纸贸易。

第 10 条　电子商务的网络进入与适用原则。

第 11 条　电子交付方式的跨境信息传输。

第 12 条　计算机设施定位。

第 13 条　未经请求的商业电子信息。

第 14 条　合作。

第 15 条　网络安全问题。

第 16 条　源代码[①]。

第 17 条　互动计算机服务。(a)缔约方承认互动计算机服务对于促进包括中小企业在内的数字贸易增长的重要性。(b)在此，除(d)条款的规定外，任何缔约方均不得采取或维持措施，在确定由该服务储存、处理、传输、发布、使其可获取的信息所导致的危害的责任方面，将该服务的供应商或用户视为信息内容提供者，除非该供应商或用户创造或开发了全部或部分信息。(c)任何缔约方均不得因以下行为对互动计算机服务的供应商或用户施加责任：(ⅰ)供应商或用户基于良好信念自愿采取的任何行动，限制访问、获取该服务可访问、获得的资料，限制供应商或用户认为有害、令人反感的互动计算机服务的使用；或者，(ⅱ)对于供应商或用户认为有害、令人反感的资料，采取措施提供可行技术方式使得信息内容提供者或其他人能够限制访问这些资料。(d)本条款：(ⅰ)不适用于缔约方关于知识产权的任何措施，包括解决知识产权侵权责任的措施；或者，(ⅱ)不得解释为扩大或削弱缔约方保护或执行知识产权的能力；或者，(ⅲ)不得解释为阻止缔约方执行任何刑法，或阻止互动计算机服务的供应商或用户遵守执法当局的具体的合法的命令。

第 18 条　公开政府数据。(a)缔约方承认，促进公众获取和使用政府信息有助于促进经济和社会的发展，促进竞争力和创新。(b)当缔约方选择向公众提供政府信息，包括数据时，它应努力确保信息是机器可读的和开放的格式，并可以被搜索、检索、使用、再使用、再发布。(c)缔约方应努力合作找到合适的方式，以此扩大访问与使用缔约方公开

---

① 第 2 条款至第 16 条款，与 CPTPP 相应条款非常接近，在此不再详细介绍。具体内容可参见附录 1。

的包含数据在内的政府信息，从而增加和创造商机，特别是对中小企业而言。

(3)《美国-智利自由贸易协定》中的电子商务规则

《美国-智利自由贸易协定》于 2004 年 1 月 1 日生效。该协定共 24 章，第 15 章为数字贸易专章，包括 6 项条款，分别为：总则、电子服务供应、数字产品关税、数字产品的非歧视待遇、合作、定义。

(4)《美国-约旦自由贸易协定》中的电子商务规则

《美国-约旦自由贸易协定》于 2001 年 12 月 17 日生效。该协定共 19 章，第 7 章为电子商务，包括 3 项条款：

第 1 条　总则。承认电子商务带来的经济增长和机会，承认避免对电子商务的使用和发展造成障碍的重要性，各缔约方应设法：(a) 避免偏离现行的不对电子传输征收关税的做法；(b) 避免对包括数字产品在内的电子传输施加不必要的壁垒；并且，(c) 对于受本协定第 3 章承诺所约束的电子方式提供的服务，避免阻止其供应，但须遵守本协定第 3 条的承诺，附件 3.1 中缔约方的服务承诺表另有规定的除外。

第 2 条　缔约方应公开所有影响电子商务的有关法律、法规和规定。

第 3 条　双方重申美国-约旦电子商务联合声明中宣布的原则。

(5)《美国-韩国自由贸易协定》中的电子商务规则

美国与韩国于 2007 年 6 月 30 日签署了《美国-韩国自由贸易协定》，该协定于 2012 年 3 月 15 日生效。协定共 24 章，第 15 章为电子商务章，包括 9 项条款，分别为：第 1 条　总则；第 2 条　电子服务供应；第 3 条　数字产品的关税与非歧视待遇；第 4 条　电子认证与电子签名；第 5 条　在线消费者保护；第 6 条　无纸贸易。

第 7 条　访问和使用互联网进行电子商务的原则。为支持电子商务的发展，各缔约方承认其领土内的消费者能够：(a) 访问和使用他们选择的服务与数字产品，除非被该缔约方法律禁止；(b) 符合执法要求，运行它们选择的软件与服务；(c) 在这些设备不会损害网络并且不被该缔约方法律禁止的前提下，将他们选择的设备连接到互联网；并且，(d) 受益于网络提供商、软件和服务供应商以及内容供应商之间的竞争。

第 8 条　跨境信息流动。承认信息自由流动对促进贸易的重要性，并且承认保护个人信息的重要性，缔约方应努力避免对跨境电子信息流动施加或维持不必要的障碍。

第 9 条　定义。(a) 传输介质；(b) 数字产品；(c) 电子认证；(d) 电子签名；(e) 电子传输或以电子方式传播；(f) 贸易管理文件。

(6)《美国-哥伦比亚贸易促进协定》中的数字贸易规则

《美国-哥伦比亚贸易促进协定》于 2012 年 5 月 15 日生效。协定共 23 章，第 15 章为电子商务章，包含 8 项条款，分别为：总则，电子服务供应，数字产品的关税与非歧视待遇，透明度，各缔约方应公布或公开有关电子商务的法律、法规和其他一般应用措施，消费者保护，电子认证，无纸贸易管理，定义。

(7)《美国-巴拿马贸易促进协定》中的数字贸易规则[①]

《美国-巴拿马贸易促进协定》于 2012 年 10 月 31 日生效，旨在消除关税并消除美国

① 内容与《美国-哥伦比亚贸易促进协定》中的数字贸易规则相似。

服务（包括金融服务）的障碍。协定共22章，第15章为电子商务章，包括6项条款，分别为：总则，电子服务供应，数字产品的关税与非歧视待遇，透明度，合作，定义。

(8)《美国-阿曼自由贸易协定》中的数字贸易规则

《美国-阿曼自由贸易协定》于2009年1月1日生效，协定共22章，第14章为电子商务章，包括5项条款，分别为：总则，电子服务供应，数字产品的关税与非歧视待遇，消费者保护，定义。

(9)《美国-巴林自由贸易协定》中的数字贸易规则

《美国-巴林自由贸易协定》于2006年1月11日生效，协定共21章，第13章为电子商务章，包括5项条款，分别为：总则，电子服务供应，关税，数字产品的非歧视待遇，定义。

(10)《美国-摩洛哥自由贸易协定》中的数字贸易规则

美国与摩洛哥于2004年6月15日签署了《美国-摩洛哥自由贸易协定》，该协定于2006年1月1日生效。协定共22章，第14章为电子商务章，包括4项条款，分别为：总则，电子服务供应，数字产品的关税与非歧视待遇，定义。

(11)《美国-秘鲁贸易促进协定》中的数字贸易规则

该协定于2006年4月12日签署，于2009年2月1日生效，协定共23章，第15章为电子商务章，包括8项条款，分别为：总则，电子服务供应，数字产品的关税与非歧视待遇，透明度，消费者保护，电子认证，无纸贸易管理，定义。

(12)《多米尼加共和国-中美洲自由贸易协定》中的数字贸易规则

该协定是美国与中美洲发展中经济体之间第一个自由贸易协定，包括与中美洲邻国哥斯达黎加、萨尔瓦多、危地马拉、洪都拉斯、尼加拉瓜以及多米尼加共和国。协定于2005年8月5日签署，于2006年3月1日生效，协定共22章，第14章为电子商务章，包括6项条款，分别为：总则，电子服务供应，数字产品的关税与非歧视待遇，透明度，合作，定义。

2. 美式数字贸易规则特点①

(1) 设立数字贸易规则专章，内容具有系统性

美式模板的体系较为完整：首先，对数字贸易相关术语做出明确的界定，对规则的适用范围以及例外原则，对数字产品的非歧视待遇给予了详尽的承诺。其次，对电子传输或电子传输内容的关税问题，给予明确约束。再次，在遵守WTO已有规则的前提下，对电子商务引起的其他问题进行了前瞻性探讨，如计算机互动、跨境数据流动。

(2) 提出更高的透明度要求

由于数字贸易的主体是数字服务贸易，美国通常在其主导的区域贸易安排中，通过在“跨境服务贸易章”中引入机制创新元素来促进数字服务贸易自由化，提升数字服务贸易规则的透明度与可预见性。这一系列的创新元素包括：引入“否定列表”的承诺方式、剔除烦琐的“当地存在”要求、减少或限制最惠国待遇豁免、贸易与投资规则的分立构架，

① 部分观点参考 李杨、陈寰琦、周念利．数字贸易规则“美式模板”对中国的挑战及应对［J］．国际贸易，2016.10.

等等。

（3）发布更具约束力和更普遍的 ICT 合作宣言

美国倡导与其缔约伙伴在“长途通信政策”“信息通信技术研究和标准”“互操作性事项”“私人信息保护和信息跨境自由移动的平衡”“知识产权”等与数字贸易相关的领域内开展深入合作。

（4）数字贸易规则不断升级

“美式模板”中数字贸易的早期规则主要涉及“透明度义务”“电子认证和电子签名”“无纸贸易”等。这些早期的所谓第一代规则内容相对明确简单，容易被多数国家所接受。目前随着信息技术的发展和普及，数字贸易的市场范围不断扩大，很多新议题随之出现。最近几年，美国在区域层面力推以“跨境数据自由流动”“源代码的转移或访问”“数据存储非强制本地化”“网络接入与使用”“个人信息保护”等为代表的第二代数字贸易规则。在一系列 Mega－FTA 谈判（TPP、TISA、TTIP）中，这些与第二代数字贸易规则相关的新议题已成为相关谈判的主要内容和争议焦点。

6.2.3　欧式数字贸易规则及其特点

据《金融时报》报道[①]，“对欧盟而言，最为紧迫的问题是创建自己的数字贸易规则体系。在这个体系下，欧盟可就数据、隐私、自由表达、国家安全、税收和竞争做出自己的决定。欧盟已通过行动表明，其有经济和政治实力来做一名规则制定者，而非是规则接受者”。目前欧盟对外签订的自由贸易协定中，有 5 个协定对数字贸易或电子商务进行了具体的约定。

1．欧式数字贸易规则[②]

（1）《欧盟－越南自由贸易协定》中的数字贸易规则

2019 年 6 月 30 日，欧盟与越南签署了双边自由贸易协定（EVFTA），这是欧盟与亚洲发展中国家签署的首个此类协议。协定包括 8 个部分，共 17 章 54 项条款，第 8 章为“投资、服务贸易以及电子商务的自由化”，该章“电子商务”部分包括第 50～52 共 3 项条款：

第 1 条　目标与原则

缔约方承认电子商务增加了很多部门的贸易机会，应促进缔约方之间电子商务的发展，特别是根据本章的规定对因电子商务引起的问题进行合作。

第 2 条　关税

缔约方不得对电子传输征收关税。

第 3 条　电子商务管制合作

（a）缔约方应就电子商务引起的管制问题保持对话，尤其应探讨以下问题：（i）认可电子签名证书，促进跨境认证服务。（ii）中介服务供应商在传输或存储信息方面的责任。

---

① 资料来源：http：//chinawto. mofcom. gov. cn/article/ap/o/201908/20190802891068. shtml.

② 译自各协定英文版本，下载地址：https：//ec. europa. eu/trade/policy/countries－and－regions/negotiations－and－agreements/.

(iii) 未经请求的电子商业信息的处理。(iv) 电子商务领域内的消费者保护。(v) 认可和促进可互操作的跨境电子信托与认证服务。(ⅶ) 与电子商务发展有关的任何其他问题。(b) 对话可以采取这样的形式，即缔约方在各自关于此类问题的法律法规及其执行方面进行信息交换。

(2)《欧盟-日本自由贸易协定》中的数字贸易规则

该协定已于 2019 年 2 月 1 日生效，共 23 章，第 8 章为“服务贸易，投资自由化和电子商务”，该章“电子商务”部分包括 70～81 共 12 项条款：

第 1 条　目标与总原则

(a) 缔约方承认电子商务促进经济增长，增加很多部门的贸易机会，缔约方承认促进电子商务的使用与发展的重要性。(b) 本部分的目标在于，促进建立一个有信任和信心的电子商务使用环境，促进缔约方之间电子商务的发展。(c) 缔约方承认电子商务技术中立原则的重要性。(d) 本部分适用于缔约方的影响电子方式贸易的措施。(e) 本部分不适用于赌博与博彩服务、广播服务、视听服务、公证或同等职业的服务以及法律代理服务。(f) 若本部分条款与本协议的其他条款之间存在任何不一致，则以不一致程度为准。

第 2 条　定义

就本部分而言：

(a)“电子认证”是指验证电子通信或电子交易当事人的身份，或确保电子通信完整性的过程或行为。(b)“电子签名”是一种电子数据，附属于或逻辑相关于其他电子数据，并履行以下要求：(i) 在满足缔约方法律法规的情况下，被当事人用于确认与之相关的电子数据被其创建或签名；(ii) 确认电子数据信息未被更改。

第 3 条　关税

缔约方不得对电子传输施加关税。

第 4 条　源代码

(a) 缔约一方不得要求转让或访问由缔约另一方[①]的个人所拥有的软件源代码。本条款不得妨碍在商业谈判合同中列入或履行与转让、授权访问源代码有关的条款与条件，不得妨碍自愿转让、授权访问源代码，例如在政府采购活动中。(b) 本条款不得影响：(i) 法院、行政法庭或竞争管理机构关于违反竞争法的救济规定。(ii) 法院，行政法庭或行政机构关于知识产权保护的规定，当源代码受到这些权利的保护时。(iii) 缔约方根据 GPA 第三章采取的措施。(c) 为免生歧义，本条款不得妨碍缔约方根据本协定第 1 章第 5 条款、第 8 章第 3 条款和第 65 条款采取或维持的措施[②]，即使该措施与 (a) 条款不一致。

第 5 条　国内规则

对于影响电子商务所有的一般适用措施，各缔约方应确保以合理、客观和公正的方式实施。

第 6 条　禁止事先授权原则

(a) 对于以电子方式提供服务，缔约方应努力不施加事先授权或其他具有同等效力的

---

① 为免生歧义，“缔约另一方的个人所拥有的软件源代码”包含产品中的软件源代码。

② 这些措施包括确保安全与保障的措施，例如认证程序。

要求。(b) 对于非专门针对以电子方式提供服务的授权方案，(a) 条款不得造成损害，不得对电子通信领域的规则造成损害。

第 7 条　电子方式签订合同

除非其法律法规另有规定，缔约方不得采取或维持以下管理电子交易的措施：

(a) 仅因合同以电子方式签订，否认该合同的法律效力、有效性或可执行性；或者，(b) 对于以电子方式签订的合同，设置其他障碍。

第 8 条　电子认证与电子签名

(a) 除非其法律另有规定，缔约方不得以签字是电子形式而否认签字的法律效力。(b) 任何缔约方均不得对电子认证采取或维持如下措施：(i) 禁止电子交易当事人相互确定适合该交易的认证方式；或者，(ii) 阻止电子交易当事人在司法或行政当局之前证实该交易符合电子认证与电子签名相关的任何法律要求。(c) 尽管有 (b) 条的规定，缔约方可以要求，对于一些特定类别的交易，认证方式需符合某些履行标准，或者由其法律认可的主管部门证实。

第 9 条　消费者保护

(a) 缔约方承认采取并保持透明有效的适用于电子商务的消费者保护措施的重要性，承认采取并保持有利于建立消费者电子商务信心的措施的重要性。(b) 缔约方承认，各国从事消费者保护的竞争管理机构在电子商务相关事务方面进行合作，对于提高消费者保护的重要性。(c) 缔约方承认，根据各自的法律与法规采取并保持措施来保护电子商务使用者个人数据的重要性。

第 10 条　未经请求的商业电子信息

(a) 对于未经请求的商业电子信息，各缔约方应采取或维持如下措施：(i) 要求未经请求的商业电子信息的供应商，促进接收者阻止继续接收此信息的能力；并且，(ii) 按照缔约方的法律和法规，要求接收者事先同意接收商业电子信息。(b) 各缔约方应保证商业电子信息是可识别的，如明确透露它们代表的利益方。并且包含必要的信息，使得最终用户可以随时免费要求停止。(c) 对于不遵守根据 (a)、(b) 条款采取或维持的措施的未经请求的商业电子信息供应商，各缔约方应提供追索权。

第 11 条　电子商务合作

(a) 缔约方应在适当情况下合作并积极参与多边论坛，以促进电子商务的发展；并且，(b) 缔约方同意就与电子商务相关的管制事项保持对话，以期适当分享信息与经验，包括相关法律法规及其实施，以及电子商务方面的最佳实践，特别是：(i) 消费者保护；(ii) 网络安全；(iii) 打击未经请求的商业电子讯息；(iv) 向公众发布的电子签名证书的认可；(v) 中小企业使用电子商务所面临的挑战；(vi) 跨境认证服务的促进；(vii) 知识产权；和，(viii) 电子政务。

第 12 条　数据自由流动

缔约方应在本协议生效之日起三年内重新评估将数据自由流动纳入本协议的必要性。

(3)《欧盟—新加坡自由贸易协定》中的数字贸易规则

2018 年 10 月 19 日签订。协定共 16 章，第 8 章为“服务、机构以及电子商务”，该章“电子商务”部分包括 57～61 共 5 项条款。

第 1 条　目标

(a) 缔约方承认电子商务增加了很多部门的贸易机会，在促进电子商务使用与发展的重要性方面以及 WTO 规则对电子商务的适用性方面达成一致。(b) 缔约方同意促进缔约方之间电子商务的发展，尤其是根据本章的规定对因电子商务引起的问题进行合作。此时，缔约方均应避免对电子商务施加不必要的规定或限制。(c) 缔约方承认信息在网络上自由流动的重要性，并且鉴于保护网络上知识产权的重要性，缔约方同意不应损害知识产权所有者的权利。(d) 缔约方同意，电子商务的发展必须完全符合数据保护的国际标准，以确保电子商务用户的信心。

第 2 条　关税

缔约方不得对电子传输施加关税。

第 3 条　电子服务供应

为免生歧义，缔约方同意以电子方式提供服务的管理措施属于本章相关条款包含的义务范围，同时也适用于义务范围内的任何例外原则。

第 4 条　电子签名

(a) 缔约方应采取措施，促进更好的理解彼此的电子签名体系，并在符合国内相关条件和立法的情况下，审查今后就电子签名达成互认协议的可行性。(b) 为达成 (a) 条款所规定的目标，各缔约方应：(i) 尽可能促进缔约另一方在由其自身胜任的主管当局组织的正式或非正式电子签名论坛上，展示该缔约另一方的电子签名体系；(ii) 尽可能鼓励通过专门的研讨会和专家会议就电子签名交换意见，如在安全性和可操作性领域举办的会议上交换意见；(iii) 通过提供相关信息，尽可能帮助缔约另一方研究与分析其电子签名体系。

第 5 条　电子商务管制合作

(a) 缔约方应就电子商务引起的管制问题保持对话，尤其应探讨以下问题：(i) 向公众发布的电子签名证书的认可。跨境认证服务的便利化。(ii) 中介服务供应商在传输或存储信息方面的责任。(iii) 未经请求的电子商业信息的处理。(iv) 消费者保护。(v) 与电子商务发展有关的任何其他问题。(b) 合作可以采取信息交换的形式，即缔约方就各自关于此问题的立法与履行进行信息交换。

(4)《欧盟一墨西哥自由贸易协定》中的数字贸易规则

2018 年 4 月 21 日签订。协定共 44 章，第 16 章为“数字贸易”，该章共包括 1～11 共 11 项条款：

第 1 条　范围

(a) 缔约方承认数字贸易带来的经济增长与机会，承认采用促进消费者数字贸易信心的体系的重要性，承认避免对数字贸易的使用与发展造成不必要障碍的重要性。(b) 缔约方承认在其领土内进行管制以实现合法政策目标的权利，例如实现如下目标：公共卫生保护、社会服务、公共教育、安全、环境，或公共道德，社会或消费者保护、隐私与数据保护，或文化多样性的促进与保护。(c) 本章适用于通过电子方式实现的贸易。(d) 本章不适用于：赌博服务、广播服务、视听服务、公证或同等职业的服务、法律代理服务、政府采购，但是本章第 5 条“电子合同”、第 6 条“电子信托和电子认证服务”以及第 9 条

"源代码"例外，适用于政府采购。

第 2 条 定义

(a)"消费者"是指基于贸易、商业、工艺或职业以外的目的，使用或要求获得公开的电子通信服务的任何自然人，或缔约方国内法律与法规所规定的法人。(b)"最终用户"是指使用或要求获得公开的电子通信服务的任何自然人或国内法律与法规所规定的法人，无论是作为消费者还是基于贸易、商业或职业目的。(c)"未经请求的商业电子信息"是指未经收件人同意或尽管收件人明确拒绝，仍然通过电信网络或在缔约方法律与法规允许范围内的其他电信服务，以商业目的发送给最终用户的电子信息。就本协议而言，至少涵盖电子邮件、文本以及多媒体信息（短信和彩信）。(d)"电子认证服务"是指一项服务：(i) 能够证实自然人或法人的身份；或者，(ii) 能够证实数据信息的来源和完整性，当它首次以最终形式出现时。(e)"电子签名"是一种附属于或逻辑相关于数据信息的电子数据，用于确认与此数据信息相关的签署者，并用于表明签署者同意此数据信息。而且，任何后续的更改都可被发现，从而确保数据信息的来源与完整性。(f)"电子信托服务"是指一类服务，包括电子签名、电子印章、电子时间戳、电子注册交付、认证数字化服务、网站认证、与这类相关的证书的创建、验证与生效。

第 3 条 电子传输关税

(a) 任何缔约方均不得对缔约双方之间的电子传输征收关税。(b) 为免生歧义，(a) 条不得妨碍缔约方对电子传输征收内部税收、费用或其他费用，若这些税费的征收与本协定规定一致。

第 4 条 禁止事先授权原则

(a) 缔约方确保电子方式的服务供应不受事先授权约束。(b) 对于非专门针对以电子方式提供服务的授权方案，(a) 条款不得对其造成损害；并且不得对电子通信领域的规则造成损害。

第 5 条 电子合同

缔约方应确保其法律体系允许通过电子方式形成合同，并且合同不得因电子方式制定而被剥夺法律效力、有效性或可执行性①。

第 6 条 电子信托与认证服务

(a) 缔约方不得仅因该服务以电子形式提供，而否认其法律效力。(b) 任何缔约方均不得采取或维持以下措施来管制电子信托和电子认证服务：(i) 禁止电子交易的当事人共同确定合适的电子交易方式；或者，(ii) 阻止电子交易的当事人获得机会向司法和行政当局证明其电子交易符合任何有关电子信托与认证服务的法律规定。(c) 对于一些特定类别的交易，缔约方可要求认证方式需符合一定的执行标准，或者由其法律认可的主管部门认证。这些要求应是客观、透明和非歧视性的，并且只涉及此类交易的具体特征。(d) 缔约方应鼓励使用可互操作的电子信托与电子认证服务，并且相互承认由认可的信托服务供应

① 该条款不适用于创造或转让不动产权利的合同；不适用于根据法律规定，法院、官方或执行公共权利者参与的合同；不适用于当事人基于贸易、商业或专业以外的目的，进行担保和、或抵押证券的合同；不适用于受家庭法或继承法管辖的合同。

商所发布的电子信托与认证。

第 7 条　在线消费者保护

(a) 缔约方承认保持或采取透明和有效的措施来促进消费者信心的重要性，包括但不限于，当消费者从事电子商务活动时，保护消费者免受商业欺诈与欺骗的措施。(b) 在此，各缔约方应采取或保持那些促进消费者信心的措施，包括禁止对消费者造成伤害或潜在伤害的商业欺诈与欺骗。(c) 缔约方承认，各国消费者保护机构或其他有关机构在跨境电子商务相关活动方面开展合作以提高消费者福利的重要性。

第 8 条　未经请求的商业电子信息

(a) 对于未经请求的商业电子信息，各缔约方应采取或维持如下措施：(i) 要求未经请求的商业电子信息的供应商，促进接收者阻止继续接收此信息的能力；或者，(ii) 按照缔约方的法律和法规，要求接收者事先同意接收商业电子信息。(b) 各缔约方应保证商业电子信息是清晰可识别的，如明确透露它们代表的利益方；并且包含必要的信息，使得最终用户可以随时免费要求停止。(c) 对于不遵守根据 (a)、(b) 条款采取或维持的措施的未经请求的商业电子信息供应商，各缔约方应提供追索权。(d) 对于未经请求的商业电子信息的管制，缔约方应基于相互考虑的情况下努力合作。

第 9 条　源代码

(a) 任何缔约方不得要求转让或访问由缔约另一方的法人或自然人所拥有的软件源代码。(b) 为免生歧义：(i) 本条款不得妨碍缔约方为实现合法的公共政策目标，包括为确保安全与保障目标而采取或维持不符合 (a) 条款的措施。例如在认证程序中，依据一般例外、安全例外和审慎例外条款。(ii) 条款 (a) 不适用于缔约另一方的人在商业基础上自愿转让或授权访问源代码，例如在公共采购交易或自由谈判的合同中。(c) 本条款不得影响：(i) 法院、行政法庭或竞争管理机构关于违反竞争法的救济规定；(ii) 知识产权以及执行；(iii) 缔约方出于保护重要安全利益的必要性，对于与安全利益相关的武器、弹药或战争物资的采购，出于国家安全或国防目的必不可少的采购，有权采取行动或不披露任何信息。

第 10 条　开放网络访问

各缔约方应努力确保其境内的最终用户可根据适用的政策、法律和法规，能够实现：(i) 在合理的、非歧视性的网络管理下，访问、发布和使用他们选择的网络上提供的服务与应用；(ii) 将他们选择的设备连接到互联网，前提是这些设备不会损害网络；并且，(iii) 可以访问互联网接入服务供应商的网络管理实践信息。

第 11 条　合作

(a) 承认数字贸易的全球性质，缔约方应通过现有的部门对话在管制问题和最佳实践方面进行合作，尤其应探讨以下问题：(i) 承认和促进可互操作的跨境电子信托与认证服务；(ii) 直接营销传播的处理；(iii) 中小企业使用电子商务面临的挑战；(iv) 电子商务领域内的消费者保护和消费者信心的建立；(v) 常见的网络安全问题；(vi) 与数字贸易发展有关的任何其他问题。(b) 缔约方确认积极参与多边论坛以促进数字贸易发展的重要性。

(5)《欧盟一加拿大自由贸易协定》中的数字贸易规则

2017 年 9 月 27 日生效。协定共 30 章，第 16 章为电子商务专章，该章包括 1～7 共 7

项条款。

第 1 条　定义

就本章而言：

(a)“交付”是指计算机程序、文本、视频、图像、录音或其他经过数字编码的产品的交付。(b)“电子商务”是指单独通过电信或与其他信息与通信技术相结合进行的商务。

第 2 条　目标与范围。

(a) 缔约方承认电子商务促进经济增长，增加很多部门的贸易机会。缔约方确认 WTO 电子商务规则的适用性，同意促进缔约双方之间电子商务的发展，尤其是根据本章条款对因电子商务引起的问题进行合作。(b) 除本协定其他章节规定的缔约方的义务之外，本章并未规定该缔约方有义务允许电子交付。

第 3 条　电子交付关税

(a) 缔约方不得对电子传输的内容征收关税、税收和费用。(b) 为了免生歧义，(a) 条款不得妨碍缔约方对以电子传输征收内部税收、费用或其他费用，若这些税费的征收方式与本协定规定一致。

第 4 条　电子商务的信任和信心

各缔约方应采取或维持法律、法规与管理措施来保护电子商务用户的个人信息，此时，各缔约方应适当考虑数据保护的国际标准或双方均为成员的国际组织的标准。

第 5 条　总则

考虑到电子商务作为社会和经济发展工具的潜力，缔约方承认以下问题的重要性：(i) 在最大程度地促进电子商务发展方面，国内管制体系的明确、透明与可预测性；(ii) 促进电子商务方面的互操作性、创新与竞争；(iii) 促进中小型企业使用电子商务。

第 6 条　电子商务对话

(a) 承认电子商务的全球性质，缔约方应就电子商务引起的问题保持对话，对话应包括以下问题：(i) 承认向公众发布的电子签名证书，促进跨境认证服务；(ii) 中介服务供应商在传输或存储信息方面的责任；(iii) 未经请求的电子商业信息的处理；(iv) 电子商务领域内的个人信息保护以及保护消费者与商业免受商业欺诈与欺骗。(b) 对话可以采取这样的形式，即缔约方在各自关于此类问题的法律、法规及其执行方面进行信息交换。(c) 承认电子商务的全球性质，缔约方确认积极参与多边论坛来促进电子商务发展的重要性。

第 7 条　与其他章节的关系

若本协定的其他章节与本章存在不一致条款，则其他章节不一致条款优先。

2. 欧式数字贸易规则特点[①]

对欧盟而言，最为紧迫的问题是满足于追随美国或是中国，还是创建自己的体系，其答案是显而易见的。如果有一个美国的互联网和中国的互联网，那么也应有一个欧盟的互联网。在这个框架下，欧盟可就数据、隐私、自由表达、国家安全、税收和竞争做出自己的决定。随着一般数据保护条例、一系列竞争和税收裁决的实施，欧盟已通过行动表明，

① 周念利，陈寰琦．数字贸易规则“欧式模板”的典型特征及发展趋向 [J]．国际经贸探索，2018.3.

其有经济和政治实力来做一名规则制定者，而非是规则接受者[①]。

（1）尚未形成一个完整且独立的文本体系。随着数字化的程度日渐提高，往昔划分在多部门的服务聚拢在一个范畴之内，如电信、广播和视听服务已经难以分割。但是，欧盟所签的 FTA 中涉及数字贸易的条款大都相当零碎地散落在不同章节。

（2）开放程度较低。针对一些数字贸易给传统贸易规则带来的挑战，如是否在数字贸易领域适用“最惠国待遇”和“国民待遇”等问题，“欧式模板”也没有给出明确翔实的应对之策。欧盟在推进信息和通信技术（ICT）合作中“稳中求进”，在关税政策和基础设施方面采取促进措施。

（3）在知识产权保护和信息交流技术合作中，推进规则的制定。欧盟在数字贸易知识产权保护中针对该领域的执法程度和保护水平，全面引入了“TRIPS ＋”条款。其一，在执法层面上削减已有的例外条款，尤其是针对中等经济体，取消 TRIPS（1994）中的保护措施和例外条款。其二，提高对权利人的保护水平。

（4）在“视听例外”和“隐私保护”方面，坚守例外原则。视听部门是数字贸易的关键内容，也是文化部门的重要组成部分。欧盟不仅在多边谈判 WTO 体制中多次提出“文化例外”，还在双边或多边谈判中坚持传统贸易规则在文化部门的例外原则。另外，“隐私保护”更是欧盟在谈判中不可侵犯的主张，欧盟高标准的“隐私保护”导致其围绕“知识产权保护”和“跨境数据自由流动”等核心关切所进行的谈判多次搁浅。

总体而言，数字贸易规则“欧式模板”还处在初级阶段，各条例零散分布在不同章节。在数字贸易规则谈判的目标上，欧盟希望通过推进“跨境数据自由流动”、完善“知识产权保护”和推进“视听合作”以实现数字贸易的良性发展。但是，欧盟自身有不可逾越的红线贯穿始终，即坚守“隐私保护”和“视听例外”，这导致欧盟与数字贸易大国在多个部门的谈判难有进展，围绕三大重要议题——“跨境数据自由流动”“知识产权保护”和“视听例外”的谈判矛盾不断。展望未来，欧盟只有在这些议题上求同存异，增加合作规则，确立欧盟自身的权益保护和各部门开放的平衡点，才可构建出一个让缔约各方实现共赢的数字贸易规则“欧式模板”。

6.3 中国在贸易协定中的数字贸易规则

6.3.1 中国在 WTO 框架下的数字贸易规则承诺

近年来，中国电子商务发展迅速，作为全球规模最大、成长最快的电子商务市场之一，中国高度重视该领域的国际合作，在双边和区域自贸协定中积极推动制定相关规则，在世贸组织中也多次提交提案，努力推动多边讨论取得进展。

中国主张在坚持多边主义、坚持发展导向、强调开放包容的原则上，推动构建新的全球性数字经济规则。数字经济的谈判议题应当由简入繁，避免部分发达国家的高标准对发展中国家构成“发展壁垒”。谈判应以跨境电子商务便利化、无纸贸易、电子认证为主要

① 资料来源：http：//chinawto. mofcom. gov. cn/article/ap/o/201908/20190802891068. shtml.

内容，提高政策透明度，推动建立规范便利、安全可信的电子商务交易和市场环境，解决数字鸿沟和促进中小企业融入全球价值链。中国积极参与数字经济规则谈判，既顺应了全球数字经济领域的国际发展趋势，又有助于推动全球经济治理体系向公正、合理、有效的方向变革，发挥负责任大国的作用。中国将继续致力于减少各方分歧、扩大成员共识，为改善全球贸易体系贡献“中国智慧”。

2019 年 1 月 25 日，在瑞士达沃斯举行的电子商务非正式部长级会议上，中国和澳大利亚、日本、新加坡、美国、欧盟、俄罗斯、巴西、尼日利亚、缅甸等共 76 个世贸组织成员签署《关于电子商务的联合声明》（以下简称《声明》），确认有意在世贸组织现有协定和框架的基础上，启动与贸易有关的电子商务议题谈判。《声明》强调谈判进程应是开放、透明、包容和非歧视的，将充分认识并考虑世贸组织成员在电子商务领域面临的独特机遇和挑战，鼓励所有成员参加谈判，以便使电子商务为企业、消费者和全球经济带来更大利益。

2019 年 5 月 13 日，中国正式向世贸组织提交《中国关于世贸组织改革的建议文件》，提出世贸组织改革四个方面的重点行动领域：一是解决危及世贸组织生存的关键和紧迫性问题；二是增强世贸组织在全球经济治理中的相关性；三是提高世贸组织的运行效率；四是增强多边贸易体制的包容性。中方就上述领域的具体问题提出了细化建议。

6.3.2 中国在区域贸易协定中的数字贸易规则

目前，中国已与其他国家（地区）签订了 18 份自由贸易协定①，其中，《中国-澳大利亚自由贸易协定》《中国-韩国自由贸易协定》包含了电子商务专章，接下来，依次介绍其内容。

1.《中国-韩国自由贸易协定》中的数字贸易规则②

2015 年 12 月 20 日正式生效，共 22 章，第 13 章为“电子商务”专章，包括 9 项条款：

第 1 条 总则

缔约双方认识到电子商务带来的经济增长和机会，促进电子商务应用和发展的重要性以及世界贸易组织（WTO）协定对影响电子商务的措施的适用性。

第 2 条 与其他章节的关系

若本章与其他章节有不一致之处，该处以其他章节为准。

第 3 条 海关关税③

各缔约方将保持目前在世界贸易组织的做法④，不对电子传输征收关税⑤。

第 4 条 电子认证和电子签名

(a) 任何一方采纳或实施的电子签名法律，不得仅基于签名是电子形式而否认其法律效力。(b) 各缔约方实施的国内电子签名法律应允许：(i) 电子交易双方共同确定合适的

---

① 资料来源：http://fta.mofcom.gov.cn/.

② 资料来源：http://fta.mofcom.gov.cn/korea/annex/xdwb_13_cn.

③ 本章电子商务条款，不影响双方对于电子交付属于货物贸易或是服务贸易的立场。

④ 现行做法将与巴厘世贸组织部长决定［WT/MIN (13) /32－WT/L/907］电子商务工作计划第 5 段的内容保持一致。

⑤ 若世贸组织部长决定对相关规定进行变动，双方可保留调整相关做法的权力。

电子签名和电子认证方法[①][②]；并且，(ii) 电子交易中的电子认证机构有机会向司法或行政主管部门证明其对电子交易的电子认证符合法律对电子认证的要求。(c) 各缔约方应努力使数字证书和电子签名互认。(d) 各缔约方应鼓励数字证书在商业部门中的应用。

第 5 条　电子商务中的个人信息保护

各缔约方认识到在电子商务中保护个人信息的重要性，应采纳或实施措施以保证电子商务用户的个人信息得到保护，并就电子商务中的个人信息保护交流信息和经验。

第 6 条　无纸贸易

(a) 各缔约方应努力将贸易管理文件以电子形式提供给公众。(b) 各缔约方应探索接受以电子形式递交的贸易管理文件具有与纸质版文件同等法律效力的可能性。

第 7 条　电子商务合作

(a) 缔约双方同意就电子商务相关问题交流信息和经验，包括法律与法规、规则与标准，及最佳实践等。(b) 缔约双方应鼓励在研究和培训方面的合作，促进电子商务发展。(c) 缔约双方应鼓励企业间的交流、合作活动和联合电子商务项目。(d) 缔约双方应以合作的方式积极参与地区及多边论坛，以促进电子商务发展。

第 8 条　定义

(a) 电子认证指在电子通信或交易中，为保障电子通信或交易的完整性和安全性，为电子签名相关各方提供真实性、可靠性验证的过程或行为。(b) 电子签名指数据电文中以电子形式所含，所附于或与数据电文逻辑相关，可用于识别签名人与数据电文的关系并表示签名人认可其信息的数据。其中，数据电文指以电子、光学或者类似手段生成、发送、接受或者储存的信息。(c) 贸易管理文件指在进出口货物贸易中，必须为进口商或出口商填报的由一缔约方签发或管理的表格。

第 9 条　争端解决不适用

对于本章下产生的任何事项，任何一缔约方不得诉诸本协定第二十章（争端解决）。

2.《中国-澳大利亚自由贸易协定》中的数字贸易规则

2015 年 12 月 20 日正式生效，共 17 章，第 12 章为“电子商务”专章，包括 11 项条款：

第 1 条　目的和目标

(a) 双方认识到电子商务带来的经济增长和机遇、避免电子商务使用和发展壁垒的重要性以及相关世贸组织规则的适用性。(b) 本章旨在推动双方之间的电子商务发展，包括通过鼓励电子商务合作的方式。(c) 双方应努力确保通过电子商务进行的双边贸易所受的限制不超过其他形式的贸易。

第 2 条　定义

(a)“数字证书”是指为确定电子通信或交易相关方的身份而向其出具或与其关联的电子文档或文件。(b)“电子签名”是指采用电子形式、附着于或在逻辑上与数据电

① 对于中方，根据其国内法律规定，电子签名需要第三方认证的，必须由经政府主管部门许可批准的电子认证服务者提供认证服务。

② 对于韩方，根据其国内法律规定，可以要求认证方法满足一定的业绩标准或由法律授权的权威机构进行认证。

文相关的数据，该数据可用于鉴别和数据电文相关的签名人，表明签名人对数据电文所含信息的认可。(c)“文件的电子版本”是指一方规定的电子格式文件，包括通过传真传输的文件。(d)“个人信息”是指个人身份标识明显或可从中合理识别个人身份的信息。(e)“贸易管理文件”是指一方政府发布或管控的，必须为或由进出口商填写的与进出口货物有关的表格。(f)“贸易法委员会”是指联合国国际贸易法委员会。(g)“垃圾商业电子信息”是指未经接收者同意（包括接收者已明确拒绝或撤销同意）使用互联网传输服务或其他电信服务向电子地址发送的用于商业目的的电子信息（包括语音服务）。

第 3 条　关税

(a) 各方应以与世贸组织 2013 年 12 月 7 日部长决定《关于电子商务的工作计划》(WT/MIN (13) /32－WT/L/907) 第 5 条相一致的方式，维持不对双方之间电子交易征收关税的做法。(b) 各方保留根据《关于电子商务的工作计划》的任何进一步的世贸组织部长决定，对本条第一款提及的做法进行调整的权利。

第 4 条　透明度

(a) 各方应立即公布，或者在公布难以操作的情况下立即让公众知晓所有关于或影响本章实施的普遍适用的相关措施。(b) 各方应对另一方提出的有关本条第一款意义下任何普遍适用措施的特定信息要求立即进行回应。

第 5 条　国内监管框架

(a) 各方应在《1996 年贸易法委员会电子商务示范法》的基础上维持电子交易监管的国内法律框架，并适当考虑其他相关国际标准。(b) 各方应：(i) 将电子商务的监管负担最小化；(ii) 确保监管框架支持产业主导的电子商务发展。

第 6 条　电子认证和数字证书

(a) 各方的电子签名法律应允许：(i) 电子交易相关方共同决定符合其约定的电子签名和认证方式；以及 (ii) 电子认证服务提供者，包括机构，向司法部门或行政机构证明其电子认证服务遵守法律中关于电子认证的规定。(b) 各方应致力于数字证书和电子签名的互认。(c) 各方应鼓励数字证书在商业领域的使用。

第 7 条　网络消费者保护

各方应尽可能以其认为合适的方式，为使用电子商务的消费者提供保护。这种保护至少与其法律、法规和政策下对其他商业形式的消费者提供的保护相当。

第 8 条　在线数据保护

(a) 各方仍应采取其认为合适和必要的措施，保护电子商务用户的个人信息。(b) 在制定数据保护标准方面，各方应在可能范围内考虑国际标准和相关国际组织的标准。

第 9 条　无纸贸易

(a) 各方应接受贸易管理文件的电子版本和纸质文件具有同等法律效力，除非：(i) 有相反的国内或国际的法律要求；或者，(ii) 如此操作将降低贸易管理过程的有效性。(b) 双方应在双边和国际场合开展合作，以提升贸易管理文件电子版本的接受程度。(c) 在提出使用无纸贸易的倡议时，各方应尽力考虑国际组织已达成一致的方式。(d) 各方应努力使公众可获得所有贸易管理文件的电子版本。

第 10 条　电子商务合作

(a) 各方应鼓励开展研究和培训活动的合作，以推动电子商务发展，包括分享电子商务发展的最佳实践。(b) 各方应鼓励开展促进电子商务的合作活动，包括将提升电子商务有效性和效率的合作活动。(c) 本条第一和第二款中提及的合作可以包括但不限于：(i) 分享关于管理框架的信息；(ii) 分享关于网络消费者保护的信息，包括垃圾商业电子信息；以及 (iii) 双方商定的更多领域。(d) 双方应努力采用基于现有国际合作倡议的非重复的合作形式。

第 15 章《争端解决》的规定不得适用于本章规定。

6.3.3　丝路电商——电子商务合作备忘录

为推动贸易畅通提供了"快车道"，中国将深入推动"一带一路"倡议框架下的电子商务领域合作，与更多有意愿的国家签署电子商务合作备忘录，帮助相关国家发展电子商务与数字经济。

2017 年 11 月 10 日，中国与柬埔寨签署《中华人民共和国商务部和柬埔寨商业部关于电子商务合作的谅解备忘录》。根据该备忘录，中柬双方将在业已建立的全面战略合作伙伴关系，特别是在"一带一路"倡议和柬埔寨政府"四角战略"框架下，加强政策沟通、企业合作、能力建设、人员培训和联合研究等电子商务领域的交流与合作。

2017 年 11 月 27 日，中国与爱沙尼亚签署《关于电子商务合作的谅解备忘录》。双方将在中国-爱沙尼亚双边经贸混委会框架内建立电子商务合作机制，加强政策沟通，鼓励两国企业通过电子商务推广各自的优质特色产品，并积极支持专业人员培训、分享最佳实践和创新经验等方面的电子商务合作，提高中国与爱沙尼亚的经贸合作水平。

2018 年 4 月 9 日，中国与奥地利签署了《关于电子商务合作的谅解备忘录》。中奥双方将共同为电子商务创造良好的发展环境，定期开展政府层面对话，促进地方合作和公私对话，支持两国企业开展电子商务项目合作，特别是通过电子商务促进优质产品及服务的进出口贸易，鼓励双方研究机构、行业组织、企业等开展对接，通过电子商务开拓中奥经贸合作新途径和新领域，不断提高贸易便利化程度和合作水平，进一步推动双边经贸关系持续稳定发展。

2018 年 6 月 8 日，中国与俄罗斯签署了《中华人民共和国商务部和俄罗斯联邦经济发展部关于电子商务合作的谅解备忘录》。中俄双方将建立电子商务合作机制，共同推进"丝路电商"合作。

2018 年 7 月 9 日，中国和科威特签署了《中华人民共和国商务部和科威特国商工部关于电子商务合作的谅解备忘录》。中科双方将共同为电子商务创造良好的发展环境，定期开展政府层面对话，促进地方合作和公私对话，支持两国企业开展电子商务项目合作，特别是通过电子商务促进优质产品及服务的进出口贸易，通过电子商务开拓中科经贸合作新途径和新领域，不断提高贸易便利化程度和合作水平，进一步推动双边经贸关系持续稳定发展。

2018 年 7 月 20 日，中国与阿联酋签署了《中华人民共和国商务部和阿拉伯联合酋长国经济部关于电子商务合作的谅解备忘录》。中阿双方将共同为电子商务创造良好的发展环境，利用电子商务开拓中阿经贸合作新途径和新领域。

2018 年 12 月 3 日，中国与巴拿马签署了《中华人民共和国商务部与巴拿马共和国工商部关于电子商务合作的谅解备忘录》。双方将建立电子商务合作机制，在政策沟通、企业对接、能力建设等方面加强合作，通过电子商务提升物流和旅游服务水平，共同加强“丝路电商”合作，进一步推动双边经贸关系持续稳定发展。

2019 年 3 月 23 日，中国与意大利签署了《中华人民共和国商务部和意大利共和国经济发展部关于电子商务合作的谅解备忘录》。双方将分享管理和政策制定的经验、推进地方合作和公私对话、开展联合研究和人员培训，鼓励企业开展电子商务交流和合作，共同提升旅游休闲业服务水平。

2019 年 7 月 31 日，中国与哥伦比亚签署了《中华人民共和国商务部和哥伦比亚共和国贸易、工业和旅游部关于电子商务合作的谅解备忘录》。双方将分享管理和政策制定的经验、促进公私对话、开展联合研究和人员培训，鼓励企业开展电子商务交流和合作，通过电子商务推动各自国家的优质特色产品贸易发展。

本章思考题

1. 你见过或使用过哪些数字产品？你在使用过程中需要支付哪些费用？
2. 你认为中国与其他国家签订的数字贸易规则，会不会影响你的生活和工作？
3. WTO 电子商务规则谈判进程为何十分缓慢？
4. 美国数字贸易规则和欧盟数字贸易规则有哪些不同？

第7章 数字贸易的政策体系

案例7-1

2018年11月，中国商务部和世界贸易组织秘书处发布的《2018世界贸易报告》，以“数字技术如何改变全球商业”为主题，指出“我们正经历着前所未有的技术变革时代，与互联网有关的一切创新可能产生重大影响。数字贸易不仅有利于货物贸易，而且能够促进服务贸易便利化、催生新的服务业态”。当前，数字贸易涉及软硬件基础设施建设、人力资本投资、贸易政策措施、国内规制框架、知识产权保护等多方面的工作。建立系统的数字贸易政策体系，已成为各国推动数字贸易快速、规范、健康发展的关键。2019年1月，中国、美国、日本以及欧盟成员国等76个国家签署《关于电子商务的联合声明》，确定在世界贸易组织现有协定和框架的基础上，启动与贸易有关的电子商务谈判。2019年5月，中国、美国、日本等10个国家已经提交了首轮提案。目前，各国推动数字贸易的政策体系及谈判关注的侧重点各不相同，数字贸易政策体系的完善与协调将是一个长期的过程。全球数字贸易发展在为全球经济发展带来机遇的同时，也给传统贸易方式和贸易规则、监管执法和相关规章制度带来了严峻挑战。2019年6月，在上海科学院召开的数字经济和数字贸易规则研讨会上，美国乔治城大学兼职法学教授Usman Ahmed指出：“数字贸易的监管目前存在很多法律上的框架性问题，如法律管辖区域、经营许可等方面。国际规则的制定需要跟得上现实发展的速度，更多地进行国际合作，以加深相互之间的理解。”

7.1 美国数字贸易的政策体系

7.1.1 美国数字贸易政策的历史演变

1. 美国数字贸易萌芽时期的政策

1998年4月，美国商务部发布了《浮现中的数字经济》（*The Emerging Digital Economy*），该报告立足于宏观视角，分析了在高增长、高就业、低通胀这一经济运行模式中信息技术的重要作用，重点分析了信息对经济发展的决定性作用。此外，该报告将信息产业进一步细分为硬件工业、软件服务业、通信设备工业以及通信服务业等。1999年，美国商务部在该信息产业分类的基础上，进一步研究了信息产业对经济的影响，发布了题为《浮现中的数字经济Ⅱ》（*The Emerging Digital Economy* Ⅱ）的报告。该报告指出，1995—1998年，真正的经济增长来自蓬勃发展的数字经济。电子商务和信息技术产业的增长速度超过了所有人的预测，已经达到了空前的规模。

美国商务部在2000年、2002年及2003年分别发布了当年的信息产业研究报告《数字经济》（*The Digital Economy*），在《数字经济2000》（*The Digital Economy* 2000）中，

美国商务部指出，信息技术产业包括计算机硬件、有线电视服务商以及新型的互联网相关产业已经成为促进美国经济高速发展的重要力量。美国经济快速发展的主要推动力是以计算机为代表的高科技产业，该产业的快速发展使得美国的社会生产力显著提高，通货膨胀水平明显下降。在《数字经济 2002》(*The Digital Economy* 2002) 中，美国对新经济进行了重新定义，将其定义为一种 IT 和相关投资驱动生产率增长的经济形式。该报告分析了 IT 投资减少但新经济仍然持续发展的形势、在线环境的改善、新经济中的工作情况、新经济中的信息技术产业和信息技术应用在生产率和通胀方面的效果、信息技术产品和服务的国际销售以及 IT 对教育的影响等。虽然经济衰退，但美国产业界仍继续努力，建设这个国家的 IT 资本股市，调整人员技能和 IT 服务来为 IT 资本营造更有效率的运作环境，为经济奠定可持续发展的基础。《数字经济 2003》(*The Digital Economy* 2003) 重点研究了以下三个问题：IT 生产商的前景是什么？IT 员工在目前不景气的就业市场中的状况如何？IT 的投资和使用在美国经济活动中是否仍然起着不可或缺的作用？同时，该报告在对“新经济到底是否存在”这个问题的论述上，又有了新的进展。其认为，只有当经济经受住 IT 时代的首次衰退，IT 对于生产率的持久作用才能明朗。一方面，该研究报告指出，投资 IT 的企业比未投资 IT 的企业更具有生产能力，运营得更好；另一方面，该研究报告又指出“单纯地购买 IT 不一定会产生利润，其他投资例如重组工作流程和对于劳动力的再培训对于利润产生也同样不可或缺”。随着 IT 信息产业的不断普及，除了企业开始大范围地使用互联网，美国家庭也逐渐开始接触互联网。

2010 年，美国国家电信和信息管理局对美国家庭的互联网使用情况进行了相应调查，发现“数字鸿沟”(即信息富有者和信息贫困者之间的鸿沟) 已经成为美国主要的经济和民权问题之一。为了让美国人民能够随时随地利用任何设备获取高质量的数字政府信息和服务，2012 年 5 月，美国白宫发布《数字政府战略》(*Digital Government Strategy*)，坚持“以信息为中心、建设共享平台、以客户为中心、安全隐私平台”四大原则，根据这些原则，美国政府相应地提出以下规划方案：在信息中心方面，美国政府将开放数据、内容和网络应用程序接口作为新的默认方式，以保证政府可以从网络获取现有的高价值数据和内容；在共享平台方面，美国政府将建立一个数字化服务创新中心和顾问团队，建立跨部门治理机制来完善数字化服务的提供工作，统一政府部门的资产管理和采购工作；在客户中心方面，美国政府将使用现代化的工具和技术来提供更好的数字化服务；在安全和隐私方面，美国政府将提升新技术应用的安全性，评估、精简安全和隐私流程。

在这一阶段，美国政府充分抓住了信息技术产业的发展机遇，数字经济得到了快速发展，并且逐渐成熟，为美国数字贸易的发展奠定了良好的基础。

2. 美国数字贸易发展时期的政策

随着美国数字经济的快速发展，美国将数字贸易的发展也提上了议事日程，美国国际贸易委员会不断对“数字贸易”的定义进行完善。2013 年 7 月，美国国际贸易委员会在《美国与全球经济中的数字贸易 (第一部分)》(*Digital Trade in the U. S. and Global Economies*, *Part* 1) 中正式提出了“数字贸易”，将其定义为通过互联网传输产品和服务的国内商务和国际贸易活动。美国国际贸易委员会认为，数字贸易主要包括数字化交付内容、社交媒体、搜索引擎及其他数字化产品和服务。美国对数字贸易的初步定义排除了包括具有数字特性的实体商品在内的大部分的实体商品贸易。2014 年 9 月，美国国际贸易委员会出台了《美国与全球经济中的数字贸易（第二部分）》（*Digital Trade in the U. S. and Global Economies*，*Part* 2），进一步完善了对“数字贸易”的定义，将其定义为美国国内贸易和国际贸易，其中互联网和基于互联网的数字技术在订购、生产或交付产品和服务方面起到了重要作用。为了进一步明确数字贸易在美国和全球经济中的重要作用，解决阻碍美国进入全球市场的各种数字贸易壁垒，该报告对数字贸易相关行业进行了调查，发现数字贸易可以提高生产率，降低贸易成本，提升经济产出。

2014 年 1 月，美国商务部发布了《数字经济与跨境贸易：数字化交付服务的价值》，对数字化交付的跨境服务贸易进行定义，其内容主要包括：一是商业、专业和技术服务。例如，某些计算机产品可能在形式上被归类为商品，但是计算机和信息服务本质上仍是数字化的，其他的如法律服务或建筑服务则是对数字资源的集中利用。二是特许权使用费和许可费，包括使用知识产权的费用，如专利、商标、版权、工业流程和设计以及特许经营权。三是金融服务，无论是管理银行账户、支付账单、投资活动等，都更多地在网上或跨境进行。四是保险服务，保险公司越来越多地转向使用数字网络来进行通信和产品交付。数字化纸质文档和电子交付在整个行业中越来越重要。五是电信服务，这是最数字化的服务类别，如电话、视频会议、电子邮件和语音邮件都是高度数字化的活动。

2016 年 3 月，美国贸易代表办公室出台的《数字贸易 12 条》致力于改变国际贸易规则，促进商品、服务和数据在自由和开放的互联网上自由流动。2016 年 3 月，美国贸易代表办公室在该文件的基础上加以补充，出台了《数字贸易 24 条》，内容主要包括促进互联网自由和开放、禁止数字产品关税、确保数字产品基本的非歧视原则、实现跨境数据自由流动、防止数据的本地化障碍、禁止其他国家强制性的技术转让、保护关键的源代码、确保创新性公司可以使用自己选择的技术、提升数据交易创新认证办法、为消费者提供可执行的消费者保护、为数字贸易提供良好的网络竞争环境、发展创新的加密产品、为数字贸易构建适应性框架、与贸易伙伴共同推进网络安全、保持市场驱动的标准化和全球性的互操作能力、消除加诸所有工业制成品的关税、确保健康的投资和跨境服务准入机制、确保更快的和更透明的海关手续、推进规则和标准制定的透明度以及利益相关者的参与、确保美国国有企业和美国出口商的公平竞争、制定和执行强有力和平衡的版权保护规则、加强专利保护、打击商业间谍秘密盗窃行为、确认产品的合格评定程序等。至此，美国的数字贸易政策体系大致形成。

3. 美国数字贸易成熟时期的政策

随着世界数字贸易的快速发展，数字贸易壁垒逐渐浮出水面。2016 年 7 月，美国贸易代表办公室成立了数字贸易工作组，快速识别数字贸易壁垒，对主要国外市场上的数字贸易壁垒开展调查和评估，该工作组同时还负责协调多边、双边数字贸易谈判以及相关协定的执行。2017 年初，考虑到 TPP 协定前途未卜，美国贸易代表办公室（USTR）更新了《数字贸易 24 条》的部分内容，制定了整套的、全面的“跨境数据和信息流动规则”，包括确保数据自由流动、网络安全事项合作、源代码及争端解决等。2017 年 8 月，美国国际贸易委员会发布《全球数字贸易的市场机遇与主要贸易限制》，从数字产品、电子商务等方面分析了全球数字贸易的发展现状及前景，归纳总结了限制数字贸易发展的主要贸易监管和政策措施，如数据保护、网络安全等。同年，美国对“数字贸易”进行了更为广泛的定义，在《数字贸易的主要障碍》（*Major Obstacles to Digital Trade*）这份报告中，美国认为“数字贸易”的概念应该更为广泛，不仅包括个人消费品在互联网上的销售以及在线服务的提供，还包括实现全球价值链的数据流、实现智能制造的服务以及无数其他平台和应用。

2018 年 4 月，美国就 WTO 关于数字贸易的联合声明发表文件，该文件提出了信息自由流动、数字产品公平待遇、保护企业机密信息、确保数字安全、促进互联网服务、竞争性电信市场及贸易便利化等七项议题。此外，针对数字贸易的网络安全问题，2018 年 9 月，美国白宫出台的《美国国家网络战略》中提出要培育充满活力和弹性的数字经济。美国政府要推动建立保障经济安全的标准，增强美国市场活力和创新动力，以创新优先，激励建成安全且适应性强的技术市场，投资下一代的基础设备，促进数据的跨境自由流动。2019 年 7 月，美国国防部发布了《国防部数字现代化战略》，强调国防部必须以网络优先，高度重视网络安全工作，指出所有网络、系统、应用程度和企业服务在设计上都必须确保安全，并对整个过程进行网络安全管理。

7.1.2 美国数字贸易政策的主要特征

1. 注重网络安全

从美国的数字贸易政策来看，网络安全问题已经受到美国政府的高度重视。自由和开放的互联网促进了新型互联网服务的发展，也推动了数字贸易蓬勃发展，随着新一代信息技术成为经济发展的根基，经济安全和国家安全的关系愈发密切。特朗普总统上台以后，美国先后出台了《国家网络战略》《国防部数字现代化战略》，标志着美国重新开始重视网络漏洞修复和网络能力构建工作。美国要求政府采用基于风险的方法来防止和应对网络安全事件，确保企业使用安全的加密技术，保护源代码，禁止要求企业强制性技术转让，维护企业知识产权。

2. 强调信息和数据的跨境自由流动

数据和信息的自由流动是美国数字贸易快速发展的重要保障。部分国家禁止信息自由流动，在一定程度上遏制了美国相关企业的发展。美国相继出台了《数字贸易 24 条》《美国国家网络战略》等，要求允许数据的跨境传输，防止信息数据的本地化，禁止利用网络阻挡或过滤在线内容，要求公司和消费者可以根据自身需要移动使用数据，力求在保护数据自由流动的同时采取保护消费者数据等合理的保障措施，从而打击歧视性和保护主义的障碍。

3. 突出数字产品的公平待遇

与数字贸易发展密不可分的必然是数字产品，由于数字产品的特殊性，在进入他国市场时会遭遇一定的阻碍，数字产品的公平待遇至关重要。美国在《数字贸易 24 条》以及在针对 WTO 联合声明的新议案中指出：要完全禁止对数字产品征收关税，确保关税不会影响音乐、视频、软件等数字产品的流动，确保美国国内的艺术家、作家等得到与其他国家相同的机会和待遇。同时，美国认为来自其自由贸易协定伙伴国的数字产品在任何伙伴国市场上都不应处于竞争劣势，要求在数字产品贸易过程中应用非歧视原则。

7.1.3 美国数字贸易政策的未来走向

笔者通过对美国数字贸易政策的梳理，发现美国的数字贸易发展较早，数字贸易政策正在逐渐趋于完善。美国是全球互联网和数字技术最为先进的国家之一，因此信息和数据的自由流动对于美国来说极其重要，美国历来主张跨境数据的自由流动，并禁止数据本地化，2019 年 5 月，在 WTO 框架下展开的电子商务谈判中，美方再次提出该项要求。同时，美国一贯坚持应当永久性地对数字产品贸易进行免税，要求数字产品的非歧视待遇。同时，美国的数字技术发展迅速，相关技术多处于垄断地位，拥有很多知识产权，因此美国的贸易政策重点依旧会是确保网络和数字安全、促进跨境数据自由流动、确保企业使用安全的加密技术、保护企业的源代码、防止源代码泄露、维护知识产权、维持正常的数字贸易秩序等。

7.2 欧盟数字贸易的政策体系

7.2.1 欧盟及其主要国家数字贸易政策的历史演变

1. 欧盟数字贸易政策的历史演变

(1) 欧盟数字贸易萌芽时期的政策

1993 年，欧盟出台了《成长、竞争力与就业白皮书》，在该报告中首次提出了欧洲信息社会的具体发展意见，突出强调了加快信息社会的网络基础建设的重要性。随后，欧盟执行委员会于 1994 年出台了《迈向欧洲的信息社会行动计划》（*The Information Society Action Plan for Europe*），加速了服务产业的自由化，对欧盟有关信息社会方面的相关政策进行了整合。2000 年，欧盟理事会公布了《里斯本战略》（*Lisbon Strategy*），该战略指出要以推动经济增长、维护欧洲社会模式和保护环境三个支柱为基础，重点实现经济快速稳定增长和创造更多的优质就业机会这两个核心目标，使欧盟成为“以知识为基础的、世界上最有活力和竞争力的经济体”。

自 21 世纪以来，欧盟先后出台了《电子化欧洲行动计划》（*Electronic European Action Plan*）、《电子欧洲 2005 行动计划》（*Electronic Europe 2005 Action Plan*）。在《电子化欧洲行动计划》中，欧盟指出要加速建立必要的法律框架，建设支持整个欧洲的新的基础设施和服务，应用公开协调和成果对比的方法，以确保采取的电子化措施取得预期成果。在《电子欧洲 2005 行动计划》中，欧盟指出要为私人投资提供良好的社会环境、创造新的就业岗位、提高社会生产力、促进公共服务现代化，计划在安全可靠的基础上，建立由宽带和多个平台构筑的服务支持机制，促进电子政务、电子医疗卫生、电子教育与培训、电子商务等四大主要应用支柱的发展，充分抓住全球信息时代的机遇。随着全球信息化时代的到来，数字经济的发展逐渐成为各国发展的重点，欧盟在 2005 年就提出了《建设欧盟信息社会 2005—2010 年 5 年战略计划》，旨在完善欧盟现有的政策手段，推动数字经济发展。政策手段主要体现在监管、研发以及与业界的合作等方面。该计划提出要提高对信息通信技术的研发投入，为欧盟的信息社会和媒体行业创造一个开放、竞争的单一市场，推动包容性社会的建设。

2010 年 3 月，欧盟出台《欧洲 2020 发展战略》，提出要实现智能型增长、可持续性增长以及包容性增长，加快欧洲互联网的构建，建立家用和商用统一的数字市场。2010 年 5 月，欧盟委员会公布了为期 5 年的“数字化议程”计划，内容主要包括：第一，建立新的、单一的数字市场。简化版权审批、管理和跨国许可手续、建立安全的电子认证系统、构建跨国界认可与互通的法律框架、审查欧盟数据保护法规框架，提升欧洲消费者的信心。第二，建立互联网信任机制，维护互联网安全。成立现代化的欧洲网络与信息安全机构以及为欧盟机构服务的计算机应急反应队伍。第三，提高欧洲的宽带覆盖率。保证大范围宽带网络的网速不断提高，积极推广下一代网络发展，鼓励发展市场投资、开放有竞争力的网络。第四，增强数字知识、技能和包容性。提高欧洲公民尤其是青年人的数字知识和技能，满足公民最基本的电信服务需求等。

（2）欧盟数字贸易发展时期的政策

按照欧洲数字化议程的要求，2015 年欧洲已经完成了基本的数字化建设。同年，欧盟委员会正式出台了《数字单一市场战略》，主要包括加强网络交流平台的管理、优化电信和音频视频市场、推动数字技术发展、增加数字产业投资、破除法律与行政壁垒等五个方面，旨在打造统一的数字商品、服务和资本市场，加强数字领域互联互通，以推动技术能力发展来保障网络安全。同时，该战略也提出了欧洲单一数字市场的发展要求：第一，为个人和企业提供更好的数字产品及数字服务；第二，创造有利于数字网络和服务繁荣发展的优良环境；第三，充分发挥数字经济的增长潜力。

随着欧盟数字单一市场战略的展开，欧洲的数字化进程不断加快，但是欧盟的数字经济发展存在的问题也不断涌现。2016 年欧盟发布的《欧洲数字化进程报告》中指出了欧盟数字经济的发展现状以及存在的主要问题：第一，欧盟数字化发展较好的国家，如英国、德国、法国等，在全球范围内处于较高地位，但是欧盟作为一个整体，数字化发展水平亟待提高，要积极争取在全球数字化发展过程中的领先地位。第二，随着网络时代的到来，宽带逐渐普及，大部分家庭已经可以接入高速宽带，虽然宽带的连接得到改善，但是从长期来看，准备稍显不足，要努力实现高速宽带的全覆盖。第三，数字时代的快速发展对公民有了新的要求，欧盟的科学、技术及数学等专业的毕业生人数虽然略微增加，但是依旧有一半左右的欧洲公民缺乏基本的数字技能。第四，大多数的欧洲互联网用户会在网上购物，但是只有不足五分之一的中小企业在网上销售，不足一半的企业开展了跨境电子商务的业务，此外，地域限制、价格歧视以及信任缺失都是欧洲跨境电子商务发展的主要障碍。第五，欧盟统计的数据显示公共行政部门已经提供了广泛的在线服务，但是使用行政管理部门网络服务的互联网用户数量并没有增长。欧盟的单一数字市场战略布局基本形成，但是仍然需要继续完善。

（3）欧盟数字贸易成熟时期的政策

随着数字单一市场战略的实施，欧洲的数字化进程愈来愈快，数字化程度越来越高，但是数字化发展中存在的一些问题也不断涌现。针对数据安全问题，2018 年欧盟出台了

《通用数据保护条例》，该条例赋予欧盟公民个人数据获取、安全转移、删除、被窃时知情等权利，旨在为数字信任创建一个坚实的框架，为基于可信任数据技术的未来竞争优势奠定基础。政策内容主要包括：第一，坚持合法、公平、透明的原则。第二，只能基于特定、明确、合法的目的收集个人数据，且对数据的进一步处理不能和前述目的相悖，且数据留存期限不能超过其处理目的，除非符合公共利益、科学研究等正当目的。如果要对收集的个人数据进行处理，必须是在必要、相关和准确的情况下。第三，坚持完整和机密原则，用技术手段确保个人数据不被非法处理、窃取及损毁等。该保护条例主要针对个人数据的保护问题，针对非个人数据，欧盟于2018年10月出台了《非个人数据在欧盟境内自由流动框架条例》，该条例旨在确保非个人数据在欧盟范围内的自由流通。消除数据保护主义，为大数据、云计算和人工智能技术发展铺平道路，推动数字经济发展，增强欧盟在全球市场的竞争力。该政策内容主要包括：第一，对所有成员国提出要求，除非是基于公共安全事由，任何成员国不能限制组织选择存储数据或处理数据时的地理位置，消除各个成员国对数据本地化的要求。第二，当成员国权力机关要求获取数据时，不得因为数据存储在欧盟其他成员国境内而拒绝其要求，确保权力机关能够及时获得数据。第三，保障专业用户能够自主地迁移数据，确保专业用户的数据可携带权，并将自由度留给业界，要求云服务行业出台有关数据传输过程的行为准则。

除了数据安全问题之外，2018年欧盟委员会出台的《地平线欧洲》（*Horizon Europe*）对欧洲数字化提出了新要求，主要包括：第一，在制造业的整个价值链中使用人工智能、数据分析等技术，以实现突破性的创新。第二，加强传感技术研究及其物联网计算单元的协同整合，研发可用于边缘计算、工业数字化、大数据和云、智能能源以及互联和自动驾驶等方面的计算架构和低功耗处理器。第三，实现可解释的人工智能、无人监督的机器学习和数据效率、先进的人机交互等人工智能技术，研发安全、智能、高效的机器人和复杂的体现系统。第四，开发用于可信且节能智能网络以及服务基础设施的技术和系统，面向消费者、产业和社会的下一代互联网应用和服务以及分布式总账技术等，开发极端性能数据分析以及促进数据重复使用的全尺寸数据平台的技术。此外，欧盟对公民数字素养的培养也十分重视，出台了《2015欧盟数字技能宣言》，将数字素养列为21世纪劳动者和消费者的首要技能，并构建了数字素养教育框架，指出要大力培养数字技术人员。

2. 欧盟主要国家数字贸易政策的历史演变

英国、德国和法国是欧盟中最重要的三个国家，在英国做出“脱欧”决定之前，这三个国家的数字贸易政策与欧盟数字贸易政策的发展方向基本保持一致。英国决定退出欧盟组织后，英国的数字贸易政策与欧盟有所差异，而随着英国做出“脱欧”决定，德国和法国在欧盟中的地位也会发生相应的变化，数字贸易政策也会相应变化。本部分将对英国、德国及法国的数字贸易政策进行梳理。

（1）英国数字贸易政策的历史演变

2009年6月，英国政府推出《数字英国》计划，主题是：通过改善基础设施，推广全民数字应用，提供更好的数字保护，从而将英国打造成世界的“数字之都”。《数字英国》计划在后金融危机时代被寄予厚望，英国政府希望此计划在未来经济的长期稳定发展中发挥重要作用。至此，英国拉开了发展数字经济战略的序幕。2013年6月，英国政府发布

《信息经济战略》，进一步提出繁荣信息经济、增强国家竞争力的愿景，并从技术创新、集群发展、市场产业链、公众需求、人才教育以及其他专项建设等方面入手，明确了英国信息经济的发展方向。

2015 年 2 月，英国政府出台《英国数字经济战略（2015－2018 年）》，指出英国政府接下来的首要目标是发展数字经济，促进英国的各个企业通过采用数字技术进行创新，将数字创新技术渗透到英国的各个传统行业，并通过各种可能的方式将这些数字创新技术应用于所有行业，从而促进英国企业不断成长并在全球市场竞争中取得成功。该策略主要包括以下内容：第一，确保发展中的数字化创新想法能够获得商业支持、鼓励及投资。帮助初创型的数字化企业、相关老牌企业和行业及政府中潜在的领导型客户建立联系，助力传统老牌企业进行数字化转型，帮助数字化创新者们驱动数字化变革，同时对已经存在的商业流程进行风险管理。第二，建立以用户为中心的数字化社会。鼓励数字化企业在产品发展的每一个阶段，都要考虑用户需求和用户体验，使得设计系统具有弹性，可以进行身份管理和数据安全保护，以确保数字化产品的可信度；帮助企业开发人们随时随地可用的产品，而且能根据用户所在的地理位置及周围环境智能提供相关服务；建议企业考虑包容性设计或者适应性设计，使得它们能在尽可能广阔的市场内为用户创造更有吸引力的使用体验。第三，为数字化创新者们提供帮助。研发可以简化交易流程、保护数字化资产价值及让企业信任的工具和系统，来改进现有和未来数据资源的质量，不断提高对现有和未来数据资源进行利用的适用性，帮助企业在创造其产品的商业价值和用户价值中建立信心。第四，促进基础设施、平台以及各个生态系统的发展。支持企业开发互联互通的基础设施，支持各个初创型企业建立围绕这些互联互通平台的数字化生态系统，并且通过相关的工具以及连接对其进行帮助，使他们达到可以扩大规模的临界点。构建各个数字创新型企业对外出口的统一平台以及立体交易系统。第五，确保数字创新可持续发展，与英国研究理事会、政府及相关监管部门及技术机构和技术学校等进行合作，确保企业数字化的创新和长期发展。

2016 年，英国做出“脱欧”决定，数字贸易政策与欧盟数字贸易政策逐渐存在差异。2017 年 3 月，英国政府发布《英国数字战略》，详细阐述了英国在“脱欧”以后将如何打造世界一流的数字经济，并对推进数字转型做出了全面部署。其内容主要包括：第一，政府要进行有效监督，促进当地社区与通信商开展合作，加强网络基础设施建设以及全光纤和 5G 等未来网络的建设，打造世界级的数字基础设备。第二，政府要与工业制造商开展合作，帮助处于数字鸿沟的企业提升数字能力，同时将数字技能融入教育当中，促进数字劳动力的多元化，各界通力合作，为每个人提供所需的数字化技能。第三，大力推动数字经济创新发展，支持数字企业发展，提升研究和开发水平，积极引进高科技人才。政府需要鼓励本土数字企业的成长，吸引世界各地的科技产业来英国发展，扩大政府采购规模，驱动创新和创造价值。第四，企业都有自身的数字化需求，但是依旧要保持各自的竞争力，加快完成数字化转型，英国政府需要完善相关方案，实行定向干预，缩小不同行业在数字化上的差距。同时英国政府也要积极进行数字转型，打造平台型政府，更好地为民众服务。第五，采用相应手段来抵御不断变化的网络威胁，探测、调查并阻止针对国家和公民的敌对行动，保护儿童和青少年免受网络不良信息的毒害，保护各行业和个人的网络安全。第六，完善数据基础设施，鼓励民众对其个人数据负责任，建立数据保护制度来确保数据合理使用，政府要建立基础设施平台，收集并开放政府数据。

2018年1月，英国数字、文化、媒体及体育部出台《数字宪章》，制定了网络空间的规范和准则，以创新的监管制度来应对新技术带来的机遇和挑战，使英国拥有全球最安全的网络环境以及孵化和发展高科技公司的最佳生态系统，为英国数字经济的发展壮大创造最佳条件。其政策内容主要包括：建立数字经济生态系统，为高科技企业成长创造良好条件；采取措施应对网络伤害，加强与企业合作，共同开发技术解决方案；明确网络平台对其共享内容所承担的法律责任，并利用现有法律框架采取有效行动；确保数据使用安全，并符合道德伦理，同时确保基于数据的决策过程的透明与公正；支持数据的可移植性，促进数据的共享确保数字市场有序运行；限制虚假消息的传播和影响；支持企业和其他机构采取必要措施，防止恶意网络攻击。

2018年4月，英国出台了《产业战略：人工智能领域行动》，拟采取切实行动推进人工智能发展，促进英国人工智能和数字驱动经济蓬勃发展，政策内容主要包括：第一，打造世界最具创新性经济体。英国通过加强政府和私营部门的合作，支持人工智能技术创新以提高生产力，促进人工智能在公共部门的应用，并增加高校人工智能研究的经费投入。第二，为所有英国人创造良好的工作机会。英国通过加强政府、学校和企业合作，培养高技术人才，并加大国际高技术人才的引进力度，促进人工智能人才群体的多样性。第三，提升英国人工智能的基础设施水平。英国在改进现有的数字基础设施的同时，开发公平、安全的数据共享框架，并建设先进的电信网络与数字基础设施。第四，打造最佳的创业环境。英国政府将组建新的人工智能委员会、人工智能办公室以及数据伦理与创新中心，以制订适宜人工智能发展的政策规划，吸引全球顶尖的人工智能和数据公司在英国设立总部，并改善科技公司的经营环境。第五，形成人工智能产业集聚区。英国政府将建立区域性产业战略，基于不同区域的优势提供人工智能行业发展所需的支持，并改善集群内运输系统以促进区域内联系。

2018年6月，英国商业、能源与产业战略部出台《国家计量战略实施计划》，旨在提升国家计量能力，确保用户对数据的信心，并帮助企业正确决策。同时，英国通过提升劳动者计量技能、服务企业开发新技术、助力人工智能研发等方式，支撑工业战略实施。其内容主要包括：第一，投资建设全球领先的计量基础设施。打造新的世界领先的计量中心，建立网络推动英国计量能力合作与广泛应用，同时在国家重大需求领域，利用战略投资带动英国社会联合资助。第二，确保良好的政策、标准和法规。英国在计量科学、数据和信息的基础上制定合理的政策，同时加强法律和科学计量团体合作，促进计量基础设施、标准和监管机构保持一致。第三，与终端用户建立更好的联系，以扩大影响。不断扩大服务范围，同时创建区域计量中心，以用户需求为导向提高计量服务的可用性。第四，提高英国所有行业的计量技能，加速新技术的应用并充分发挥高科技经济效益。英国政府与终端用户合作制订国家培训计划，推动学生计量技能培训以及英国劳动者职业教育，促进研究人员流动，制订用户驱动的培训计划。第五，整合涉及数据科学的多元团体需求，建立开发与应用框架，高效、智能地使用基于可追溯性和不确定性分析的数据。明确未来数据管理和操作的机遇，并启动有关数据计量和标准的新计划。

（2）德国数字贸易政策的历史演变

自英国做出“脱欧”决定后，德国在欧盟的地位愈发重要，在数字贸易领域，德国的数字贸易政策走向在一定程度上也决定了欧盟的数字贸易政策方向。2010 年 11 月，德国联邦经济和技术部发表《德国 ICT 战略：数字德国 2015》，指出要加强数字基础设施和网络设备建设，提高 ICT 的使用率和研发投入，在未来的因特网和新媒介应用中保护用户的个人权利，加强基础教育、未来教育和继续教育与培训，增强公民使用新媒介的能力。2014 年 8 月，德国政府出台《数字议程（2014—2017）》，旨在短期内通过挖掘数字化创新潜力促进经济增长，为“工业 4.0”提供长久动力，打造数字化的未来社会，在未来数字化竞争中保障德国持久的竞争力，成为数字强国。其内容主要包括：第一，发展数字化经济。德国政府推进新兴技术的市场化，推动重要的市场领域实现数字化，推动能源革命和绿色信息技术，实现能源数字化；设立数字经济咨询小组，大力支持初创企业和创业者；开发新的面向未来数字经济的政府管理框架，保护和强化数字时代的德国市场经济体制。第二，构建数字化生活。德国政府通过多样化的讨论形式，让持不同意见的人士都能发表观点，加强与社会团体间的对话；加强各年龄段民众对数字媒体的掌握能力；改善公民数字化参与环境，在基层搭建贴近生活的公共参与平台，实现数字媒体的无障碍化；构建数字化生活方式。第三，开展数字化研发。德国政府对科技基础设施进行更新与扩建，加强互联，推动科技界的数字化转型；改善公共研究出版物和数据的获取情况，提高获取效率，提高版权保护内容的使用效率；加强数字化知识社会教育，让民众更好地适应数字化工作的要求，提高对媒体信息的掌握能力；重视从基础研究到成果转化和利用的完整的价值创造链，挖掘数字创新的潜力；强化数字化进程中的隐私保护，以推动数字化转型；推动文化产品的数字化，打造数字文化大国。第四，奠定数字化基础。德国政府进一步扩建数字化基础设施与智能化交通系统，加强数字化基础设施建设；全力推进公共管理的数字化转型，提供数字化管理服务，提高政府数字创新服务能力；保障经济和社会的信息安全；加强与欧洲和国际的开放合作。

2014 年 11 月，德国政府发布的新高科技战略确定了未来六大研究与创新首要发展领域，数字经济与社会是其中之一，其八大核心领域包括“工业 4.0”、智能服务、智能数据项目、云计算、数据联网、数字科学、数据建设、数字化生活环境等。继“数字议程”之后，德国政府于 2016 年 3 月就数字化发展出台了《数字战略 2025》，针对 2016—2025 年德国经济数字化转型提出了打造千兆光纤网络、开创新的创业时代、明晰政策框架、推进智能互联、加强软硬件信息安全、促进中小企业数字化转型、帮助德国企业实践“工业 4.0”、增强研发能力、加强数字化方面的教育培训、成立联邦数字机构等十大行动步骤。针对德国数字化发展现状，2018 年 11 月，德国政府出台《“建设数字化”战略》，提出建设数字化能力、数字化基础设施、数字化转型创新、数字化转型社会和现代国家五大行动领域，强调政府部门各自应对数字化转型的工作重点，以期加强部门之间协同和与学界、业界的合作。2019 年 2 月，德国政府发布了《国家工业战略 2030》草案，是长久确保德国国民就业，提升德国整体经济实力的必然要求。这一草案指出大型互联网平台拥有大量的资金和数据，正在逐步成为创新的驱动力，而当今最重要的突破性创新就是数字化。该草案认为要保持一个闭环的工业增值链，扩大竞争优势，同时政府也要强化对中小企业的支持，扩大企业规模。

（3）法国数字贸易政策的历史演变

法国和德国一样，作为欧盟组织的发起国，在欧盟中具有重要的影响力，作为欧盟的“火车头”，法国的数字贸易是欧盟数字贸易的重要组成部分。2008 年 10 月，法国出台《数字法国 2012》，指出要在法国国内普及宽带互联网，向通信行业转移部分资源，强化通信行业的竞争性，发展电子商务和电子政务，降低使用数字技术的成本。2015 年，法国出台《数字法国 2020》，旨在为法国的信息化发展创建一个良好的环境，指出要发展固定和移动宽带、推广数字化应用服务，尤其是电子政务，扶持电子信息企业的发展。其主要内容包括：第一，扩大网络在法国的覆盖范围。第二，在多个领域进行信息化普及，如教育界的数字办公和数字教学、智能交通、智能电网、智能住宅、非接触式移动服务、基于地理信息的服务等。第三，支持创新性中小企业发展，鼓励中小企业使用信息化工具（尤其是应用云计算）。此外，其还将云计算的安全问题作为关注重点，同时也指出个人信息保护将是未来 10 年的重要工作之一。随着法国数字技术不断发展，许多传统工业企业面临数字化带来的机遇和挑战，需要进行转型升级。2018 年 9 月，法国政府出台了《利用数字技术促进工业转型的方案》，主要包括以下两点：第一，实施加速向“未来工业”转型的行动计划。法国“未来工业”计划中提出的九大未来工业包括新能源、可持续发展城市、生态出行、智慧交通、未来医药、数据经济、智慧物联网、数字安全、智慧食品。法国将投入 5 亿欧元支持“未来工业”技术发展，帮助所有中小企业与工业部门实现全面的数字化升级，加快转型升级、提升竞争力。第二，加强法国本土工业生态系统建设。法国政府将联合各方力量，通过为中小企业建立数字化平台并提供配套服务、为中小企业设计高技术产品与解决方案、降低耗电量巨大的数据中心和超级计算机中心的电力消耗税率、发挥未来工业联盟的作用等方式，共同推进中小企业转型，建设良好的本土工业生态系统，并支持一部分地区发展成为具有创新活力的工业中心。

7.2.2 欧盟及其主要国家数字贸易政策的主要特征

1. 欧盟数字贸易政策的主要特征

（1）促进成员国数字产品和服务自由流通

针对各个成员国缺少电商统一法律，不利于进行数字贸易活动的现象，结合成员国数字贸易发展水平差距较大的情况，欧盟发布的《数字单一市场战略》中指出要破除法律与行政壁垒，统一规范欧盟的跨境电子商务规则，引导各国修订相关的法律法规，缩小国家之间规定的差异，营造便利的电子商务环境，提升网上信息的透明度。欧盟还提出要打造统一的数字商品、服务和资本市场，简化数字产品的税收制度，推广数字产品增值税单次申报缴纳机制，减轻企业负担。同时，欧盟不断推动知识产权管理的现代化，方便数字产品在境外注册版权，便于其在生产国之外使用和流通。

（2）创造数字网络发展的有利环境

互联网环境在数字经济发展中越发处于核心地位，数字网络的健康发展至关重要。欧盟出台的《数字单一市场战略》提出要加强对数据信息的管理，及时删除不实信息，避免误删有效信息；促进各国进行网络平台合作，重点维护数字安全，推动网络安全技术防范水平提升，尤其是保护个人隐私。此外，欧盟专门出台了《通用数据保护条例》，赋予欧洲公民个人数据获取、安全转移、删除、被窃等权利，构建数字信任的坚实框架，保护个人信息安全，出台《非个人数据在欧盟境内自由流动框架条例》，促进非个人数据信息的自由流动，消除数据保护主义。

（3）激发数字经济增长的潜力

数字经济增长已经成为经济增长的重要内容，一直以来，欧洲致力于推进电子化、数字化的进程，启动“数字自由流动计划”，大力促进大数据、云计算、人工智能等技术发展。2015 年欧盟在《数字单一市场战略》中指出要最大化实现数字经济增长的潜力。指出随着欧洲数字化进程的加快，数字化已经逐步拓展至人工智能、机器人等领域。2018 年，欧盟先后出台了《欧盟人工智能战略》《促进人工智能在欧洲发展和应用的协调行动计划》《可信赖的人工智能道德准则草案》等文件，指出要加快关键数字技术的研发速度，大力发展高新技术，不断激发数字经济增长的潜力。

2. 欧盟主要国家数字贸易政策的主要特征

（1）英国数字贸易政策的主要特征

鼓励数字化创新。数字经济的快速发展离不开数字化创新，传统产业亟须数字化转型，新兴数字化企业层出不穷，英国政府指出要帮助数字化创新者驱动数字化的变革，研发新技术、新系统，简化交易流程，更好地保护企业的数字化资产；建立以用户为中心的数字化社会，促进基础设施、平台以及各个生态系统发展，确保数字创新的可持续发展。优化网络空间环境。网络环境是数字经济发展的重要影响因素之一。英国指出要加强与企业之间的联系，采取措施应对网络伤害，支持企业和其他机构采取必要的措施防止恶意的网络攻击。网络平台要明确其共享内容所承担的法律责任，限制虚假信息的传播及其带来的不利影响。同时，政府及相关机构要确保数据的使用安全且符合道德伦理，确保基于数据的决策过程透明公正，确保数据的可移植性，促进数据共享。

（2）德国数字贸易政策的主要特征

通过对德国数字贸易政策进行梳理，结合欧盟数字贸易政策可以发现，德国的数字贸易政策更多地侧重数字化转型及数字化创新，加快网络基础设施建设，促进以人工智能为首的数字技术的发展。此外，德国政府将在教育等方面提供支持，让公民掌握适应日常生活和工作需要的数字技术，充分抓住数字化带来的机遇。

（3）法国数字贸易政策的主要特征

从法国的数字贸易政策来看，与欧盟数字贸易政策方向基本保持一致，但是更为具体，更侧重于数字贸易的发展政策，主要包括促进数字技术的发展，带动工业企业转型，帮助所有中小企业与工业部门实现全面的数字化升级，建设良好的本土工业生态系统。

7.2.3　欧盟及其主要国家数字贸易政策的未来走向

自 2015 年提出数字单一市场战略以来，欧盟一直在不断发展和完善数字贸易政策。近年来欧盟时常出现经济问题，各种新类型的网络威胁不断增多，出于对经济恢复和网络安全保护的考虑，未来欧盟的数字贸易政策依旧是在数字单一市场战略的基础上，加强数字产品和服务在各个国家的不同领域之间的流通，大力发展云计算、人工智能等技术，抓住数字经济时代带来的机遇。

与美国相比，欧盟对网络安全也十分重视，但美国一直强调的数据自由流动，指的是数据在全球范围内自由流动，虽然欧盟也强调数据自由流动，但欧盟指的是成员国内部的数据自由流动，与美国的政策相冲突。

德国和法国作为欧盟的主要国家，未来贸易政策走向与欧盟基本保持一致。英国数字贸易走向与欧盟存在差异。英国的数字战略旨在打造数字经济强国，致力于推动数字经济创新发展，提升研究和开发水平，同时维护网络环境，支持各行业和个人的网络安全。欧盟的数字贸易政策更倾向于整个经济体的运行规则。

7.3 日本数字贸易的政策体系

7.3.1 日本数字贸易政策的历史演变

1. 日本数字贸易萌芽时期的政策

2001 年 1 月，日本颁布了《e-JAPAN 战略》，该战略的主要目的是使每个国民都能灵活运用 IT 技术，最大程度地享受 IT 技术带来的便利，实现知识创造型社会，具体措施有：建设超高速互联网实现网络的常时联网、制定电子商务交易的规则、实现电子政府、重点培养适应新时代序曲的 IT 人才等。创造宽松的环境，使民间企业按照市场经济原理最大程度地发挥自身能力，争取早日成为世界最先进的 IT 国家之一。在此基础上，日本在 2003 年出台了《e-JAPAN 战略Ⅱ》，旨在将数字信息技术应用于食品、医疗、中小企业金融等其他产业的发展之中。随着 e-JAPAN 战略的实施，日本的数字信息技术得到了快速发展。2004 年 3 月，日本出台了《u-JAPAN 战略》，战略理念是以人为本，实现所有人与人、物与物、人与物之间的连接，这里的 u 指的是 Ubiquitous，Universal，User-oriented，Unique，该战略以基础设施建设和利用为核心，从三个方面展开分析：一是社会网络的基础建设。希望实现从有线到无线、从网络到终端、包括认证和数据交换在内的无缝链接网络环境，实现网络的全覆盖，使得所有的国民都可以利用高速或者超高速网络。二是 ICT 的高度有效应用。希望通过 ICT 的高度有效应用，促进社会系统的改革，解决高龄化社会的医疗福利、环境能源、防灾治安、教育人才、劳动就业等问题。三是与社会网络基础设施建设、ICT 应用高度化相关联的安心、安全的“利用环境整备”。此外，贯穿在三个方面之中的横向战略措施还有其国际战略和技术标准战略。2006 年 1 月，日本根据 IT 行业发展现状，推行《IT 新改革战略》，该政策的战略目标是提高效率和生产率，创造新价值，实现健康而安全的社会。其与数字经济相关的重点工作包括：第一，实现国家和地方的综合性电子行政服务。建立相关机构，掌握现行的申请、申报等相关在线手续的利用状况，并基于使用者视点进行行动流程的分析和需求的把握。第二，提高 IT 制造业、服务等经济产业的生产率。开发、推广中小企业的经营支援工具等，进一步充实“IT 经营支援队事业”，采取对 IT 投资的支援措施。第三，实现无所不在的社区。与相关省厅、地方公共团体共同合作，在福利、教育、交通等与地区生活密切相关的领域内构建先进的工作模式。

2. 日本数字贸易发展时期的政策

2009 年，日本政府制定了《i-JAPAN 战略 2015》，着眼于让“信息技术惠及全民”，提出以下重点内容：第一，发展和完善信息基础设施。从拥有信息的时代走向应用信息的时代，构建不依赖时间和空间，随时随地都可以放心、安全地运用信息技术的环境。第二，突破妨碍信息技术运用的壁垒，通过业务流程再造，突破信息技术应用面临的制度、惯例和组织等壁垒，实现以国民或客户为本位，有效且有国际竞争力的经济社会。第三，营造信息技术应用的安全环境。信息技术应用可能带来个人信息泄露的问题，会增加使用者的风险，会给使用者带来不安全感，因此需要明确解决这些问题的基本规则，降低信息泄露等因素造成的不良影响，建立与风险级别相适应的信息安全体系。第四，在经济社会的各个领域广泛应用信息技术，加快日本的创新改革速度。从 e-JAPAN，u-JAPAN 到 i-JAPAN 战略，日本的信息技术得到了快速发展。2012 年，日本提出日本复兴战略，明确将通过促进数字信息产业的发展来振兴日本经济。2013 年，日本将 IT 战略总部升级为内阁的“高速信息通信网络社会推进战略本部”，统筹相关各部门工作，并将数字信息产业应用于区域振兴、资源和智慧农业等领域。2016 年 1 月，日本内阁会议指出要建设全球领先的“超智能社会”，旨在通过最大程度地利用信息通信技术，将网络空间与现实空间融合，使每个人享受高质量的服务和便捷的生活。

3. 日本数字贸易成熟时期的政策

2018 年 6 月，日本经济产业省出台了《日本制造白皮书》，详细分析了日本制造业所面临的持续的低收益率问题。其与数字贸易相关的内容有：第一，利用数字化工具强化和提升制造“现场力”。企业通过利用机器人、物联网以及人工智能等技术实现自动化，提高生产率以应对人手不足的情况。第二，明确互联网工业是未来产业趋势。企业通过灵活运用物联网、大数据、人工智能等数字化工具连接人、设备、系统及技术，实现自动化与数字化融合的解决方案，创造新的附加值。第三，发展自动驾驶、机器人等战略性领域及产业。完善战略性领域的基础设施建设，同时加强网络安全。日本召开了综合科学技术创新会议，强调要实现不同领域间相互利用数据，通过加强官民合作，完善不同领域之间的数据合作基础，解决数据安全、个人数据跨境转移等相关课题。日本政府在该会议上指出要在 3 年内奠定数据合作基础，在 5 年内让数据合作正式投入运行，并实现人工智能解析数据。同时，日本政府要加快发展 IT 及理工科教育，培养人工智能领域的技术人才。2018 年 7 月，日本再次召开综合科学技术创新会议，发布了《第 2 期战略性创新推进计划(SIP)》，该计划旨在通过推动科技从基础研究到实际应用的转化、解决国民生活的重要问题，提升日本经济水平和工业综合能力。基于大数据和人工智能的网络空间基础技术，发展人机交互基础技术，实现与人类的高度协作，促进跨领域数据协作基础建设，同时发展人工智能之间合作的基础技术。2018 年 6 月，日本政府出台集成创新战略，该战略提出了 2018—2019 年日本政府应重点推进的举措，主要是促进跨领域跨部门的合作创新，其中与数字经济有关的内容有：第一，将人工智能、网络空间和物理空间相关技术以及自动驾驶技术作为重点发展领域，加大投入力度。第二，加强人工智能领域的人才培养。第三，通过加强官民合作等方式，完善不同领域之间的数据基础。2019 年 6 月，G20 峰会发布了《大阪数字经济宣言》，讨论了贸易和数字经济之间的交互关系。日本政府深刻认识到数字化对贸易和商业在内的社会和经济的影响与日俱增，指出要促进数据的自由流动，实现更高的生产率、更优质的创新和可持续发展，实行数字经济商业模式，以数字化方式来促进数字社会包容性发展。

7.3.2　日本数字贸易政策的主要特征

1. 加强网络基础设施建设

网络基础设施是数字贸易发展的前提条件。早在 2004 年，日本发布的《u-JAPAN 战略》已经强调要进行网络基础建设，实现从有线到无线、从网络到终端无缝连接的网络环境。优化网络结构，提高网络性能，突破网络信息技术应用面临的制度、惯例等壁垒，构建网络信息平台，逐步提高互联网普及水平，建立必要的机制，缩小不同人群、不同地区之间的数字鸿沟，促进信息技术在各个领域的广泛应用，完善网络基础设施建设，促进经济和社会协调发展。

2. 构建安全的网络环境

安全的网络环境是日本数字贸易发展的重要保障。随着信息技术快速发展，人们在享受信息技术带来的生活便利的同时，也比以往承担了更多的风险。随着国际范围内网络安全问题日益突出，日本作为亚洲最早将信息技术应用于国民经济部门和社会生活的国家，对网络安全保障的重视程度逐步提升。日本政府出台的《i-JAPAN 战略》中指出要明确信息泄露等问题的基本规则，降低其造成的影响，建立与风险级别相适应的信息安全体系，保障数据安全。

3. 推进跨领域数据合作

随着数字技术快速发展，日本逐渐将数字技术融入其他领域，在日本 2006 年出台的《IT 新改革战略》中，就指出要将信息技术普及至教育、交通等领域，随后拓展至区域振兴、智慧农业等方面。随着社会和科技的不断进步，日本提出要将数字技术融入物联网、人工智能等新兴产业，以创造新的附加价值。在 2018 年召开的综合科学技术创新会议中，日本政府强调要完善跨领域之间的数据合作基础建设，基于大数据和信息技术快速发展的背景，实现人工智能、自动驾驶系统和服务、智能生物产业等领域的数字化，加强不同领域间对数据的交互利用。

7.3.3　日本数字贸易政策的未来走向

从当前日本的数字贸易政策实施情况来看，日本的网络基础设施正在逐渐完善，但是网络风险也不容忽视。日本政府对于网络安全环境十分重视，全力保障公民个人信息安全，保护数据安全。同时数字化发展为日本的新兴产业带来了新的机遇，当前日本正在积极促进自动驾驶技术、人工智能等与数字化的深度融合，促进跨领域跨部门的合作创新，持续推进不同领域之间的数字合作，以提升日本的经济发展水平以及工业的综合实力。此外，日本也充分认识到了数字化发展对于社会和经济的重要影响，指出要促进数据自由流动、实现更高的生产率、实现数字经济商业模式、推动数字贸易快速发展等。

7.4　中国数字贸易的政策体系

7.4.1　中国数字贸易政策的历史演变

1. 中国数字贸易萌芽时期的政策

1994 年，中国正式接入国际互联网，开始了数字经济的探索。我国政府早期鼓励数字经济发展的政策，主要是推动信息化建设和发展电子商务。中国早期的电子商务发展速度较快。2005 年，国务院办公厅发布《关于加快电子商务发展的若干意见》（国办发〔2005〕2 号），指出电子商务是国民经济和社会信息化的重要组成部分，要充分认识电子商务在国民经济和社会发展中的重要作用，主要包括：完善政策法规环境，规范电子商务的发展；加快信用、认证、标准、支付和现代化物流建设，形成有利于电子商务发展的支撑体系；发挥企业的主体作用，大力推进电子商务应用；提升电子商务技术和服务水平，推动相关产业发展；加强宣传教育工作，提高企业和公民的电子商务应用意识；加强国际交流与合作，积极参与国际竞争。

在电子商务方面，中国还相继出台了一系列的文件。2007 年 12 月，商务部公布《关于促进电子商务规范发展的意见》，结合我国电子商务发展情况，指出我国电子商务的作用愈发重要，但是发展还处于起步阶段，存在的问题较多，因此要促进电子商务规范发展。其主要内容包括：第一，规范网络交易各方的信息发布和传递行为，提高各类商务信息的合法性、安全性、真实性、完整性、时效性和便捷性。第二，提倡合法规范、公平公正的网上营销、电子签约和售后服务等行为，防范和化解电子商务中的各类交易纠纷。第三，提倡合法规范、稳妥安全的电子支付，防范电子商务的资金结算和流转风险。第四，规范和改善电子商务企业的商品配送行为，提高物流服务的准确性和及时性。第五，面向社会公众加强宣传和引导，推动电子商务法律和政策体系建设。2009 年，商务部出台《关于加快流通领域电子商务发展的意见》，指出加快流通领域电子商务发展既可以扩大网上消费群体，培育新型消费模式和消费领域，又有助于降低流通成本，加快商品和服务价值的最终实现。这是我国应对金融危机、保持经济增长的有效手段，是转变经济发展方式的必然要求。其主要内容包括：第一，鼓励重点培育的大型流通企业整合资源，建设一体化的电子商务平台，提高规模经济效益和综合竞争力。第二，鼓励流通企业应用电子商务进行商品批发交易，提高流通效率，扩大中间需求，带动最终需求。第三，培育一批知名度高、实力强、运作规范的专业网络购物企业，丰富网上交易的商品种类。第四，推动实体市场交易与网上市场交易有机结合。第五，完善流通领域电子商务发展扶持政策，开展流通领域电子商务示范引导工作。第六，健全流通领域电子商务发展环境，有效防范网上交易的市场风险。

2007 年 6 月，国家发展和改革委员会、国务院信息办出台了《电子商务“十一五”规划》，指出“十一五”是我国发展电子商务的战略机遇期。我国要抓住机遇，加快发展电子商务。第一，大力推进企业电子商务应用，积极推进政府采购电子商务应用，提高国民经济运行效率和质量。第二，大力发展电子商务服务业，积极推进交易服务，加快发展业务外包服务，形成国民经济发展新的增长点。第三，健全电子认证体系，加快在线支付体系建设，发展现代物流体系，推进信用服务体系建设，完善电子商务国家标准体系，促进电子商务协调发展。第四，积极推进电子商务技术研发和产业化，加强电子商务创新能力建设，提高自主发展能力。第五，依据电子商务相关法律法规，进一步规范企业行为，维护市场秩序，促进企业间电子商务的相互协作和发展。第六，加大电子商务宣传教育力度，增强公民对电子商务的应用意识和信息安全意识。

电子商务是信息时代最为明显的标志，除了出台针对电子商务发展的文件外，针对信息化发展要求，2006 年 3 月，中共中央办公厅、国务院办公厅出台了《2006－2020 年国家信息化发展战略》（中办发〔2006〕11 号），指出信息化是世界发展的大趋势，是推进经济社会变革的重要力量，并介绍了我国信息化发展的现状以及战略重点，包括：第一，推进国民经济的信息化，推行电子政务，推进社会信息化。第二，建设先进的网络文化，建设国家信息安全保障体系。第三，完善综合信息基础设施，加强信息资源的开发利用。第四，突破核心技术与关键技术，培育有核心竞争力的信息产业。2012 年 7 月，国务院出台《“十二五”国家战略性新兴产业发展规划》（国发〔2012〕28 号），强调要把握信息技术升级换代和产业融合发展机遇，加快建设宽带、融合、安全、泛在的下一代信息网络，突破超高速光纤与无线通信、物联网、云计算、数字虚拟、先进半导体和新型显示等新一代信息技术，推进信息技术创新、新兴应用拓展和网络建设的互动结合，创新产业组织模式，提高新型装备保障水平，培育新兴服务业态，增强国际竞争能力，带动我国信息产业实现由大到强的转变。

2. 中国数字贸易发展时期的政策

2015 年 3 月，李克强总理在《政府工作报告》中首次提出“中国制造 2025”战略。《中国制造 2025》旨在加快新一代信息技术与制造业深度融合，推进智能制造，强化工业基础能力，提高综合集成水平，完善多层次多类型人才培养体系，促进产业转型升级，促进制造业数字化。2015 年 12 月，习近平总书记在“第二届世界互联网大会”开幕式上指出：以互联网为代表的信息技术日新月异，引领了社会生产新变革，创造了人类生活新空间，拓展了国家治理新领域，极大地提高了人类认识世界、改造世界的能力。中国正处在信息化快速发展的历史进程之中，强调在“十三五”时期，中国将大力实施网络强国战略。习近平总书记还强调，网络空间是人类共同的活动空间，网络空间的前途命运应由世界各国共同掌握。各国应该加强沟通、扩大共识、深化合作，共同构建网络空间命运共同体。习近平总书记就此提出 5 点主张。第一，加快全球网络基础设施建设，促进互联互通，让更多的发展中国家和人民共享互联网带来的发展机遇。第二，打造网上文化交流共享平台，促进交流互鉴，推动世界优秀文化交流互鉴，推动各国人民情感交流、心灵沟通。第三，推动网络经济创新发展，促进共同繁荣，促进世界范围内投资和贸易发展，推动全球数字经济发展。第四，保障网络安全，促进有序发展，推动制定各方普遍接受的网络空间国际规则，共同维护网络空间和平安全。第五，构建互联网治理体系，促进公平正义，应该坚持多边参与、多方参与，更加平衡地反映大多数国家的意愿和利益。信息技术日新月异，以数字化、网络化、智能化为特征的信息化浪潮蓬勃兴起。

2016 年 7 月，中共中央办公厅、国务院办公厅出台了《国家信息化发展战略纲要》（以下简称《战略纲要》），是根据新形势对《2006－2020 年国家信息化发展战略》的调整和发展，是规范和指导未来 10 年国家信息化发展的纲领性文件，是国家战略体系的重要组成部分。该《战略纲要》的目标是到 2020 年，固定宽带家庭普及率达到中等发达国家水平，2025 年接近国际先进水平，建成国际领先的移动通信网络，实现宽带网络无缝覆盖。其内容主要包括三个方面：第一，大力增强信息化发展能力。构建安全可控的信息技术体系，培育并形成具有国际竞争力的产业生态；构建国家信息基础设施，不断完善普遍服务；加强顶层设计和系统规划，完善制度体系，构筑国家信息优势，释放数字红利；优化人才队伍，提升信息技能；积极开展双边、多边国际交流与合作，共同应对网络安全面临的挑战，共同维护网络空间的公平正义。第二，着力提升经济社会信息化水平。加快建设数字中国、大力发展信息经济，促进经济转型发展；持续深化电子政务应用，以信息化推进国家治理体系和治理能力现代化；坚持正确舆论导向，发展积极向上的网络文化，增强国家软实力；优化公共服务资源配置，促进基本公共服务均等化；构建基于信息化的新型生态环境治理体系，加快建设美丽中国；加快信息强军，构建现代军事力量体系。第三，不断优化信息化发展环境。完善信息化法律框架，有序推进信息化立法进程，加强执法能力建设；创新网上正面宣传，加强全网全程管理，加强网络生态治理；树立正确的网络安全观，增强网络安全防御能力和威慑能力。

2016 年 12 月，国务院发布了《“十三五”国家信息化规划》(以下简称《规划》)，指出“十三五”时期是信息通信技术变革实现新突破的发轫阶段，是数字红利充分释放的扩展阶段，是信息化引领全面创新、构筑国家竞争新优势的重要战略机遇期，是我国从网络大国迈向网络强国、成长为全球互联网引领者的关键窗口期，是信息技术从跟跑并跑到并跑领跑的激烈竞逐期，也是信息化与经济社会深度融合、新旧动能充分释放的协同迸发期。该《规划》分析了我国信息化发展现状以及发展重点，指出“十三五”时期国家信息化发展着力在引领创新驱动、促进均衡协调、支撑绿色低碳、深化开放合作、推动共建共享、主动防范风险等方面取得突破，为深化改革开放、推进国家治理体系和治理能力现代化提供数字动力引擎。同时，“十三五”时期国家信息化发展的重大任务和重点工程是着力增强以信息基础设施体系为支撑、信息技术产业生态体系为牵引、数据资源体系为核心的国家信息化发展能力，着力提高信息化在驱动经济转型升级、推进国家治理体系和治理能力现代化、推动信息惠民、促进军民深度融合发展等重点领域的应用水平，着力优化网信企业全球化发展、网络空间治理、网络安全保障等的发展环境，加快提升我国信息化水平和安全支撑能力。

《国家信息化发展战略纲要》以及《“十三五”国家信息化规划》是“数字中国”建设发展的纲领性文件。同年，中国向 WTO 总理事会提交了一份涉及电子商务相关议题的文件，该文件从四个方面讨论了电子商务：一是营造良好的贸易政策环境，促进跨境电子商务发展。简化部分产品的边境监管措施、探讨在 B2C 模式下实施退税的方法，同时考虑到出口增值税退税的国际惯例、澄清适用于退货的政策，包括税收政策等。二是提高跨境电子商务政策框架的透明度。发布跨境电子商务相关的法律、法规和行政措施，向 WTO 通报其发布的官方网站，并尽可能地向 WTO 提供此类法律、法规和行政措施等。三是改善跨境电子商务的基础设施和技术条件。交流数字证书、电子签名和电子认证相关的信息和政策，促进数字证书和电子签名互认，探索改善发展中国家电子商务基础设施和技术条件方面切实可行的措施等。四是其他相关议题，包括交流有关跨境电子商务相关政策问题的成员法律、法规和行政措施的信息，如消费者保护、隐私保护和知识产权，并讨论贸易政策之间的关系等，以加强消费者对跨境电子商务的信心，促进电子商务发展。此外，我国的信息化发展已经逐步拓展至智能制造领域，2016 年 9 月，工业和信息化部出台《智能制造发展规划（2016—2020 年）》，将发展智能制造作为长期战略任务，指出要加快智能制造的装备发展，加强关键共性技术创新，构筑工业互联网基础，推动重点领域的智能转型，推动中小企业智能化改造，培育智能制造生态体系，推进区域智能制造协同发展，打造智能制造人才队伍，到 2020 年基本实现数字化制造。

3. 中国数字贸易成熟时期的政策

2017 年 3 月，李克强总理在《政府工作报告》中指出要以创新引领实体经济转型升级，主要表现在：第一，提升科技创新能力。完善对基础研究和原创性研究的长期稳定支持机制，建设国家重大科技基础设施和技术创新中心，打造科技资源开放共享平台，推进全面创新改革试验。第二，加快培育壮大新兴产业。全面实施战略性新兴产业发展规划，加快新材料、人工智能、集成电路、生物制药、第五代移动通信等技术研发和转化，做大做强产业集群。推动“互联网＋”深入发展、促进数字经济加快成长，让企业广泛受益、群众普遍受惠。第三，大力改造、提升传统产业。深入实施《中国制造 2025》，加快大数据、云计算、物联网应用，以新技术、新业态、新模式，推动传统产业生产、管理和营销模式变革。

2017 年 10 月，党的十九大报告中肯定了数字经济等新兴产业的蓬勃发展对经济结构优化的作用，指出要推动互联网、大数据、人工智能和实体经济深度融合。在 2017 年 12 月的中央政治局第二次集体学习中，习近平总书记就国家信息化发展强调了以下内容：

第一，要推动大数据技术产业创新发展。我国网络购物、移动支付、共享经济等数字经济新业态新模式蓬勃发展，走在了世界前列。我们要瞄准世界科技前沿，集中优势资源突破大数据核心技术，加快构建自主可控的大数据产业链、价值链和生态系统；加快构建高速、移动、安全的新一代信息基础设施，统筹规划政务数据资源和社会数据资源，完善基础信息资源和重要领域信息资源建设，形成万物互联、人机交互、天地一体的网络空间；发挥我国制度优势和市场优势，面向国家重大需求、面向国民经济发展主战场，全面实施促进大数据发展行动计划，完善大数据发展政策环境；坚持数据开放、市场主导，以数据为纽带促进产学研深度融合，形成数据驱动型创新体系和发展模式，培育一批大数据领军企业，打造多层次、多类型的大数据人才队伍。

第二，要构建以数据为关键要素的数字经济。坚持以供给侧结构性改革为主线，加快发展数字经济，推动实体经济和数字经济融合发展，推动互联网、大数据、人工智能同实体经济深度融合，继续做好信息化和工业化深度融合这篇大文章，推动制造业加速向数字化、网络化、智能化发展；深入实施工业互联网创新发展战略，系统推进工业互联网基础设施和数据资源管理体系建设，发挥数据的基础资源作用和创新引擎作用，加快形成以创新为主要引领和支撑的数字经济。

第三，运用大数据提升国家治理现代化水平。要建立健全大数据辅助科学决策和社会治理的机制，推进政府管理和社会治理模式创新，实现政府决策科学化、社会治理精准化、公共服务高效化；以推行电子政务、建设智慧城市等为抓手，以数据集中和共享为途径，推动技术融合、业务融合、数据融合，打通信息壁垒，形成覆盖全国、统筹利用、统一接入的数据共享大平台，构建全国信息资源共享体系，实现跨层级、跨地域、跨系统、跨部门、跨业务的协同管理和服务。要充分利用大数据平台，综合分析风险因素，提高对风险因素的感知、预测、防范能力。要加强政企合作、多方参与，加快公共服务领域数据集中和共享，推进同企业积累的社会数据进行平台对接，形成社会治理强大合力。要加强互联网内容建设，建立网络综合治理体系，营造清朗的网络空间。

第四，运用大数据促进保障和改善民生。大数据在保障和改善民生方面大有作为。要坚持以人民为中心的发展思想，推进“互联网＋教育”“互联网＋医疗”“互联网＋文化”等，让百姓少跑腿、数据多跑路，不断提升公共服务均等化、普惠化、便捷化水平。要坚持问题导向，抓住民生领域的突出矛盾和问题，强化民生服务，弥补民生短板，推进教育、就业、社保、医药卫生、住房、交通等领域大数据普及应用，深度开发各类便民应用。要加强精准扶贫、生态环境领域的大数据运用，为打赢脱贫攻坚战助力，为加快改善生态环境助力。

第五，切实保障国家数据安全。要加强关键信息基础设施安全保护，强化国家关键数据资源保护能力，增强数据安全预警和溯源能力。要加强政策、监管、法律的统筹协调，加快法规制度建设。要制定数据资源确权、开放、流通、交易相关制度，完善数据产权保护制度。要加大对技术专利、数字版权、数字内容产品及个人隐私等的保护力度，维护广大人民群众利益、社会稳定、国家安全。要加强国际数据治理政策储备和治理规则研究，提出中国方案。

第六，善于获取数据、分析数据、运用数据，是领导干部做好工作的基本功。各级领导干部要加强学习，懂得大数据，用好大数据，增强利用大数据推进各项工作的本领，不断提高对大数据发展规律的把握能力，使大数据在各项工作中发挥更大作用。

在 2018 年 4 月召开的全国网络安全和信息化工作会议上，习近平总书记再次强调，信息化为中华民族带来了千载难逢的机遇。我们必须敏锐抓住信息化发展的历史机遇，加强网上正面宣传，维护网络安全，推动信息领域核心技术突破，发挥信息化对经济社会发展的引领作用。习近平总书记指出以下几点：第一，提高网络综合治理能力，加强网上正面宣传，压实互联网企业的主体责任，决不能让互联网成为传播有害信息、造谣生事的平台。要加强互联网行业自律，调动网民积极性，动员各方面力量参与治理。第二，树立正确的网络安全观，加强信息基础设施网络安全防护，加强网络安全信息统筹机制、手段、平台建设，加强网络安全事件应急指挥能力建设；依法严厉打击网络黑客、电信网络诈骗、侵犯公民个人隐私等违法犯罪行为，切断网络犯罪利益链条，持续形成高压态势；深入开展网络安全知识技能宣传普及，提高广大人民群众网络安全意识和防护技能。第三，加速推动信息领域核心技术突破。优化市场环境，更好地释放各类创新主体的活力；培育公平的市场环境，强化知识产权保护，反对垄断和不正当竞争。第四，发展数字经济，加快推动数字产业化，依靠信息技术创新驱动，不断催生新产业新业态新模式，用新动能推动新发展；推动产业数字化，利用互联网新技术新应用对传统产业进行全方位、全角度、全链条的改造，提高全要素生产率，释放数字对经济发展的放大、叠加、倍增作用；推动互联网、大数据、人工智能和实体经济深度融合，加快推动制造业、农业、服务业数字化、网络化、智能化等。

2018年4月，国家互联网信息办公室发布了《数字中国建设发展报告（2017）》，分析了“数字中国”建设情况及我国数字经济发展现状。党的十九大报告提出，中国特色社会主义进入新时代。新时代要有新时代的作为，根据党的十九大报告对建设网络强国、数字中国、智慧社会的重大战略部署，我国信息化发展面临新形势、新任务。第一，加速推动信息领域核心技术突破。加快基础性技术、通用性技术攻关突破，强化战略性前沿技术超前布局。第二，多措并举，进一步提升网络供给能力，推动信息基础设施优化升级。第三，围绕建设现代化经济体系、实现高质量发展，大力发展数字经济。加快推进“中国制造2025”，深化制造业与互联网深度融合发展。积极参与跨境数据贸易、电子商务、服务贸易、互联网金融等方面的国际规则与标准的制定，建立数字经济国家谈判统筹协调机制，引导网信企业积极参与“一带一路”倡议、自由贸易港、双边多边自贸区等国际经济带建设，进一步拓展数字经济发展空间。第四，完善信息资源共享开放的政策措施，建立健全国家关键数据资源目录体系，构建国家互联网大数据平台，构建统一高效、互联互通、安全可靠的国家数据资源体系。第五，着力完善信息化发展的制度环境，完善金融、财税、国际贸易、人才、知识产权保护等制度环境，优化市场环境，更好地释放各类创新主体的创新活力。要推动信息化领域市场开放，深化信息化国际交流与合作。

2018年8月，第十三届全国人大常委会第五次会议表决通过了《中华人民共和国电子商务法》，自2019年1月1日起开始执行。全文共7章89条，对电子商务经营者、电子商务合同的订立和履行、电子商务争议解决、电子商务促进及法律责任等做出了明确的规定。国务院总理李克强在第十三届全国人民代表大会上做政府工作报告，指出要促进新兴产业发展，深化大数据、人工智能等研发应用，培育新一代信息技术、高端装备、生物医药、新能源汽车、新材料等新兴产业集群，壮大数字经济。坚持包容审慎监管，支持新业态新模式发展，促进平台经济、共享经济健康成长。加快在各行业各领域推进“互联网+”。持续推动网络提速降费。开展城市千兆宽带入户示范，改造提升远程教育、远程医疗网络，推动移动网络扩容升级，让用户切实感受到网速更快更稳定。

7.4.2 中国数字贸易政策的主要特征

1. 坚决维护网络安全

没有网络安全就没有国家安全，就没有经济社会稳定运行，广大人民群众利益也难以得到保障。当前，中国的经济和社会已经高度依赖信息网络，网络安全关乎中国公民的合法权益，中国迫切需要采取一定的措施来保障国家的网络安全。在中央政治局第二次集体学习以及全国网络安全和信息化工作会议中，习近平总书记高度重视网络安全问题，指出要树立正确的网络安全观，加强信息基础设施安全防护，强化国家数据资源保护能力，增强数据安全预警和溯源能力，加强网络安全事件应急指挥能力建设，积极发展网络安全产业，防患于未然。严厉打击网络黑客、网络诈骗、侵犯个人隐私等违法犯罪行为，坚决维护人民群众的合法利益。

2. 完善跨境电子商务的技术支持

电子商务作为我国发展最早的信息化产业，随着全球数字经济快速发展，跨境电子商务已经成为数字贸易中相当重要的一部分。早在《2006－2020 年国家信息化发展战略》中，中国就提出要突破核心技术和关键技术，随后在《数字中国建设发展报告（2017年）》、中央政治局第二次集体学习以及全国网络安全和信息化工作会议中，都指出要集中优势资源突破大数据核心技术，完善大数据发展政策环境，坚持数据开放、市场主导，以数据为纽带促进产学研深度融合，形成数据驱动型创新体系和发展模式。

3. 全面优化信息化发展环境

随着信息技术的不断创新，信息产业的持续发展，信息化引领创新和驱动转型的先导性作用日益凸显，信息化的迅猛发展离不开优良的发展环境。中国在《国家信息化发展战略纲要》中指出要不断完善信息化的法律框架，推进信息化的法制建设。同时，网络生态管理也十分重要，加强对网络的全程管理，传播正能量，让信息化更好地造福国家和人民，为经济社会发展提供强大动力。

7.4.3　中国数字贸易政策的未来走向

通过对中国的数字贸易政策进行梳理，我们可以发现“十三五”时期是中国数字经济快速发展的关键时期。但是也可以发现，我国的重点当前仍然是发展跨境电子商务，跨境电子商务是我国数字贸易最活跃、最集中的表现形式，但从数字贸易的整体来看，我国数字贸易发展还有很长一段路要走。我国数字贸易政策的未来走向主要包括三个方面：

一是高度重视数字贸易的发展问题。例如数字贸易产业基础薄弱的问题，核心数字技术和网络技术未必能有效支撑数字经济发展。此外，包括跨境电子商务领域人才在内的高素质创新人才和管理人才缺乏也是中国数字贸易发展的瓶颈，政府在这些方面要制定政策，解决问题。

二是积极参与数字贸易政策制定。中国要采取积极措施确保拥有稳健高效的数据管理框架，可采用 APEC 隐私框架，减少数字内容方面的限制，减少便捷冲突，促进贸易的便利化，把握数字贸易机遇。在未来，中国将有机会掌握数字贸易的话语权和规则制定权。

三是注重跨境电子商务的国际合作。中国比较注重跨境电子商务，但数字贸易更侧重数字化交付内容及服务的跨境流动，核心在于“数据流动”，这方面的政策还存在不少空白。与欧盟、美国等进行对比可以发现，中国和欧盟实际上要求的都是数据本地化，禁止信息的跨境流动，与美国要求的数字完全自由流动相悖。

本章思考题

1. 从美国、欧盟、日本的数字贸易发展政策中，我们可以总结出哪些值得中国借鉴的经验？

2. 比较中国与美国、欧盟、日本数字贸易政策的异同点，说明中国数字贸易发展将面临怎样的机遇和挑战？

3. 中国将如何面对“美式模板”的数字贸易规则？你认为应该如何打造数字贸易规则的“中式模板”，构建适合中国数字贸易发展利益诉求的数字贸易规则体系？

第8章 数字贸易的未来与展望

案例8-1

2018年，习近平总书记在全国网络安全和信息化工作会议上指出："要发展数字经济，加快推动数字产业化，依靠信息技术创新驱动，不断催生新产业新业态新模式，用新动能推动新发展。"从长期来看，数字贸易的发展必将深刻改变传统贸易的结构和形式，推动产业互联与结构升级，促进弱势群体参与国际贸易，加速世界经济与贸易发展。但是，监管手段滞后引发的隐私和数据安全保护不足、贸易政策分化造成的贸易壁垒上升、产权保护制度不完善导致的知识产权受侵害现象增加等问题也随之显现。比如，2019年7月，Facebook就因泄露用户信息，被美国联邦贸易委员会（FTC）开出50亿美元"罚单"，这是FTC史上对科技公司的最高罚单记录。当前，数字贸易已成为推动全球经济体系变革的新动力。未来，数字贸易发展仍需积极探索，进而达成新的共识，总结新的经验。

8.1 数字贸易的发展趋势

数字贸易作为数字经济的重要组成部分，将给未来商业带来颠覆性变革和重构，成为经济增长的新引擎。互联网的全球化和数据的跨境流动推动了数字贸易在全球范围内的蓬勃发展，不仅促进货物贸易发展，还促进服务贸易便利化。不同于传统贸易，全球数字贸易在国家层面、平台层面、企业层面以及技术层面都体现出新的发展特点和趋势，在降低交易成本、提高生产效率、创新商业模式、增进消费福利以及帮扶中小企业成长等方面均发挥着重要作用，并日益成为世界经济转型升级的新动能。

然而，数字贸易发展的限制因素及其引发的问题也将逐渐显现。全球数字贸易规则体系不成熟，监管措施和法律体系缺失，国家和地区的政策措施碎片化，知识产权保护制度不完善，随之而来的是外商直接投资障碍、数据和隐私安全受到威胁、数据自由流动分歧增加、贸易壁垒逐渐增强、知识产权屡遭侵害等一系列问题，这些问题如何解决将成为未来数字贸易发展的关键。

8.1.1 数字贸易的市场前景与发展趋势

1. 数字贸易市场前景广阔

当前中国跨境电子商务的发展水平全球领先，数字贸易和跨境电子商务均具有广阔的发展前景。2018年，中国跨境零售电商进口交易规模达到4216.7亿元，环比增长16.1%。在数字贸易领域，2017年，数字贸易规模达到27.2万亿元，占GDP比重达32.9%，规模位居世界第二，其中数字经济出口约为1.6万亿元。截至2017年底，数字贸易在中国国内创造了高达3.2万亿元，合4660亿美元的经济效益。据估计，如果充分利用数字贸易且不考虑数字贸易壁垒的影响，到 2030 年，中国数字出口价值将增长 207%，达到 5 万亿元，合 7260 亿美元。其中，中国数字化产品出口价值增长可能超过 3 倍。而数字贸易创造的价值总量增长将超过 11 倍，达到 37 万亿元，合 5.5 万亿美元。从长期来看，电子商务产业的先行优势有助于不断丰富数字贸易的组织形态、拓宽交易主体范围、扩大交易选择空间，这将为全球贸易提供新的发展空间，开启全球贸易新时代。

2. 数字技术催生新产业、新业态、新模式

数字贸易发展冲击了传统贸易模式和流程，随着数字技术进步，数字化新产业、新业态、新模式不断出现，贸易发展获得新动能。从长期来看，数字化新产业将主要体现为数字产业化和产业数字化。前者表现为知识的数字化和生产要素的信息化，通过信息技术、管理创新和商业模式创新融合，不断催生新产业，促进数字产业链和产业集群的形成；后者则表现为现代信息技术对传统产业进行全方位、全角度、全链条的改造，推动互联网、大数据、人工智能和实体经济深度融合，提高全要素生产率。传统贸易模式和业态将受到数字技术冲击开始数字化进程。随着全球供应链物流、海外仓日益完善，跨境电子商务模式、流程、市场生态系统逐渐数字化，新的产品质量标准、追溯体系、消费者权益保障体系催生新型贸易规则，产生了社交媒体、云计算、搜索引擎、大数据分析等新业态以及数字旅游、数字教育、数字医疗、数字金融等传统贸易的新业态。此外，实物和技术将进一步融合，数字贸易便利化程度增加，文化贸易和服务贸易向社交、文化和商业平台传递方式转变。新一代信息技术的进步及应用推动跨境电子商务的高速发展，主导新一代数字贸易体系的演化，并推动与之配套的全球采购体系、生产体系、支付体系和物流体系的转型发展。

3. 数字贸易推动产业互联和产业升级

数字贸易的发展使得产业和贸易的多元化发展成为大势所趋，新的信息采集、储存方式及商业模式和数字技术也将改变传统贸易方式，推动产业互联和产业升级。随着数字贸易发展，互联网将与越来越多的行业深度融合，云计算、大数据、物联网等新技术将不断改变信息通信服务提供方式、商品和服务的商业模式和支付方式，促进新兴产业和日渐式微的传统产业、服务业及制造业的融合互联发展，推动多元化数字产业的打造，企业平台化、平台产业化以及产业互联化成为未来的发展重点。新一代数字技术的进步和应用推动跨境电子商务的高速发展，加快贸易链各个环节的整合，促进包括政府、海关、海外渠道、商家、买家、服务商、金融机构、产业带、行业联盟等在内的数字贸易生态圈的构建。从供需来看，在供给侧，信息收集成本降低导致商业模式去平台化、去中介化和交易流程简化；在需求侧，数字产品通过日常出行、生活娱乐、网络社交等方式深刻影响现代人的生活方式，人们对数字产品的黏性和依存度日渐上升，市场需求日益旺盛。数字贸易背景下多元化数字产业的打造，也将在一定程度上推动多元化产业结构优化，改变传统贸易和商业模式，促进数字贸易稳定增长。

4. 数字技术助推中小企业参与国际贸易

数字技术进步降低贸易市场门槛，消费者个性化需求得到满足成为可能，这推动了中小企业参与国际贸易。随着云计算、大数据、移动互联网等新技术的发展，数字贸易形式多样化，客户选择空间更加广阔，实时性、交互性、低成本的要求及日益增加的个性化需

求均可以通过数字技术得到满足。在未来数字贸易发展的进程中，虚拟企业、中小企业乃至个人都可以通过网络共享信息资源，进行生产经营合作，将分散的贸易流量和消费者偏好等信息通过平台汇集成一个整体，智能制造将因此获得更加充分的消费者信息集成，消费者需求也将充分体现，企业市场需求进一步扩大。同时，伴随着数字技术进步，数字贸易模式和企业比较优势均发生变化，贸易流程便利化、透明化，贸易弱势群体如中小微企业、个体商户等，进入国际市场的门槛降低。且中小企业利用大数据、区块链等技术开展数字贸易，参与国际贸易程度提高，当前渠道垄断、信息不对称和贸易成本过高等问题将得到很好的解决。数字技术的发展推动全球价值链延伸，使得生产活动转移至中小企业，各国贸易弱势群体更加广泛地参与国际贸易并从中获利，普惠贸易得到发展。

8.1.2 数字贸易规则与监管的发展趋势

1. 数据和隐私安全问题凸显推动保护和监管制度完善

数字技术的应用和数字贸易的发展使得数据安全问题凸显，数据自由流动需求和监管之间的矛盾更加尖锐，这将推动信息保护和监管制度进一步完善。当前世界大多数国家以出台国内法的手段对互联网空间进行规划。在互联网国际准则上，针对非国家主体的行为准则世界各国基本达成共识，但由于国际组织难以直接约束国家行为，发展中国家与发达国家利益矛盾难以调和，使得针对国家主体的行为准则难以取得实质性进展。随着数字贸易的发展，传统数字贸易规则约束力将更加不足，而与此同时，世界主要国家在网络内容审查和阻隔措施、数据存储强制本地化、源代码开放以及对加密技术的限制、知识产权的保护、电子支付许可、技术标准、政府采购的歧视性规定等方面的分歧逐渐变大。从长期来看，“数据自由流动”需求和“数据跨境流动”监管的冲突将持续并存；个人数据、非公开信息等数据保护要求和监管措施需要进一步增强；企业作为数据控制者、处理者的责任与日俱增，数据分级保护、匿名化、存储加密等保护措施要求日趋细化；数据出境概念从以数据存储国家地理边域为标准，向以数据主体国籍和数据处理者、所有者国籍为标准延伸；数据跨境流动规则在数据本地备份的基础上支持数据流动、有条件解除数据流动限制、禁止数据离境等不同规制模式。在此基础上，各国将加速推进建设本国数字贸易制度，不断完善数字网络法律框架，以期打造快捷稳定的制度体系和网络环境。通过国际合作的方式制定全球数字贸易新规则，突破贸易壁垒、建立更加开放包容的全球性多边贸易体制是未来数字贸易规则发展的主要趋势。

2. 政策和监管手段差异导致数字贸易壁垒上升

由于互联网的全球性和数字贸易标的的虚拟性，各国政府在监管方法、监管领域、监管理念和监管模式上存在显著差异，这使得数字贸易保护主义出现、数字贸易壁垒上升。互联网作为全球性网络体系，任何国家数字化领域政策措施的影响幅度都可能超出本国国界，然而各国政府在数字贸易重要政策上却存在重大差异，跨领域的数字贸易治理要兼顾市场准入和非歧视原则以及互联网问题的治理。随着数字技术进一步发展，各国在隐私统一标准上的缺失将导致数据保护、网络安全、信息安全、跨境业务准入等问题愈发突出，各国间的关税壁垒和非关税壁垒上升，进而阻碍数字贸易发展。由于数字贸易依托不同于传统贸易有形物体载体的数据流载体，现行海关评价体系中缺少对数字贸易产品的规定，目前关税来源主要是针对少数纳税主体的大额税款，对此欧美发达国家主张数字产品免除关税，而发展中国家主张征收关税，这将在一定程度上导致关税壁垒的形成。而非关税壁垒的主要对象是无形数字产品，随着数字技术在贸易中的广泛应用，各国将采取本地储存和数据本地处理等保护措施。在此基础上，替代型本地化政策、外商直接投资限制、路径数据流、强制性的数据和 IT 设施本地化措施以及源代码加密要求等非关税壁垒和措施也将逐渐出现在数字贸易过程中。随着数字贸易发展，打破和消除数字贸易壁垒将成为未来全球数字贸易规则谈判的核心问题。

3. 数字技术进步促进贸易便利化程度加深

数字贸易充分利用互联网与数字技术优势，将有效减少数字贸易环节，打破贸易流程中的部门壁垒，降低贸易过程的成本支出，提高贸易效率。随着数字技术的发展以及区块链等新技术的应用，中间环节减少，货物贸易运输和存储成本降低，通关手续简化、线上平台的应用将有效降低信息和交易成本；在全球范围制作、复制和分发创意性产品的成本大幅降低。因此，数字贸易将呈现两头活跃、中间萎缩的发展态势。未来数字贸易将呈现普惠化、个性化的特征。一方面，数字市场门槛的降低有助于中小企业和发展中国家直接参与国际贸易，数字平台和区块链技术的应用将有效减少中间商对贸易参与主体资质审查所需的征信、审查、复核等环节，提高贸易效率；另一方面，强大的计算能力、大带宽、高网速的云计算和人工智能等数字技术将在消费者和生产者之间建立起高效的交流通道，从而减少数字贸易中批发商、代理商等中间环节成本，使得生产者可以直接满足消费者需求。

4. 新技术发展推动知识产权保护体系完善

数字知识产权的无形性使得客体侵权和保护的确认难度及复杂性大大提高，信息数字化处理和传播使得数字知识产权客体的无形性和不确定性明显增加，完善合理的知识产权保护体系尚待建立。当前对数字知识产权的保护制度不完善，普遍存在对数字内容产品版权保护力度不足、专利申请及“多级保护计划”等对外资存在歧视性做法、强制性要求开放源代码、不公平的强制性技术转让及技术改造许可制度、网络入侵窃取商业秘密和科技专利等一系列行为。从长期来看，世界各主要国家在数字知识产权方面的争议很可能围绕以下方面进行升级：一是将“开放源代码禁令”延伸至适用于除大众市场软件之外的基础设施软件；二是将“算法”“密钥”和“商业秘密”新增至“开放禁令”列表；三是使“互联网服务提供商”在知识产权保护方面承担更多的责任。可以预见，随着数字贸易发展，未来数字知识产权方面的分歧和冲突必然会增加，全球贸易体系对数字知识产权保护制度的需求愈加迫切，构建完善的知识产权保护制度是大势所趋。

8.1.3　数字贸易技术问题的发展趋势

1. 滞后的保护技术导致个人隐私暴露的风险增加

数字贸易的进一步发展使得个人隐私全面暴露的风险增加，但当前在隐私保护方面，不仅相关立法和规范缺失，隐私增强技术的研发也缺少进展。技术是一把双刃剑，数字技术的进步在带来数字贸易发展的同时，也使得各种隐私暴露的风险进一步增加。当前物联网、大数据、人工智能等新兴数字技术带来的整体性、颠覆性变革，使得个体用户难以避免隐私暴露的风险；多重交易和多个第三方渠道的介入也使得个人数据权利边界模糊。网络化和透明化已经成为不可阻挡的大趋势，公民的个人隐私保护面临严峻的挑战，但是，数字隐私保护技术的研发进展十分缓慢。以物理安全、加密技术、匿名技术等为主的隐私保护技术将成为未来数字技术研发的重点，到期日设计、电子管家软件、限制识别能力等技术将成为公民信息保护的主要技术和激励路径。从长期来看，如何借助技术的进步来保护个人隐私，并防御同样拥有技术进步优势的隐私威胁，是隐私保护技术未来研发的核心内容。

2. 加速数据跨境流动的新技术使得数据安全问题凸显

新技术的发展简化了数据跨境流通程序，但是也使得数据跨境流通安全问题日益突出。现代网络通信技术的发展加快了大数据、云计算、人工智能、区块链、移动计算、边缘计算等新兴数字技术的发展融合，进一步促进了社会信息化、经济全球化、世界多极化，推动了跨境数据内容、流量和速度的指数级增长。随着跨境数据规模的扩大、数据种类的丰富以及跨境流动频率的增加，数据中涵盖的个人隐私信息、企业运营数据和国家信息数据将面临更加严峻的安全风险，并渗透在数据生产、采集、传输、存储、处理和共享等各个环节。此外，数据跨境流动在专业技术、知识产权保护、政策法规监管等方面都还存在一些问题。如何提高数字跨境流通技术、有效防范数据跨境流动带来的风险，成为进一步推进数据治理、护航数字经济发展亟待解决的问题。这其中，既有传统技术安全风险在新行业、新领域的蔓延，又有新技术引发的新风险，数据安全技术漏洞、管理缺位和政策法规不完善的问题不容忽视。

8.2 中国面临的机遇与挑战

8.2.1 数字贸易发展的机遇

1. 数字经济发展进一步发掘市场潜力

数字经济发展推动了基础设施、商业、政府、民生以及产业等各方面的数字化，改变了传统贸易方式，影响了全球贸易市场的供给与需求，进一步发掘了市场潜力。数字经济背景下新的信息采集、储存和商业模式对传统贸易方式的改革，使得数字服务、数字化知识和数字贸易产品的供给模式改变、需求逐渐增加。在供给侧，数字技术对传统商业模式产生冲击，信息收集成本降低，交易过程去平台化、去中介化、简单化，供给效率提高。在需求侧，数字产品深刻影响着现代人的生活方式，使得数字产品的黏性和依存度日渐上升，市场需求日益旺盛。国内消费者对视频、游戏、数字音乐、搜索引擎等数字产品与服务的需求也在持续增长，为贸易提供了新的增长源泉。随着数字经济的发展，跨境电子商务在世界范围内的快速兴起与广泛渗透使得各国的消费需求能够被及时、准确地掌握，依托跨境电子商务平台同其他国家开展贸易业务逐渐成为主流趋势。此外，数字经济发展也使得服务业和制造业的融合成为主要的发展趋势，服务贸易的数据可以促进制造业洞察市场需求，推动供给侧改革，为贸易转型升级创造新的机遇。

2. 数字技术发展不断提高贸易效率

数字技术作为数字贸易的技术支撑，不断推动数字贸易模式和流程上的变革，降低国际贸易的成本并提高贸易效率。移动互联网的不断革新推动电子商务交易平台进一步实现普惠化，物联网的大范围覆盖帮助企业及时完成产品的信息交换与通讯，大数据、云计算、人工智能技术的广泛应用可以为消费者的消费行为和厂商的生产行为提供有效参考。数字技术的发展减少了贸易环节、打破了数字贸易流程中的部门壁垒，使得贸易成本下降，其带来的变化将重塑全球价值链，使各经济体的比较优势发生变化，人工智能和 3D 打印技术等也将改变部分经济体在劳动成本上的比较优势。在政府的大力支持以及国内优质企业与科研机构的不断努力下，中国的数字技术处于世界领先地位，数字技术的进一步发展是全球贸易的机遇，更是中国经济与贸易发展的机遇。

3. 数字贸易法律法规完善提供政策保障

为促进数字经济相关技术的发展，完善数字贸易相关的法律法规和监管制度，中国出台了一系列政策，加大了对数字贸易的支持力度，这将为数字贸易提供良好的制度环境。为紧抓数字经济发展契机，抢占数字经济的制高点，中国政府先后出台了《国家信息化发展战略纲要》《关于利用电子商务平台开展对外贸易的若干意见》《电子商务“十三五”发展规划》等一系列战略规划和指导意见，对数字经济发展进行了详细规划，描绘了数字经济发展的蓝图。一方面，政府加大对大数据、云计算、人工智能等相关科学技术发展的支持力度，鼓励数字科技企业的成长，并引导数字技术与贸易进行深度融合，为数字贸易高质量创新发展创造了便利条件。另一方面，政府在完善线上交易相关法律法规、变革海关监管程序等方面不断进步，致力于为数字贸易发展提供更加全面的制度保障。此外，不断扩大跨境电子商务试点范围，鼓励各地区在技术标准、业务流程、监管模式和信息化建设等方面加强探索，为中国的数字贸易发展积累可供推广的宝贵经验。毫无疑问，中国对数字经济重视程度的不断提高对进一步优化数字贸易发展环境、扫除数字贸易发展障碍具有重要意义，这将为数字贸易的持续繁荣提供更加坚实可靠的保障。

4. 经济全球化发展进一步开拓贸易市场空间

经济全球化促进贸易自由化，推动贸易体系内的市场经济有序发展，加快各方贸易资源的进入速度，为数字贸易的发展提供更广阔的市场空间。经济全球化促进了人才、资本、技术等要素的全球流动，为数字贸易的发展提供了要素基础。只有以经济全球化为前提，数字贸易的发展才能实现政府、企业和专家的相互合作，充分发挥在不同领域的比较优势，在数字经济的发展、影响、风险、协作、监管等领域展开前瞻性合作研究，从而推动全球数字经济健康可持续发展。相关国家的技术创新协同、数据资源共享和市场开放，将有力推动数字经济加速发展。此外，数字技术下的经济全球化，意味着商业流程跨越企业界线，企业得以突破类型、行业、体量的限制，借助数字贸易平台直接服务消费者，个性化、时尚化、多样化的消费需求将为数字贸易的发展提供更加广阔的市场空间。数字贸易平台化、普惠化的特点正是数字全球贸易相对传统全球贸易的优势所在，世界范围内不断增长的个性化消费需求成为推动中国数字贸易进一步发展的又一重要源动力。

5. 产业基础坚实推动贸易优势扩大

我国在扩大开放、促进数字经济发展的背景下已经拥有了一定的产业以及产业链基础，在数字贸易的发展方面存在显著优势并将不断扩大。我国的传统产业基础较好，产业升级趋势随着数字经济的发展愈加明显，同时和数字贸易密切相关的产业拥有的技术和产业优势在不断扩大。近年来，我国跨境电子商务规模稳居世界第一且出口已覆盖全球大部分国家和地区，数字经济规模跃居世界首位，拥有一定的数字贸易规模。此外，我国数字音乐、网络文学等数字内容贸易发展迅速，移动支付、共享经济等与数字贸易相关的新业态、新模式蓬勃发展，创新活力强劲，产业内大部分资金流向了大数据、人工智能、金融科技等数字企业，数字领域的投入全球领先。在政府和市场的共同推动下，中国的数字贸易发展迅速，交易规模不断扩大，市场结构持续优化，行业发展质量不断提升。同时，随着电子商务发展的外部环境日趋完善，线上交易的规范化程度不断提高，各类电商企业活力竞相迸发，以电子商务生态系统为依托，逐渐形成规模效应和协同效应共同作用下的网络商业群体。总的来讲，市场内外部环境的不断完善正在推动中国的数字贸易产业朝着更加注重效率、质量与创新的方向迈进。

8.2.2 数字贸易发展的挑战

1. 数据安全监管机制不完善

互联网和数据跨境自由流动能力将成为国际贸易发展和经济增长的技术基础，但这些正受到跨境数据流动本地化要求的限制，信息和数据安全成为数字贸易发展的核心问题。数字贸易规模的扩大导致政府面临两大挑战：一是最大化利用数据流动机遇，发挥数据资源对经济增长和就业的作用。二是跨境数据流动管理。但是当前传统的贸易协定在电子商务和数字贸易方面都存在规则上的缺失，个人隐私和数据安全将成为最具技术挑战性的问题，数据的跨境流动将对数据安全的监管机制提出新的挑战。当前，世界各国难以在数据隐私和保护标准上达成一致，全球尚无统一有效的数据隐私保护法律法规，各个国家针对数据隐私问题使用的法律法规条例大多基于本国现有的隐私保护政策，将自身核心利益放在第一位，因此各国具有明显差异。国际标准的缺失不仅导致全球数据隐私与保护制度的分歧较大，还致使数字密集型企业无法同时满足不同国家、不同行业的差异化标准、规则和法律要求。

2. 各国之间的数字贸易政策分歧加剧

缺乏统一合理的政策和规则导致各个经济体数字贸易政策分化，加剧了经济体之间的矛盾，阻碍了数字贸易进一步发展。当前传统贸易政策已经无力约束数字贸易迅猛发展带来的国家间政治、经济、文化冲突，由于统一的多边数字贸易政策法规的缺失，各个经济体多从自身经济利益出发，追求分化的数字贸易政策，以期自身贸易利益最大化。在数字保护及隐私（包括数据本地化）、网络安全、知识产权、内容审查、市场准入和投资限制等方面，各国均未达成一致性意见，实际上各国是以各自的政策法规解决上述问题。以数据本地化为例，美国倡导个人数据跨境自由流动，而欧洲持谨慎态度，中国则反对数据跨境自由流动。分化的政策导致不同国家为取得全球竞争优势，相继设置一些阻碍措施或贸易壁垒，名义上保护国家安全，实质上却阻碍了数字自由贸易增长。综合 WTO、亚太经合组织（APEC）、各类新型贸易协定及美国等国家或组织的讨论方向，未来数字贸易的发展可能会存在强制本地化、市场进入限制、数据及个人隐私保护措施、消费者权益维护、知识产权保护、平台从业者的法律责任不明确、内容审查及数字贸易环境不健全等主要障碍，在一定程度上会加剧各国在数字贸易规则方面的分歧。

3. 数字贸易基础设施建设滞后

以数字技术为支撑的数字贸易对基础设施要求极高，但是当前中国信息基础设施落后且建设复杂、难度高，传统物流基础设施相对落后且数字物流基础设施建设不足。跨境数据快速流动需要信息基础设施作为支撑，网络用户普及率和网络质量会通过影响需求对进出口贸易产生影响。当前中国信息基础设施建设相对滞后，城市宽带接入速度慢，农村地区的宽带网络普及率低，同时移动互联网的稳定性及信号覆盖度都有待提高。虽然中国在5G 技术上拥有一定优势，但是仍然面临基站铺设需求量大、基础配套设施多且配置复杂、上游核心部件对外依赖程度高等问题。同时，由于 5G 的覆盖能力有限，需要更为复杂的6G 技术作为补充，这大大提高了信息基础设施的成本和技术难度。此外，信息基础设施高昂的前期成本提高了行业门槛，直接导致了行业内民营企业的缺失和国有企业的垄断及高收费。在物流基础设施方面，我国现有的物流基础设施运输网络密度低、规划和建设缺乏必要的协调、配套性和兼容性差而系统功能不强、运输系统之间衔接的枢纽设施投入不足。随着数字贸易的发展，大数据、物联网、人工智能等信息技术的应用程度不深，物流基础设施机械化、自动化程度不高，综合性货运枢纽、物流基地、物流中心发展速度缓慢等问题也将制约数字贸易进一步发展。

案例 8－2

5G 时代空间信息如何实现智能服务

2019－09－26 来源：《光明日报》

5G 是第五代移动通信技术，5G 下载的速率理论上可以达到 20GB/秒，是 4G 时代的 20 倍。如果说 4G 改变生活，5G 将改变整个社会；如果说 4G 服务于人，5G 就支持万物互联。

5G 有三个典型的技术特点：5G 能提供增强移动带宽；海量机器类通信；超高可靠低时延通信。有了这三个特点，高清视频，VR、AR 或交互现实等都能实现，可以实现智慧物流、环境智能监管、智慧城市或智能城市的计算，可以应用于自动驾驶、机器人无人操作、工业互联网、远程医疗、智能电网。

5G 典型的垂直行业应用：比如，视频识别分析，包括人脸识别、移动检测和全景的实时监控，有了 5G 就可以视频识别实时化。

5G 产业的发展要注重研发核心元器件和典型示范应用。垂直行业的应用面临一个跨界融合的问题，运营商在 5G 建网时要研究如何降低成本。因为 5G 的基站非常密集，建设成本非常高。如何降低成本、解决它的应用创新问题，是 5G 产业发展需要突破的难点。

5G 不可能覆盖全部陆地，而陆地在地球上只占了 29%，所以 5G 需要靠 6G 卫星通信来补充。

6G 技术是把陆地无线通信技术和中高低轨的卫星移动通信技术及短距离直接通信技术融合在一起，解决通信、计算、导航、感知等问题，组建空、天、地、海泛在的移动通信网，实现全球覆盖的高速宽带网。

也就是说，6G 是空、天、地、海泛在的移动通信网，会涉及很多数据。天上的卫星、飞艇、飞机、无人机，地面的车辆、无人驾驶车等都会产生数据，手机轨迹记录的数据、视频轨迹记录的数据、定位数据、刷卡数据……这些构成一个城市的轨迹大数据。

5G时代，地球空间信息服务可以做到社会化与大众化，空间信息服务要从二维走向实景三维。

跟二维相比，三维信息完整、语音信息丰富，空间关系是精准的，三维实景模型是把室内室外、地上地下、水上水下各种精准三维的几何信息，丰富的语音数据信息，准确的空间关系按细节来表达的一个空间数据集市，表达直观，便于分层，用于各种空间分析和辅助决策，把数据、结构、功能为一体的三维数据智能表达，所以它是一个完整的数据模型。

建立位置精准、基准统一、属性丰富、数据完备的实景三维数据模型，关键是精准空间信息的获取，多元空间大数据的增强、全系地位要素结构化的提取、机构化语音模型按需重建，工作量比原来要大得多。要解决空、天、地立体化组合全空间的数据采集平台，有卫星、汽艇、飞机、无人机、地面移动系统、手机等各种数据采集手段。

5G信号仿真要靠三维模型，高清驾驶地图要靠三维模型，城市精细化管理、可视化分析等都需要用三维实景模型。要构建空、天的立体化主卧室高效的观测手段，用人工智能、5G网络、云计算区块链技术来提高海量数据处理和智能化水平，用三维模型做智能驾驶信号仿真、城市精细化管理方面的推广应用。

未来5G和6G可以实现全球覆盖，实现一星多用、多星组网、多网融合智能服务。希望解决实质导向增强，提高到分米级，甚至于到厘米级的自动驾驶水平，遥感到分米级五分钟的时间响应速度，全球宽带全覆盖的通信。

在5G和人工智能时代，抓好真三维实景，建设我国自主的通导遥一体化空、天信息实时智能服务系统，抓好空间信息的自动化、智能化、社会化、大众化和实时化服务，以测绘、遥感和地理信息技术中心的地球空间信息学，其创新发展的道路十分宽广，前途光明。

4. 数字贸易监管体系不完善

随着数字贸易发展，多边数字贸易规则缺失。一方面，中国在规则制定过程中的话语权不强；另一方面，数字技术进步催生的新业态、新模式使得目前不完善的数字贸易监管体系显得愈加滞后。当前各个经济体在数据本地化、数据隐私保护措施以及非中性的审查措施等方面的分歧越来越大，对应的是传统贸易规则在解决数字贸易问题方面的滞后，仅仅散见于WTO框架下的一些主要协定文本及其附件之中的“碎片化”以及针对数字贸易规则的“分散化”。在当前数字贸易背景下，多边数字贸易规则严重缺失，数字贸易的发展使得在线消费者保护、网络安全以及隐私保护问题日益凸显，给税收征收、海关监管、知识产权保护等带来了一定的困难。数字贸易监管不到位，导致逃税问题严重，我国自身税收制度还不能适应数字贸易的发展，存在着税收征管中纳税信息不对称、税收稽查水平落后、发票管理存在漏洞与税款征收存在困难等问题。完整的知识产权保护法律和执行机制的缺乏，使得对专利、商业机密的保护不力，降低了企业在与他国进行数字贸易时的积极性，对数字内容、电子商务等数字贸易的稳健发展产生了不利影响。目前，作为发展中国家的中国在国际贸易规则制定上缺乏话语权，国内标准上升为国际规则的工作不足，面对数字贸易规则过于被动。现有监管体系的不完善，使得政府必须调整监管措施和法律法规，以适应新业态、新模式带来的挑战。

5. 数字贸易的支持性要素供给不足

全球数字贸易的实现需要以解决信息技术问题为前提，但是数字贸易对中国传统人才体系的冲击及国内人才、技术等支持性要素供给的严重不足，制约了数字贸易的进一步发展。数字贸易作为装载着全球各种贸易信息的巨大平台，技术的稳定与创新是促进数字贸易良好发展的前提，技术人员是创新的现实基础，会计、电子商务、国际商务、商务英语等非技术专业性人才的培育也非常重要。但当前数字贸易的发展对数字人才的培养造成了一定冲击，数字技术进步促进了贸易便利化，但也冲击了国际贸易人才知识体系；电子贸易“单一窗口”搭建提高了贸易效率，但也影响了数字人才培养目标；数字产品贸易发展迅速，但新型贸易内容也给贸易人才带来新的业务挑战；数字贸易和大数据紧密相关，因而也对国际贸易人才的数据分析能力提出了要求。此外，专业数字人才的培养体系不完善，数字人才缺少系统的指导与培训；产学研结合水平不高，人才、技术要素尚未得到最大效率的利用；数字领域知识结构老化、专业技术人才匮乏；研究开发数字贸易技术的资金投入不足，这些导致了数字贸易的支持性要素供给不足，制约了中国数字贸易的进一步发展。

8.3　中国的应对措施

8.3.1　构建互利多赢的数字贸易规则体系

目前全球数字贸易规则体系尚未形成，但数字贸易规则体系必将随着数字贸易的发展逐渐完善，中国应加强对数字贸易规则标准的前景及发展趋势的研究，推动建立互利多赢的数字贸易体系。数字贸易的发展使得传统贸易规则滞后，数字贸易保护主义正笼罩在全球多个市场，中国应当开展关于数字贸易统计、新型数字贸易规则影响、知识产权保护、数字贸易壁垒、争端解决机制等一系列问题的研究，以应对可能出现的数字贸易摩擦。在加强国内规则建设的同时，积极参与国际谈判，利用及对接“美式”“欧式”数字贸易规则，构建包容普惠、互利多赢的国际规则，进一步提升数字贸易开放水平。一方面，我国明确关于数字贸易规则的立场和主张，加强在双边、多边、区域层面上关于数字贸易规则的对话与交流，努力在保护数据安全、维护合理的公共政策目标与促进数字贸易发展方面寻求平衡，构建面向未来的全球数字贸易规则体系；另一方面，我国加快确立数字贸易规则对外谈判战略，围绕国际上相关的数据本地化要求、数据跨境流动、网络内容审查、市场准入限制、知识产权保护、隐私保护等议题进行通盘研究，着手改进与完善已有的方案。

8.3.2　构建公平统一的数字贸易法律法规体系

针对传统贸易的法律法规对迅速发展的数字贸易约束性不足这一问题，要为数字贸易发展提供稳定的制度环境，构建公平统一的法律法规体系就显得十分迫切。我国目前在数据隐私保护立法、知识产权保护立法、“互联网＋”融合领域相关立法、线上消费者保护法等数字贸易相关领域的立法上存在缺失，在贸易政策措施、税收制度、数字贸易监管上还存在不足。未来我国政府应加快相关法律体系的建设，推进个人数据保护法、数字贸易税收法、知识产权保护法等法律体系的建设；妥善处理好开放与安全的关系，将与国家安全和国计民生相关的重要数据纳入基础设施保护范畴；形成跨境数据流动管理机制，成立专门的数据保护监管机构，对涉及网络数据搜集、存储的企业进行审查和管理，并建立专门的审核机制。在数字贸易背景下，我国政府需要制定国内监管框架，实现合法的公共政策目标，借鉴国际上数字贸易治理的先进经验，避免造成贸易扭曲，提高我国相关政策制定的前瞻性、适应性和有效性，为数字贸易的可持续发展营造良好的制度环境。

8.3.3 构建与数字贸易协同发展的产业集群

数字技术的发展将对传统产业模式和产业结构造成一定程度的冲击，中国需要把握住当前产业整合、融合和协同的发展趋势，促进数字贸易产业的发展。工业互联网的发展为提升数字化治理水平、推动传统产业数字化升级和布局世界级数字产业集群提供了机遇，以电子商务为代表的互联网经济驱动产业内和产业间的连接、整合、协同、融合与创新发展，促进新一轮社会化专业分工。中国应当把握住这次变革，积极发展 5G、人工智能、大数据等核心产业，发挥电商平台、大数据核心技术与区域制造网络等既有优势，推动数字技术与实体经济、数字贸易产业与相关产业的深度融合，将新零售、新制造通过智能骨干网进行全链接闭环，以数字技术以及数字贸易产业带动传统产业转型升级。同时，国家要积极推动与数字贸易产业密切相关的数字内容行业、制造业、数字通信行业、服务业等快速发展，优化重点产业布局，推动产业链深度融合，构建与数字贸易产业协同发展的大规模产业群，实现数字贸易产业集约化发展。

8.3.4 构建与数字贸易同步发展的人才体系

数字贸易领域人才体系不匹配成为制约中国数字贸易快速、稳健发展的重要因素，提升全民数字素养、构建完善的人才体系对促进数字贸易高质量发展至关重要。当前中国数字经济基础产业的创新能力不足、数字产业高端人才缺乏、人才引进制度不完善且人才流出量大、人才培养体系不完善，这些因素制约了数字贸易发展。中国政府应当加强数字化人才培养顶层设计，利用国家自然科学及社会科学基金等支持数字内容产业领域重大课题研究，依托科研机构、高校以及大型数字内容企业，系统性开展数字贸易理论和实践研究；创新人才培养体系，构建多层次的数字化人才培养模式，推动高等教育与职业教育融合发展，依托高校打造全国性数字技术人才培训中心，专门培养高端技术人才以及管理人才；投资建设有关数字技术培训的在线数据库网站，疏通获取数字技术的渠道；放宽“绿卡”限制，吸引国外优秀数字技术人才以满足国内需求，在创业资金扶持、个人所得税奖补、人才安居保障、子女就学等公共服务方面为人才引进提供全方位支持；鼓励企业积极开展数字人才培养计划，积极打造内部数字人才培训中心。

8.3.5 加快数字贸易基础设施建设

数字贸易对数字基础设施的强烈需求和当前中国数字基础设施建设滞后之间存在矛

盾，推进数字信息基础设施和物流基础设施建设将成为发展数字贸易未来发展的关键。完善的数字基础设施是未来数字贸易发展的基础。中国当前信息基础设施建设相对滞后，因此需要重点加强关键数字网络信息基础设施建设，提高宽带网络的速度、普及率，降低网络费用，这将直接决定数字贸易发展的广度和深度。将资金和政策向 5G 技术研发和关键技术突破、5G 基础设施建设以及 6G 技术研发等关键领域倾斜，保持并扩大当前在信息技术上的领先优势，这对未来数字贸易的发展具有决定作用。中国应当降低数字信息基础设施行业的市场准入门槛、不断加强新技术的研发，推动数字信息基础设施建设，缩小和发达国家的差距，并不断改善跨境信息基础设施条件和技术条件，如与交流数字证书、电子签名和电子认证相关的信息和政策，促进数字证书和电子签名互认，为数字贸易发展营造良好环境。在数字物流基础设施方面，中国应当抓住跨境电子商务带来的物流优势，加快既有资源的整合和对设施的综合利用，加强新建设施在规划上的宏观协调和功能整合，并推进物流基础设施的合理空间布局与功能完善，提高各种运输服务方式对物流基础设施的支持能力、物流基础设施的经营与网络化服务能力以及物流基础设施的信息化水平。

本章思考题

1. “原本承诺改善我们生活的平台和算法，实际上正在放大人性之恶，利用了用户的信任，深化社会分裂，挑拨暴力，甚至破坏了是非价值观。这样的危机是真实而非虚构的，没有被夸大，太过疯狂。”

——苹果现任 CEO 库克在比利时布鲁塞尔欧洲议会的隐私大会上发表的演讲

库克的演讲说明了数字贸易在发展的过程中遇到了什么问题？中国应当采取什么措施来解决这一问题？

2. 中国应如何抓住数字贸易的机遇，充分发挥自己的比较优势，实现对发达经济体的弯道超车？

3. 5G 技术的应用会对数字贸易产生什么影响，带来哪些问题？中国应当如何抓住并扩大当前在 5G 上的优势？

4. 当前中美经贸摩擦对中国数字贸易发展有什么影响？未来中美两国在数字贸易领域可能会产生哪些新的冲突？

附录1：CPTPP第14章内容[①]

第1条　定义

就本章而言

(1)“计算设备”是指用于处理或存储商业用信息的计算机服务器和存储设备。

(2)“当事人”[②] 是指：(a) 在本协议生效时，缔约一方在缔约另一方领土内的投资，或者在本协议生效后建立的、获得的、扩大的投资；或者，(b) 在缔约另一方境内计划投资或已经投资的缔约一方，即该缔约一方的自然人与法人。但不包括金融机构投资者；或者，(c) 缔约一方计划提供或已经提供服务的人；但不包括在该缔约一方领土内已经从事金融服务业的人，也不包括计划或已经通过跨境方式提供金融服务的人。

(3)“数字产品”是指经过数字编码的计算机程序、文本、视频、图像、录音或其他产品，该类产品的生产用于商业销售或批发，并可以电子方式传输[③④]。

(4)“电子认证”是指验证电子通信或电子交易当事人的身份，并确保电子通信完整性的过程或行为。

(5)“电子传输”或“以电子传播”是指使用一种电磁方式的传输，包括光子方式。

(6)“个人信息”是指身份识别或可识别的自然人的任何信息，包括数据。

(7)“贸易管理文件”是指由缔约一方颁布或管理的文件，该文件必须由货物进口方或出口方完成。

(8)“未经请求的商业电子信息”是指未经收件人同意或尽管收件人明确拒绝，仍然通过网络接入服务供应商或在缔约方法律法规允许范围内的其他电信服务，以商业或营销目的发送到电子地址的电子信息。

第2条　范围与总则

(1) 缔约方承认电子商务带来的经济增长和机会，承认电子商务合作框架对促进消费者电子商务信心的重要性，承认避免对电子商务的使用和发展造成不必要障碍的重要性。

(2) 本章适用于缔约方采取或维持的影响电子方式贸易的所有措施。

(3) 本章不适用于：(a) 政府采购；或者，(b) 由缔约方或代表缔约方持有或处理的信息，或与此信息有关的措施，包括与此信息收集有关的措施。

(4) 为免生歧义，对于以电子方式传递或执行的服务供应，其管理措施受到第9章《投资》、第10章《跨境服务贸易》和第11章《金融服务》的约束，同时也适用于该3章

---

① 译自CPTPP第14章内容，来源：https：//www.mfat.govt.nz/en/trade/free-trade-agreements [EB/OL]。

② 在澳大利亚，当事人不包括信用报告机构。

③ 为免生歧义，数字产品不包括数字化金融工具，如货币。

④ 数字产品的定义不得被理解为反映缔约一方关于电子方式传输的数字贸易应该被归类为服务贸易或货物贸易的观点。

规定的任何例外原则或不一致措施。

（5）为免生歧义，第4条“数字产品的非歧视性待遇”、第11条“通过电子手段跨境转移信息”、第13条“计算机设施的定位”以及第17条“源代码”应：（a）适用于第9章《投资》、第10章《跨境服务贸易》和第11章《金融服务》规定的条款、例外原则以及不一致措施；并且（b）条款与本协议中的任何其他相关条款一起理解。

（6）第4条“数字产品的非歧视性待遇”、第11条“通过电子手段跨境转移信息”、第13条“计算机设施的定位”所包含的义务，不适用于根据本协定第9章第12条、第10章第7条以及第11章第10条“不一致措施”所采取或维持的措施。

第3条　关税

（1）任何缔约方均不得对缔约方之间的电子传输，包括电子传输的内容征收关税。

（2）为了免生歧义，第（1）条不得妨碍缔约方对以电子方式传输的内容征收内部税收、费用或其他费用，若这些税费的征收方式与本协定规定一致。

第4条　数字产品的非歧视性待遇

（1）对于在缔约另一方领土内所创造的、生产的、出版的、订购的、委托的或首次商业应用的数字产品，或该数字产品的作者、表演者、生产者或所有者属于缔约另一方，任何缔约一方给予的待遇不得低于给予“其他类似数字产品”的待遇①。

（2）第（1）条与第18章《知识产权》中的权利和义务不得有任何不一致。

（3）缔约方同意本条款不适用于缔约方提供的补贴或赠款，包括政府支持的贷款，担保和保险。

（4）本条款不适用于无线电和电视节目的制作和播放。

第5条　国内电子交易法规体系

（1）各缔约方应维持一个管理电子交易的法律体系，该法律体系应符合1996年的《联合国国际贸易法委员会电子商务示范法》或2005年在纽约通过的《联合国国际合同使用电子通信公约》原则。

（2）各缔约方应努力：（a）避免对电子交易施加任何不必要的管制负担；并且，（b）促进有关利益方在电子交易法律体系发展方面的投入。

第6条　电子认证与电子签名

（1）除非在法律另有规定的情况下，缔约方不得以签字是电子形式而否认签字的法律效力。

（2）任何缔约方均不得对电子认证采取或维持如下措施：（a）禁止电子交易当事人相互确定适合该交易的认证方式；或者，（b）阻止电子交易当事人在司法或行政当局之前证

① 为免生歧义，在某种程度上若非缔约方的数字产品是一种“类似数字产品”，那么就本条款而言，它将被视为“其他类似数字产品”。

实该交易符合电子认证相关的任何法律要求。

（3）尽管有第（2）条的规定，缔约方可以要求，对于一些特定类别的交易，认证方式需符合某些履行标准，或者由其法律认可的主管部门证实。

（4）缔约方应鼓励使用可互操作的电子认证。

第 7 条　在线消费者保护

（1）当消费者从事电子商务活动时，缔约方承认根据协定中的消费者保护条款，采取并保持透明和有效的措施来保护消费者免受商业欺诈与欺骗的重要性。

（2）各缔约方应采取或维护消费者保护法，禁止欺诈性和欺骗性商业活动对从事在线商业活动的消费者造成伤害或潜在的伤害。

（3）缔约方承认，各国消费者保护机构或其他有关机构在跨境电子商务相关活动方面开展合作以提高消费者福利的重要性。在此，缔约方保证该协定中第 16 章第 6 条款《消费者保护》中的合作包括在线商业活动方面的合作。

第 8 条　个人信息保护

（1）缔约方承认保护电子商务用户的个人信息对于经济与社会发展十分有益，并将有助于提高消费者对电子商务的信心。

（2）在此，各缔约方应采取或维持一个法律体系来保护电子商务用户的个人信息。在制定保护个人信息的法律体系时，各缔约方应考虑到相关国际机构的规范与准则。

（3）各缔约方应努力采取非歧视性做法，保护电子商务用户的个人信息免受其管辖范围内的侵犯。

（4）各缔约方应公布其为电子商务用户提供的个人信息保护，包括：（a）个人如何要求补偿；并且，（b）企业如何遵守法律要求。

（5）承认缔约方可采取不同的法律措施来保护个人信息，各缔约方应鼓励制定促进不同国家（地区）之间的法律措施相容性的运行机制。该机制可包括承认管制结果，无论该管制是基于自主授予还是双边安排，或是基于更广泛的国际框架。在此，缔约方应努力交换适用于其管辖范围内的运行机制的任何信息，并探讨如何扩展该协定或其他合适的协定，以促进不同法律措施之间的兼容性。

第 9 条　无纸贸易

各缔约方应努力：

（a）使公众能够获得电子形式的贸易管理文件；并且，（b）接受电子方式提交的贸易管理文件在法律上等同于纸质版本。

第 10 条　电子商务的网络进入与适用原则

根据适用的政策、法律和法规，缔约方承认其境内消费者如下能力的利益：（a）在合理的网络管理下，访问和使用互联网上可供选择的服务和应用；（b）将终端用户设备连接到互联网，当这些设备不会损害网络时；并且，（c）获取互联网接入服务供应商的网络管理操作信息。

第 11 条　电子交付方式的跨境信息传输

（1）缔约方承认，各缔约方对在电子方式传输信息方面可以有自身的管制要求。

（2）各缔约方应允许电子方式跨境传输信息（包括个人信息），当该传输为当事人的商业活动时。

（3）本条款的任何规定均不得阻止缔约方采取或维持与第（2）条不符的措施，当该措施以实现合法的公共政策为目标时。措施需满足条件：（a）不得以对贸易造成武断的或不公正的歧视、或变相的限制的方式来实施措施；并且，（b）对超过实现目标所需信息的传输不得施加限制。

第 12 条　网络互联费用分担

缔约方承认寻求国际网络连接的供应商应能够在商业基础上与另一缔约方的供应商进行谈判。该谈判可包括供应商各自在设施的建立、运营和维护方面的补偿。

第 13 条　计算机设施定位

（1）缔约方承认，各缔约方可以对计算机设施的使用有自身的管制要求，包括确保通信安全和保密性的要求。

（2）任何缔约方不得规定当事人在该缔约方的领土内使用或设置计算设施，作为在其领土内开展业务的条件。

（3）本条款的任何规定均不得阻止缔约方采取或维持与第（2）条不符的措施，当该措施以实现合法的公共政策为目标时。措施需满足：（a）不得以对贸易造成武断的或不公正的歧视、或变相的限制的方式来实施措施；并且，（b）对超过实现目标所需的计算设施的使用或设置不得施加限制。

第 14 条　未经要求的商业电子信息

（1）对于未经请求的商业电子信息，各缔约方应采取或维持如下措施：（a）要求未经请求的商业电子信息的供应商，促进接收者阻止继续接收此信息的能力；或者，（b）根据缔约方的法律和法规，要求接收者同意接收商业电子信息；或者，（c）另外规定，未经请求的商业电子信息的最小化。

（2）对于不遵守第（1）条措施的未经请求的商业电子信息的供应商，各缔约方应提供追索权。

（3）在未经请求的商业电子信息的管制方面，各缔约方应基于合适的共同考虑来努力合作。

第 15 条　合作

（1）承认电子商务的全球性质，缔约方应努力：（a）共同协助中小企业克服使用障碍；（b）在有关电子商务的法规、政策、执行和遵守方面，交换信息并分享经验，包括：

(i) 个人信息保护；(ii) 在线消费者保护，包括消费者赔偿方式和建立消费者信心的方式；(iii) 未经请求的商业电子信息；(iv) 电子通信的安全；(v) 认证；和 (vi) 电子政务；(c) 在消费者获取缔约方在线提供的产品和服务方面，交换信息和分享观点；(d) 积极参与区域和多边论坛，以促进电子商务的发展；并且，(e) 鼓励私人部门制定促进电子商务的自我管制办法，包括行为守则，示范合同，指导原则和执行机制。

第 16 条　网络安全问题

缔约方承认以下重要性：(a) 建立国家实体在计算机安全事件响应方面的能力；并且，(b) 利用现有的协作机制进行合作，来识别和减少影响缔约方电子网络的恶意侵扰与恶意代码的传播。

第 17 条　源代码

(1) 任何缔约方不得规定，以转让或访问另一缔约方的个人所拥有的软件源代码，作为在其领土内进口、批发、销售、使用该软件与包含该软件产品的条件。

(2) 就本条款而言，受第 (1) 条约束的软件仅限于面向大众市场的软件或包含此软件的产品，并不包括用于关键基础设施的软件。

(3) 本条款不得排除：(a) 在商业谈判合同中，列入或履行与提供源代码有关的条款和条件；或者，(b) 缔约一方要求修改该软件的源代码，以便遵守与本协议一致的法律或法规。

(4) 本条款不得解释为影响专利申请或授权专利方面的规定，包括司法机关根据缔约一方的法律或惯例，为防止未经授权的披露而就专利纠纷作出的任何决议。

第 18 条　争端解决

(1) 关于现有措施，马来西亚在本协议生效之日起的两年之内，在“数字产品的非歧视性待遇”和“电子交付方式的跨境信息传输”方面承担的义务，不受制于第 28 章的“争端解决”。

(2) 关于现有措施，越南在本协议生效之日起的两年之内，在“数字产品的非歧视性待遇”“电子交付方式的跨境信息传输”以及“计算机设施定位”方面承担的义务，不受制于第 28 章的“争端解决”。

附录 2：TTIP 电子商务提案[①]

第 1 条　目标与范围

（1）缔约方承认电子商务增加了很多部门的贸易机会，在促进缔约双方之间电子商务的发展方面达成一致，包括根据本章的规定对因电子商务引起的问题进行合作。

（2）本章节规定适用于通过电信、和（或者）其他信息与通信技术实现的贸易。

（3）本章节规定不适用于无线电和电视节目服务，视听服务，公证或等同公证的服务、法律代理服务。

第 2 条　定义

（1）“消费者”是指基于贸易、商业或职业以外的目的，使用或要求获得公开的电子通信服务的任何自然人。

（2）“直接营销传播”是指自然人或法人通过公开的电子通信网络，以任何广告的形式将营销信息直接传达给最终用户。就本协议而言，至少涵盖电子邮件、文本以及多媒体信息（短信和彩信）。

（3）“电子认证服务”是指一项服务：（a）能够证实自然人或法人的电子身份。或者，（b）能够证实电子数据的来源和完整性。

（4）“电子印章”是指法人使用的电子数据，附属于或逻辑相关于其他电子数据，以确保后者的来源和完整性。

（5）“电子签名”是一种电子数据，附属于或逻辑相关于其他电子数据，履行以下要求：（a）自然人使用它来同意与之相关的电子数据；（b）对于与之相关的电子数据，做任何后续的更改都可被发现。

（6）“电子信托服务”是指一项服务，包括电子签名、电子印章、电子时间戳、电子递送、网站认证、与这些相关的证书的创建、验证与生效。

（7）“最终用户”是指使用或要求获得公开的电子通信服务的任何自然人或法人，无论是作为消费者还是基于贸易、商业或职业目的。

第 3 条　电子传输关税

缔约方同意，电子传输应包含在第 3 章《跨境服务提供》所指的服务提供中，不受关税约束。

第 4 条　禁止事先授权原则

（1）缔约方应保证以电子方式提供服务不受事先授权或具有同等效力的任何其他要求

---

① 译自欧盟 TTIP 电子商务提案，来源：https：//trade. ec. europa. eu/doclib/press/index. cfm？ id＝1230＃market－access［EB/OL］。

的约束。

（2）第（1）条不得对非专门针对以电子方式提供服务的授权方案造成损害，不得对电子通信领域的规则造成损害。

第 5 条　电子方式签订合同

缔约方应保证其法律体系允许通过电子手段签订合同。并且保证，有关合同履行的法律规定既不会对电子合同的使用造成障碍，也不会因电子方式履行合同而被剥夺法律效力和有效性①。

第 6 条　电子信托与认证服务

（1）在电子信托与认证服务的法律诉讼中，缔约方不得仅因该服务以电子方式提供，而否认其法律效力和作为证据的可采纳性。

（2）任何缔约方均不得采取或维持以下措施来管制电子信托和电子认证服务：（a）禁止电子交易的当事人共同确定合适的电子交易方式；或者，（b）阻止电子交易的当事人获得机会向司法和行政当局证明其电子交易符合任何有关电子信托与认证服务的法律规定。

第 7 条　未经请求的直接营销传播

（1）各缔约方应保证最终用户免受未经请求的直接营销传播的干扰。在此，尤其是以下条款应适用：

（2）各方应保证自然人和法人不得向未经事先同意的消费者发送直接营销传播信息②。

（3）尽管有第（1）条的规定，缔约方应允许，在符合缔约方自身法律和法规的情况下，在产品和服务的销售中采集了消费者联系资料的自然人和法人，向该消费者发送自身类似产品或服务的直接营销信息。

（4）各缔约方应保证直接营销传播是可清晰识别的，如明确透露它们代表的利益方。并且，包含必要的信息，使得最终用户可以随时免费要求停止。

---

① 该条款不适用于创造或转让不动产权利的合同；不适用于根据法律规定，法院、官方或执行公共权利者参与的合同；不适用于当事人基于贸易、商业或专业以外的目的，进行担保和、或抵押证券的合同；不适用于受家庭法或继承法管辖的合同。

② “事先同意”应根据各方自身法律和法规的规定。

参考文献

[1] Abeliansky A L, Hilbert M. Digital technology and international trade: Is it the quantity of subscriptions or the quality of data speed that matters? [J] . Telecommunications Policy, 2017, 41 (1): 35 - 48.

[2] Barefoot K, Curtis D, Jolliff W, et al. Defining and Measuring the Digital Economy [D] . Washington DC: US Department of Commerce Burean of Economic Analysis, 2018.

[3] Bernard A B, Jensen J B, Lawrence R Z. Exporters, jobs, and wages in US manufacturing: 1976 - 1987 [J] . Brookings papers on economic activity. Microeconomics, 1995, 1995: 67 - 119.

[4] Botsman R, Rogers R. What's Mine Is Yours: The Rise of Collaborative Consumption [M] . New York: Harper Collins, 2010.

[5] Bundes ministerium für Wirtschaft und Energie (BMWi) . Nationale Industriestrategie 2030 [EB/OL] . https: //www. bmwi. de/Redaktion/DE/Artikel/Industrie/nationale-industriestrategie - 2030. html, 2019 - 5 - 2.

[6] Meltzer J P. Governing Digital Trade [J] . World Trade Review, 2019, 18 (S1): S23 - S48.

[7] Wolfe R. Learning about digital trade: Privacy and e-commerce in CETA and TPP [J] . World Trade Review, 2019, 18 (S1): S63 - S84.

[8] CMS connected. "E-Commerce Industry Trends and Statistics," [EB/OL] . http: //www. cmsconnected. com/News-Archive/July - 2016/eCommerce-Trends-and-Statistics, 2016 - 7 - 5.

[9] Chadp Bown, Petrosc Mavroidis. Governing Digital Trade [J] . World Trade Review, 2019, 18 (S1) .

[10] Wolfe R. Learning about Digital Trade: Privacy and E-Commercein CETA and TPP [J] . World Trade Review, 2019, 18 (S1) .

[11] Dixit A K, Grossman G. M. Trade and Protection with Multistage Production [J] . Review of Economic Studies, 1982, 49 (4) : 583 - 594.

[12] Duranton G, Puga D. Micro-foundations of urban agglomeration economies [M] //Handbook of regional and urban economics. Elsevier, 2004, 4: 2063 - 2117.

[13] Feenstra R C, Hanson G H. Globalization, Outsourcing, and Wage Inequality [J] . American Economic Review, 1996, 86 (2) : 240 - 245.

[14] González J L, Jouanjean M. Digital Trade: Developing a Framework for Analysis [C] . OECD Trade Policy Papers, 2017.

[15] Goldfarb A, Trefler D. AI and international trade [M] //The Economics of Artificial Intelligence: An Agenda. University of Chicago Press, 2018.

[16] Grossman G M, Helpman E. Integration versus Outsourcing in Industry Equilibrium [J]. Quarterly Journal of Economics, 2004, 117 (1): 85-120.

[17] Hummels D, Ishii J, Kei-Mu Yi. The Nature and Growth of Vertical Specialization in World Trade [J]. Journal of International Economics, 2001, 54 (1): 75-96.

[18] IMF. Measuring Digital Trade: Results of OECD/IMF Stocking Survey [R]. Washington D. C.: International Monetary Fund, 2017.

[19] Jones R W, Kierzkowski H. The Role of Services in Production and International Trade: A Theoretical Framework [R]. University of Michigan, RSIE Discussion Paper, NO. 422, 1998.

[20] Krugman P. Increasing returns, monopolistic competition, and international trade [J]. Journal of international Economics, 1979, 9 (4): 469-479.

[21] Krugman P. Scale economies, product differentiation, and the pattern of trade [J]. The American Economic Review, 1980, 70 (5): 950-959.

[22] Krugman P. Increasing returns and economic geography [J]. Journal of political economy, 1991, 99 (3): 483-499.

[23] Krugman P. Increasing returns, imperfect competition and the positive theory of international trade [J]. Handbook of international economics, 1995, 3: 1243-1277.

[24] Ma S, Guo J, Zhang H. Policy Analysis and Development Evaluation of Digital Trade: An International Comparison [J]. China & World Economy, 2019, 27 (3): 49-75.

[25] Melitz M J. The impact of trade on intra - industry reallocations and aggregate industry productivity [J]. Econometrica, 2003, 71 (6): 1695-1725.

[26] Morris P S. Beyond Trade: Global Digital Exhaustion in International Economic Regulation [J]. Campbell L. Rev., 2013, 36: 107.

[27] OECD. Measuring Digital Trade: Towards A Conceptual Framework [R]. Paris: OECD, 2017.

[28] OECD. Towards a G20 Initiative on Measuring Digital Trade: Mapping Challenges and Framing the Way Forward [R]. Paris: OECD, 2016.

[29] The White House. National cyber strategy of the United States of America [R]. Washington, DC, 2018.

[30] U. S. Department of Commerce. Digital Economy and Cross-Border Trade: The Value of Digitally-Deliverable Services [EB/OL]. https://www.commerce.gov/news/reports/2014/01/digital-economy-and-cross-border-trade-value-digitally-deliverable-services, 2014-01-27.

[31] United National Center on Transnational Corporations (UNCTC). Transnational Corporations and Transborder Data Flows: A Technical Paper [M]. New York, 1984.

[32] United States International Trade Commission. Digital Trade in the U. S. and Global Economies, Part 1 [R]. Washington D. C.: USITC Publication, 2013.

[33] United States International Trade Commission. Digital Trade in the U. S. and Global Economies, Part 2 [R]. Washington D. C.: USITC Publication, 2014.

[34] 蔡玉梅. 数字创新驱动发展 打造未来数字强国——德国《数字议程（2014—2017）》解读 [EB/OL]. http://blog. sina. com. cn/s/blog_4a6d40030102v9mu. html, 2014-12-28.

[35] 曹晶晶. 数字贸易发展面临的问题及我国的应对之策 [J]. 对外经贸实务, 2018 (8): 29-32.

[36] 陈超凡, 刘浩. 全球数字贸易发展态势、限制因素及中国对策 [J]. 理论学刊, 2018 (5): 48-55.

[37] 陈红娜. 为数字贸易发展提供良好制度环境 [N]. 经济日报, 2019.

[38] 陈建武. 克鲁格曼为代表的国际贸易新理论评述 [J]. 上海经济研究, 2004 (12): 68-70+67.

[39] 陈维涛, 朱柿颖. 数字贸易理论与规则研究进展 [J]. 经济学动态, 2019 (9): 114-126.

[40] 陈子媛. 数字贸易战略比较分析——以美国、欧盟、中国为例 [EB/OL]. http://www. sohu. com/a/259781530_652123, 2018-10-16.

[41] 崔艳新, 王拓. 数字贸易规则的最新发展趋势及我国应对策略 [J]. 全球化, 2018 (3): 98-107+136.

[42] 戴俊杰. "互联网+"背景下国际贸易创新路径研究 [J]. 商场现代化, 2018 (1): 52-53.

[43] 代承霞. 海外电子商务物流发展经验及启示——以日本为例 [J]. 商业经济研究, 2017 (4): 86-88.

[44] 高国友. 浅析"互联网+"背景下的国际贸易创新研究 [J]. 财经界, 2018 (6): 105.

[45] 丁声一, 谢思淼, 刘晓光. 英国《数字经济战略（2015-2018）》述评及启示 [J]. 电子政务, 2016 (4): 91-97.

[46] 董一凡, 李超. 欧盟《数字单一市场战略》解读 [J]. 国际研究参考, 2016 (3): 5-9.

[47] 工业和信息化部. 智能制造发展规划（2016—2020 年）[EB/OL]. http://www. mof. gov. cn/gp/xxgkml/jjjss/201612/t20161208_2512227. html, 2016-9-28.

[48] 国家发展和改革委员会, 国务院信息办. 电子商务"十一五"规划 [EB/OL]. http://www. ndrc. gov. cn/zcfb/zcfbghwb/200706/t20070620_579681. html, 2007-6-1.

[49] 国家互联网信息办公室. 数字中国建设发展报告（2017 年） [EB/OL]. http://www. cac. gov. cn/2018-04/23/c_1122728917. html, 2018-4-22.

[50] 国务院. "十二五"国家战略性新兴产业发展规划 [EB/OL]. http://www. gov. cn/zwgk/2012-07/20/content_2187770. html, 2012-7-9.

[51] 国务院．“十三五”国家信息化规划［EB/OL］．http：//www. gov. cn/zhengce/content/2016－12/27/content _ 5153411. html，2016－12－15.

[52] 国务院．中国制造 2015［EB/OL］．http：//www. gov. cn/zhengce/content/2015－05/19/content _ 9784. html，2015－5－8.

[53] 国务院办公厅．关于加快电子商务发展的若干意见［EB/OL］．http：//www. gov. cn/gongbao/content/2005/content _ 63341. html，2005－1－8.

[54] 海闻，P. 林德特，王新奎．国际贸易［M］．上海：上海人民出版社，2012.

[55] 江东坡．数字贸易助推贵州现代山地高效特色农业发展［N］．贵州日报，2019－05－15（010）.

[56] 蓝庆新，窦凯．美欧日数字贸易的内涵演变、发展趋势及中国策略［J］．国际贸易，2019（6）：48－54.

[57] 蓝庆新，窦凯．基于“钻石模型”的中国数字贸易国际竞争力实证研究［J］．社会科学，2019（3）：44－54.

[58] 李杨，陈寰琦，周念利．数字贸易规则“美式模板”对中国的挑战及应对［J］．国际贸易，2016（10）：24－27＋37.

[59] 李春顶，尹翔硕．我国出口企业的生产率悖论及其解释［J］．财贸经济，2009，（11）：84－90.

[60] 李春顶．中国企业“出口-生产率悖论”研究综述［J］．世界经济，2015（5）：148－175.

[61] 李京普．知识产权的数字壁垒及中国应对［J］．电子知识产权，2018（2）：61－69.

[62] 李景平．IP 开发推动我国文化产业实现规模经济和范围经济［J］．齐鲁艺苑，2018（6）：103－108.

[63] 李俊，李西林．崔艳新．全球服务贸易发展指数报告（2018）［M］．北京：社会科学文献出版社，2018.

[64] 李俊．必须紧紧抓住数字贸易的时代机遇［N］．国际商报，2019－05－28（005）.

[65] 李群．新贸易理论文献回顾和述评［J］．产业经济研究，2002（1）：65－71.

[66] 李文陆．国际市场营销学［M］．杭州：浙江大学出版社，2011.

[67] 李小建，李庆春．克鲁格曼的主要经济地理学观点分析［J］．地理科学进展，1999（2）：3－8.

[68] 李杨，陈寰琦，周念利．数字贸易规则“美式模板”对中国的挑战及应对［J］．国际贸易，2016（10）：24－27＋37.

[69] 李亚慰．区域体育经济产业布局与结构研究［D］．苏州：苏州大学，2014.

[70] 李志科．浅析克鲁格曼的国际贸易新理论的局限性［J］．黑龙江对外经贸，2008（9）：10－13.

[71] 李忠民，周维颖，田仲他．数字贸易：发展态势、影响及对策［J］．国际经济评论，2014（6）：131－144.

[72] 李忠民，周维颖．美国数字贸易发展态势及我国的对策思考［J］．全球化，2014

（11）：60－72＋134.

［73］林发勤，崔凡．克鲁格曼新贸易理论及其发展评析［J］．经济学动态，2008（12）：79－83.

［74］林平．电子化欧洲行动计划［J］．全球科技经济瞭望，2002（5）：5－10.

［75］凌祯蔚．全球数字贸易的发展趋势、面临问题及应对策略［J］．现代商业，2017（18）：53－54.

［76］刘晴，徐蕾．对加工贸易福利效应和转型升级的反思——基于异质性企业贸易理论的视角［J］．经济研究，2013，48（9）：137－148.

［77］刘硕．电子商务对我国传统贸易的影响机制研究［J］．北方经贸，2016（10）：20－21.

［78］刘占伟．"泛娱乐IP"火了——盘点腾讯、阿里、百度泛娱乐IP产业布局［EB/OL］．搜狐财经．http：//www. sohu. com/a/149746104 _ 7753642018. 329，2018－2－2.

［79］刘志迎．现代产业经济学教程．2版［M］．北京：科学出版社，2013.

［80］陆婉樱．"互联网＋"背景下的国际贸易转型［J］．商场现代化，2018，873（12）：103－105.

［81］陆燕．全球数字贸易治理趋势与中国应对［J］．海外投资与出口信贷，2019（3）：36－40.

［82］鲁泽霖．欧盟数字经济政策发展演进［J］．合作经济与科技，2018（10）：24－25.

［83］罗飞．电子商务发展对贸易中间商发展影响研究［J］．现代商贸工业，2011（6）：249－250.

［84］马述忠，房超，梁银锋．数字贸易及其时代价值与研究展望［J］．国际贸易问题，2018（10）：16－30.

［85］马述忠，房超，郭继文．世界与中国数字贸易发展蓝皮书（2018）［M］．杭州：浙江大学出版社，2018.

［86］马骏，马源．数字贸易国际规则：美国动向与我国策略［J］．发展研究，2018（11）：4－8.

［87］苗力．保险企业数字化战略转型路径研究［J］．保险研究，2019（4）：57－65.

［88］庞燕．跨境电子商务服务供应链与服务集成商能力的提升［J］．中国流通经济，2019（9）：64－72.

［89］彭非．电子商务生态链优化研究［J］．北方经贸，2016（5）：36－38.

［90］钱学锋．悖论远非结论［J］．世界经济，2015（5）：187－188.

［91］秦爱华．里斯本战略：重振欧洲经济［J］．中国金融，2005（11）：66－67.

［92］屈熙．数字贸易的法律监管研究［J］．广西质量监督导报，2019（3）：200.

［93］商务部．关于促进电子商务规范发展的意见［EB/OL］．http：//www. mofcom. gov. cn/article/b/d/200712/20071205288466. shtml，2007－12－13.

［94］商务部．关于加快流通领域电子商务发展的意见［EB/OL］．http：//www. gov. cn/gzdt/2009－12/07/content _ 1481486. htm，2009－11－30.

［95］上海社会科学院经济研究所．全球数字经济竞争力发展报告［M］．北京：社会

科学文献出版社，2017.

[96] 沈玉良．全球数字贸易规则研究［M］．上海：复旦大学出版社，2018.

[97] 沈玉良，李海英，李墨丝，等．数字贸易发展趋势与中国的策略选择［J］．全球化，2018（7）：28－40＋134.

[98] 盛斌，王岚．多样性偏好、规模经济和运输成本：保罗·克鲁格曼的世界——新贸易理论与新经济地理学评述［J］．经济科学，2009（3）：74－83.

[99] 石静霞，张舵．跨境数据流动规制的国家安全问题［J］．广西社会科学，2018（8）：128－133.

[100] 全球化智库总部．数字革命：中国如何在国内外吸引数字贸易机会［R］．北京，2019.

[101] 宋玉华．世界经济失衡研究［M］．北京：人民出版社，2012：81.

[102] 苏珊·阿里尔·阿伦森．数字贸易失衡及其对互联网治理的影响［J］．信息安全与通信保密，2017（2）：63－69.

[103] 苏洁．跨境电子商务新生态：保险做媒［N］．中国保险报，2018－04－24.

[104] 孙丽云，燕春蓉．国际电子商务与传统国际贸易实务之比较［J］．国际贸易问题，2001（12）：43－47.

[105] 汤二子，孙振．异质性生产率、产品质量与中国出口企业的“生产率悖论”［J］．世界经济研究，2012，（11）：10－15＋87.

[106] 涂勤．新兴的数字经济Ⅱ［J］．世界经济，1999（8）：79－80.

[107] 王赤红，陈波．数据跨境流动的信息安全策略技术研究与实践［J］．金融电子化，2018（6）：17－19.

[108] 王立平，吕民乐．知识溢出的规模经济，范围经济与联结经济［J］．科学·经济·社会，2005（4）：39－42.

[109] 王怡，王玉，曹利军．基于贸易中介视角对出口企业生产率悖论的再探讨[J]．中国科技论坛，2019（3）：98－106.

[110] 王一海．江苏省电子商务生态链互利共生机制探讨［J］．电子商务，2018（1）：13－14.

[111] 吴伟华．我国参与制定全球数字贸易规则的形势与对策［J］．国际贸易，2019（9）：1－6.

[112] 夏杰长．数字贸易的缘起、国际经验与发展策略［J］．北京工商大学学报（社会科学版），2018（5）：1－10.

[113] 夏杰长．加快弥补短板 发展数字贸易［N］．经济日报，2019－01－16.

[114] 严先溥．重视进口战略对经济的推动作用［J］．北京财贸职业学院学报，2018（4）：5－9.

[115] 夏珺．中国数字贸易发展现状及对策研究［J］．环球市场，2019（11）：26.

[116] 冼国民．跨国公司与当代国际分工：对企业内部国际分工的剖析［M］．天津：南开大学出版社，1994：66.

[117] 谢丹．日本的 e－Japan 战略［J］．全球科技经济瞭望，2001（7）：12－14.

[118] 徐金海，周蓉蓉．数字贸易规则制定：发展趋势、国际经验与政策建议［J］．国际贸易，2019（6）：61－68.

[119] 徐清源，单志广，马潮江．国内外数字经济测度指标体系研究综述［J］．调研世界，2018（11）：52－58.

[120] 徐元琳，孟繁芸．全球数字贸易规则制定面临的问题与发展趋势［J］．价格月刊，2018（4）：66－69.

[121] 薛上君．数字贸易规则中的数据本地化问题探究［J］．对外经贸实务，2019（8）：17－20

[122] 颜少君．跨境电子商务引领国际贸易革命——E国际贸易及引发的重大变革［J］．中国经贸导刊（理论版），2018（8）：4－9.

[123] 姚淮飞．2018年全球主要国家和地区数字经济战略及政策梳理［EB/OL］．http：//www. cbdio. com/BigData/2019－01/29/content_6002644. html，2019－1－29.

[124] 伊万·沙拉法诺夫，白树强．WTO视角下数字产品贸易合作机制研究——基于数字贸易发展现状及壁垒研究［J］．国际贸易问题，2018（2）：149－163.

[125] 于凤霞．i－JAPAN战略2015［J］．中国信息化，2014（7）：13－23.

[126] 于立新，何梦婷．数字贸易发展与中国面临的挑战［J］．世界知识，2017（16）：20－23.

[127] 詹晓宁，欧阳永福．数字经济下全球投资的新趋势与中国利用外资的新战略［J］．管理世界，2018，34（3）：78－86.

[128] 张进京，欧洲数字议程（上）［J］．中国信息界，2011（1）：75－80.

[129] 张进京，欧洲数字议程（下）［J］．中国信息界，2011（2）：72－78.

[130] 张靖．法国发布《数字法国2020》［J］．物联网技术，2012（2）：6.

[131] 张美慧．国际新经济测度研究进展及对中国的借鉴［J］．经济学家，2017（11）：47－55.

[132] 张茉楠，周念利．数字贸易对全球多边贸易规则体系的挑战、趋势及中国对策［J］．全球化，2019（6）：32－46.

[133] 赵欢庆．价值链对跨境电子商务生态圈的重新打造——以亚马逊为例［J］．商业经济研究，2018（12）：91－93.

[134] 赵天宇．中国数字贸易的发展态势、面临问题及应对策略［J］．丝路视野，2018（2）：13－14.

[135] 赵雅玲．数字技术对文化贸易政策的影响及对策研究［J］．产业创新研究，2019（4）：12－14.

[136] 中共中央办公厅，国务院办公厅．2006—2020年国家信息化发展战略［EB/OL］．http：//www. gov. cn/gongbao/content/2006/content_315999. html，2006－3－19.

[137] 中共中央办公厅，国务院办公厅．国家信息化发展战略纲要［EB/OL］．http：//www. mod. gov. cn/regulatory/2016－07/27/content_4702401. html，2016－7－27.

[138] 中国信息通信研究院．中国数字经济发展与就业白皮书（2019 年）[R]．北京，2019.

[139] 周念利，陈寰琦．数字贸易规则“欧式模板”的典型特征及发展趋向 [J]．国际经贸探索，2018（3）：96－106.

[140] 周念利，李玉昊．数字知识产权保护问题上中美的矛盾分歧、升级趋向及应对策略 [J]．理论学刊，2019（4）：58－66.

图书在版编目（CIP）数据

数字贸易/张先锋等编著．—合肥：合肥工业大学出版社，2021.2
ISBN 978-7-5650-4788-6

Ⅰ.①数…　Ⅱ.①张…　Ⅲ.①国际贸易—电子商务—研究　Ⅳ.①F740.4-39

中国版本图书馆 CIP 数据核字（2021）第 010401 号

数字贸易

张先锋　等 编著　　　　责任编辑　何恩情

出　版	合肥工业大学出版社	版　次	2021 年 2 月第 1 版
地　址	合肥市屯溪路 193 号	印　次	2021 年 2 月第 1 次印刷
邮　编	230009	开　本	787 毫米×1092 毫米　1/16
电　话	综合编辑部：0551-62903028	印　张	11.5
	市场营销部：0551-62903198	字　数	273 千字
网　址	www.hfutpress.com.cn	印　刷	安徽联众印刷有限公司
E-mail	hfutpress@163.com	发　行	全国新华书店

ISBN 978-7-5650-4788-6　　　　定价：36.00 元

如果有影响阅读的印装质量问题，请与出版社市场营销部联系调换。